Margot Klee

DER RÖMISCHE LIMES IN HESSEN

Geschichte und Schauplätze
des UNESCO-Welterbes

Herausgegeben von der
Archäologischen und Paläontologischen Denkmalpflege
Landesamt für Denkmalpflege Hessen

Verlag Friedrich Pustet
Regensburg

UMSCHLAGMOTIVE
Kleine Abbildungen (v. l. n. r.):
Lampe mit Maskendarstellung vom Kastell Zugmantel. Foto: Baatz

Kaiserstatue vor der *porta praetoria* der Saalburg. Foto: Baatz

Rekonstruktion des Wachturms auf dem Gaulskopf. Foto: Baatz

Bronzeköpfchen einer Bacchantin. Bekrönung einer Dreifußstrebe aus dem Kastell Heftrich. Foto: Baatz

Münzschatz aus dem Kleinkastell Holzheimer Unterwald. Foto: Seitz-Gray

Blick auf das rekonstruierte Saalburg-Kastell. Foto: Braasch

Inschrift des Wachturmes Kahler Buckel (WP 10/33) am Odenwaldlimes aus dem Jahr 146 n. Chr. Foto: Baatz

Hauptmotiv: Haupttor *(porta praetoria)* des rekonstruierten Kastells Saalburg – Archäologischer Park. Foto: Baatz

Karte Vorsatz: © Stefan Krabichler; Schernfeld

Karten im Innenteil: Kartengrundlage: TK 50/100 © Hessisches Landesamt für Bodenmanagement und Geoinformation; Bearbeitung nach Vorgaben der Autorin: Stefan Krabichler, Schernfeld

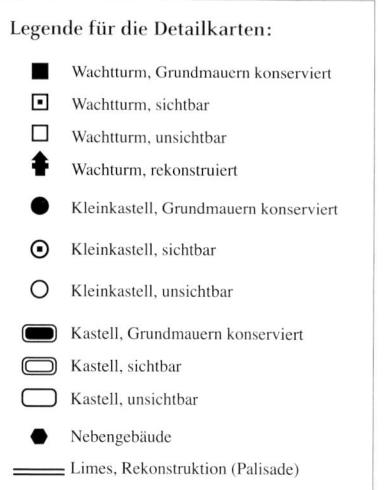

Bibliografische Information der Deutschen Nationalbibliothek

Die Deutsche Nationalbibliothek verzeichnet diese Publikation in der Deutschen Nationalbibliografie; detaillierte bibliografische Angaben sind im Internet über http://dnb.d-nb.de abrufbar.

www.pustet.de
ISBN 978-3-7917-2232-0
© 2009 by Verlag Friedrich Pustet, Regensburg
Satz, Layout und Umschlaggestaltung: Heike Jörss, Regensburg
Druck und Bindung: Friedrich Pustet, Regensburg
Printed in Germany 2009

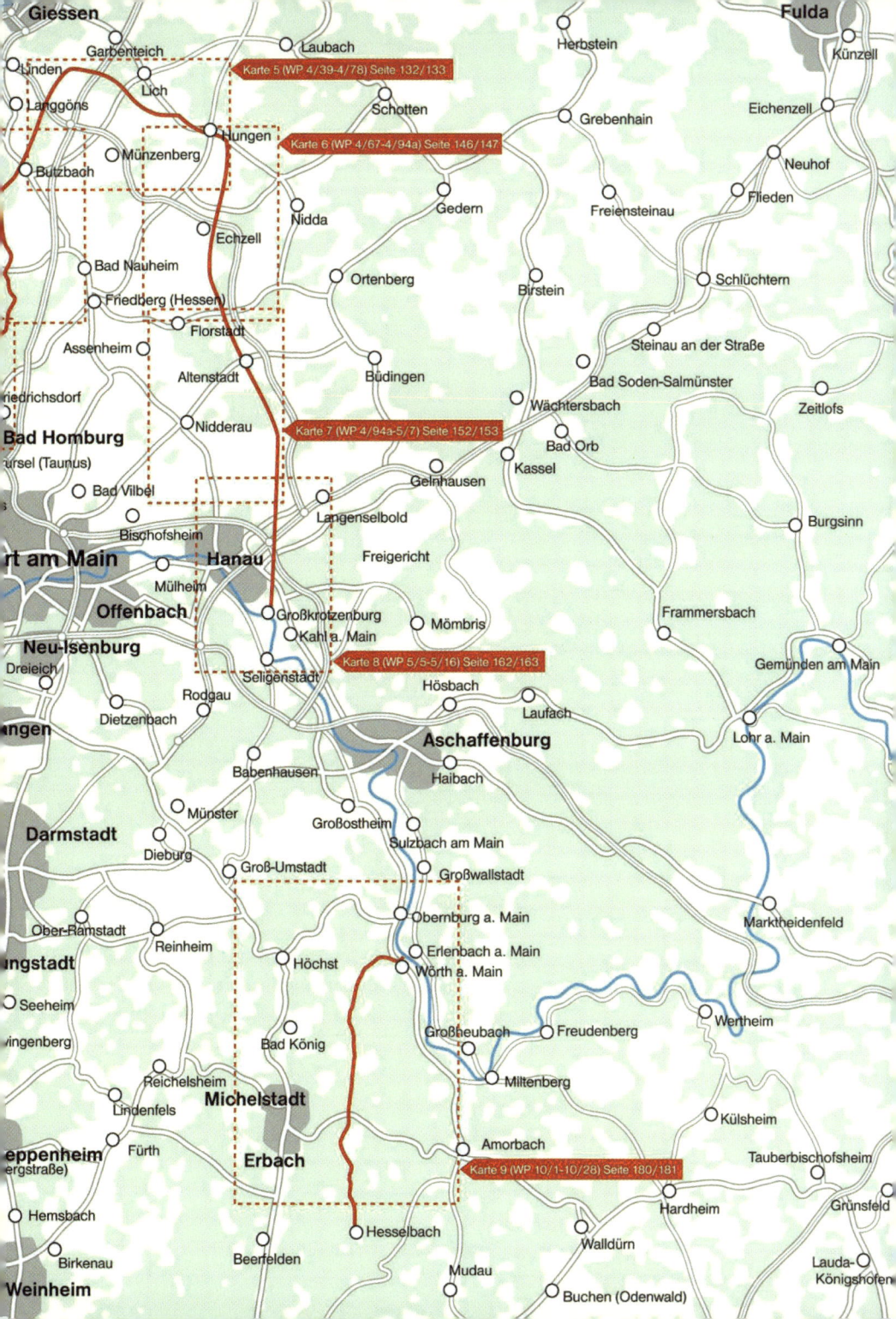

INHALT

Vorwort des Herausgebers 6
Ein Wort zuvor 9

Teil I
Der Limes in der römischen Provinz Obergermanien: Geschichte einer Grenze 10

Der Rhein wird zur Grenze: Das Ausgreifen Roms nach Norden 10
Siedlungskontinuität in der Wetterau 16
Die Entwicklung im 1. Jh. n. Chr. bis zum Limesbau 16
Der obergermanische Limes im späten 1. und frühen 2. Jh. n. Chr. 22
Funktion, Baumaßnahmen und Grenzkorrekturen:
Der Limes im 2. Jh. n. Chr. 25
Das Hinterland des Limes 28
Unruhige Zeiten kündigen sich an: Der Limes im 3. Jh. n. Chr. 29
Der „Limesfall" 259/60 n. Chr.: Kein absolutes Datum, sondern ein
langer Prozess 31
Die spätrömische Grenzsicherung: Bewegungsheer und
Donau-Iller-Rhein-Limes 32
Literatur zu Teil I 35

Teil II
Der obergermanische Limes in Hessen 36

Forschungsgeschichte 36
Der Limes in Hessen: Fakten und Probleme 41
   Definition des Limes 41
   Aufgabe und Funktion des Limes 42
   Die Ausbauphasen des Limes 43
   Überformung des Limes im Mittelalter 46
Bauten an der Grenze 47
   Wachttürme 47
   Begleitweg 52
   Die Garnisonen: Legionslager und Kastelle 52
   Innenbauten der römischen Lager 53
   Kleinkastelle – die ‚unbekannte Größe' am Limes 57

INHALT

Das obergermanische Heer und seine Einheiten 60
    Kleidung und Bewaffnung 62
Literatur zu Teil II 65

Teil III
Streckenbeschreibung: Der Limes in Hessen von der rheinland-pfälzischen bis zur badischen Landesgrenze 66

Der Limes im westlichen Taunus (Rheingau-Taunus-Kreis) 66
    Strecke 2: Vom Kastell Holzhausen bis zur Aar (WP 2/35–2/55) 67
        Kastelle: Holzhausen – Auf dem Dörsterberg – Kemel – ‚Auf dem Pohl'
    Strecke 3: Von der Aar bis zum Dattenbachtal (WP 3/1–39) 78
        Kastelle: Zugmantel – Alteburg – Maisel

Der Limes im Hochtaunus (Hochtaunuskreis) 92
    Strecke 3: Von Glashütten bis zum Köpperner Tal (WP 3/40–3/69) 93
        Kastelle: Feldberg – Altes Jagdhaus – Heidenstock – Saalburg – Lochmühle

Der Limes im Osttaunus sowie der westlichen und nördlichen Wetterau (Hochtaunuskreis; Wetteraukreis) 110
    Strecke 4: Vom Köpperner Tal bis Marköbel (WP 4/1–4/107) 110
        Kastelle: Kapersburg – Ockstädter Wald – Kaisergrube – Am Eichkopf – Langenhain – Hunnenkirchhof – Butzbach ‚Hunneburg' – Degerfeld – Dicker Wald 2 – Holzheimer Unterwald – Hainhaus – Arnsburg – Langsdorf – Feldheimer Wald – Inheiden – Haselhecke – Echzell – Staden – Ober-Florstadt – Altenstadt – Auf dem Buchkopf

Der Limes im Main-Kinzig-Kreis 161
    Strecke 5: Von Marköbel bis zum Main (WP 5/1–5/16) 161
        Kastelle: Marköbel – Langendiebach – Rückingen – Neuwirtshaus – Großkrotzenburg
    Strecke 6: Der ältere Mainlimes als Verbindung zwischen Main und Odenwald 176
        Kastelle: Hainstadt – Seligenstadt

Der Limes im nördlichen Odenwald (Odenwaldkreis) 178
    Strecke 10: Von Wörth bis Schlossau (WP 10/1–10/33) 179
        Kastelle: Wörth – Seckmauern – Lützelbach – Windlücke – Hainhaus – Eulbach – Würzberg – Hesselbach

Teil IV
Römische Militärplätze in Hessen: Eine Auswahl von A–Z 200

Allmendfeld - Bickenbach	200	Salisberg	208
Bad Nauheim	200	Heidekringen	208
Goldstein	200	Hofheim a. Taunus	209
Johannisberg	201	Karben-Okarben	211
Flörsheim	201	Mainz-Kastel	212
Frankfurt a. Main	202	Nauheim	213
Domhügel/Praetorium	202	Nidderau	213
Heddernheim/Nida	203	Heldenbergen	213
Höchst	204	Windecken	215
Nied	204	Rüsselsheim	215
Friedberg	205	Schöneck-Kilianstädten	215
Gernsheim	205	Trebur	216
Groß-Gerau	206	Astheim	216
Wallerstädten	206	Geinsheim	216
Hanau	207	Wiesbaden	216
Kesselstadt	207	Delkenheim	218
Mittelbuchen	207	Zullestein	219

Anhang

Weiterführende Literatur 220
Museen 221
Internetadressen 226
Register 227
   Stichworte 227
   Personen und Orte 229
Bildnachweis 232

VORWORT DES HERAUSGEBERS

Seit Juli 2005 ist der Obergermanisch-Raetische Limes, die einstige römische Reichsgrenze auf dem Boden des heutigen Deutschland, UNESCO-Welterbe. Durch das Bundesland Hessen verlaufen 153 km dieses insgesamt 550 km langen Kulturerbes der Menschheit: von Wachtposten 2/35 „Am Laufenselder Weg", Gemeinde Grebenroth, östlich vom Kastell Holzhausen an der Haide, bis zum Kastell Seligenstadt am Main. Entlang dieser Strecke finden sich 18 große Kastelle, 31 Kleinkastelle und über 200 Wachtturmstellen, deren Überreste sich unterschiedlich im Gelände erhalten haben. Dort wo der Limes durch Waldgelände verläuft, ist er noch gut erhalten. In landwirtschaftlich intensiv genutzten Gebieten aber haben sich seine Überreste oft nur schemenhaft erhalten, sichtbar nur noch in Luftbildaufnahmen oder mit Hilfe der Luftbildarchäologie, geophysikalischer Untersuchungsmethoden und Laserscan-Aufnahmen.

Diese unterschiedliche Erhaltung der einstigen römischen Grenze und seiner einzelnen Anlagen in unserem Land und das Zustandekommen des heutigen Erscheinungsbildes zeigen, dass das Bodendenkmal Limes vielfältigen Gefahren ausgesetzt ist und des Schutzes bedarf. Mittels des Hessischen Denkmalschutzgesetzes (HDSchG) lassen sich die Belange der archäologischen Denkmalpflege vertreten. Betreuung, Schutz und Erhaltung der archäologischen Denkmäler aus der Römerzeit bilden einen der Schwerpunkte der bodendenkmalpflegerischen Arbeit der Hessischen Landesarchäologie. Selbstredend, dass hierbei dem Limes als dem größten Bodendenkmal Hessens eine besondere Rolle zukommt.

Die Hessische Landesarchäologie hat deshalb bereits im Vorfeld der Verkündung des UNESCO-Gütesiegels einen „Limesentwicklungsplan" vorgelegt und damit dem Land als erstem im Reigen der beteiligten Bundesländer einen Leitfaden an die Hand gegeben, in dem Bestand und Aussehen des hessischen Limesabschnittes beschrieben und Maßnahmen in denkmalpflegerischer, wissenschaftlicher, vermittelnder (Museum, Schule) und touristischer Hinsicht vorgeschlagen werden. Diese umfangreiche, alle Einzelheiten anschaulich darstellende Dokumentation lässt den Limes in Hessen leicht überschauen und ermöglicht den Bürgerinnen und Bürgern einen noch besseren Zugang zu den antiken Monumenten.[1]

---

[1] S. Bender, Limesentwicklungsplan Hessen. Maßnahmenkatalog zur Bewahrung, Forschung, Präsentation und Erschließung der ehemaligen römischen Reichsgrenze in Hessen (Wiesbaden 2005). Der Limesentwicklungsplan Hessen ist über www.denkmalpflege-hessen.de unter dem Button „Limes" veröffentlicht.

VORWORT DES HERAUSGEBERS

Es hat sich gezeigt, dass der Limesentwicklungsplan in den zurückliegenden Jahren die Basis für die vielfältige Beschäftigung mit dem Limes dargestellt hat. Dies hat vielerorts zu teilweise ungeahnten Verbesserungen im Erscheinungsbild, im Informations- und Vermittlungsangebot, bei der touristischen Erschließung aber auch bei der wissenschaftlichen Arbeit an diesem Bodendenkmal geführt.[2] Die Vielzahl der Aktivitäten und Projekte am Limes in Hessen ließen sich nicht ohne erhebliche finanzielle Mittel realisieren. Es ist erfreulich, dass tatsächlich alleine das Gütesiegel des UNESCO-Welterbes, das selbst ohne irgendeine finanzielle Ausstattung verliehen wird, geeignet ist, Gelder und andere Ressourcen und somit ein beträchtliches Investitionsvolumen zu generieren. Dies wiederum zeigt, dass mit Archäologischer Denkmalpflege, der Beschäftigung mit dem kulturellen Erbe eines Landes, Wertschöpfungsaspekte verbunden sind, von denen die ganze Gesellschaft profitiert.

Freilich ersetzt die Lektüre eines auch noch so detailreich beschriebenen Werkes über ein Bodendenkmal nicht die Begegnung mit seinen Überresten draußen im Gelände. Ich freue mich daher, dass mit dem vorliegenden Band von Margot Klee den Menschen ein Buch an die Hand gegeben wird, mit dem sie sich auf den Weg machen können, um den Limes im Gelände aufsuchen und die einstige Grenze des Imperium Romanum mit all ihren Anlagen selbst in Augenschein nehmen und erfahren zu können. Der vorliegende Limesführer, der neben der Welterbestrecke zudem den hessischen Teil des älteren Odenwaldlimes und jene römischen Militärplätze berücksichtigt, die vor der Anlage der Limeslinien auf dem Gebiet des heutigen Bundeslandes eingerichtet wurden, will in allgemeinverständlicher Form Vorgeschichte und Geschichte des Limes und der mit ihm verbundenen historischen Einzelheiten vermitteln. Gerade in den letzten Jahren hat die Limesforschung wieder einen beträchtlichen Aufschwung genommen und zu teilweise völlig neuen Erkenntnissen über Aussehen und Funktion des Limes und seiner Anlagen geführt, wobei der Einsatz modernster wissenschaftlicher Methoden eine bedeutende Rolle gespielt hat.[3] Der an der Archäologie und Geschichte der Römer und des Limes Interessierte wird daher dankbar den Literaturhinweisen der Autorin nachgehen und – zurückgekehrt von seiner Wanderung – der weiteren Entwicklung der Limesforschung mit Aufmerksamkeit folgen.

---

[2] E. Grönke, Drei Jahre UNESCO-Welterbe in Hessen – eine Bilanz. Denkmalpflege und Kulturgeschichte 3, 2008, 21 ff.
[3] Vgl. die Beiträge in A. Thiel (Hrsg.), Forschungen zur Funktion des Limes. Beiträge zum Weltkulturerbe Limes 2 (Stuttgart 2007) und ders. (Hrsg.), Neue Forschungen am Limes. Ebda. 3 (Stuttgart 2008).

VORWORT DES HERAUSGEBERS

Ich bin sicher, dass das vorliegende Buch das Verständnis für den Limes als bedeutenden Teil der Kulturlandschaft Hessens fördern und damit das Bestreben der haupt- und ehrenamtlichen Mitarbeiterinnen und Mitarbeiter unterstützen wird, dieses einzigartige archäologische Denkmal in unserem Land in der Vielfalt seiner Erscheinungen kenntlich zu machen, eingängig zu vermitteln und für die nachkommenden Generationen zu sichern.

Prof. Dr. Egon Schallmayer
Landesarchäologe von Hessen

EIN WORT ZUVOR

Grenzen haben schon immer die Wahrnehmung von Menschen geprägt, und Grenzen werden sie immer prägen. Dabei können topografische Hindernisse wie Meere oder Gebirge als ebenso begrenzend empfunden werden wie Territorialgrenzen von Herrschaftsgebieten oder Reichen, egal ob sie undurchlässig sind wie früher Gebücke oder der Eiserne Vorhang, zur Überwachung dienten wie die Chinesische Mauer oder offengehalten werden wie die Staaten es tun, die das Schengener Abkommen unterzeichnet haben: Wer eine solche Linie passiert, weiß, dass er ein Gebiet mit einer anderen Kultur, einem anderen Recht und oftmals einem anderen Zahlungsmittel betritt.

Grenzen faszinieren in einer Zeit offener Grenzen aber auch. So zieht die Chinesische Mauer heute jedes Jahr Tausende von Besuchern an, die mittelalterlichen Gebücke erfahren als Kulturdenkmal eine sorgfältige Pflege, und Abschnitte der innerdeutschen Grenze werden zu Erinnerungs- und Begegnungsstätten sowie Informationszentren ausgebaut. Gleiches gilt für die Hadriansmauer und den Antoninuswall in Britannien, die Grenzen des römischen Reiches im Norden des ehemaligen Imperium Romanum, wo früher als in Deutschland die Bedeutung dieses Kulturdenkmals erkannt und entsprechende öffentlichkeitswirksame Maßnahmen ergriffen wurden.

Seitdem im Sommer 2005 der Obergermanisch-Raetische Limes in die UNESCO-Liste des Welterbes aufgenommen worden ist, boomt auch in Deutschland das Interesse an der römischen Grenze. Die Deutsche Limesstraße erschließt den römischen Grenzwall für Autofahrer, und Wander- und Radwege laden zu Freizeitunternehmungen ein. Dabei fehlte für Hessen ein Führer, der dieses einzigartige Denkmal von Holzhausen bis Hesselbach umfassend beschreibt und zugleich sachliche Informationen zu seinem Verständnis gibt. Beiden Wünschen will dieses Buch gerecht werden: Als Begleiter im Gelände soll es auf die verschiedenen Bauten hinweisen, gleichzeitig aber auch mit weiter gehenden Informationen die Entwicklung und Bedeutung der römischen Grenze verständlich machen. Möge es viele Interessierte anregen, sich intensiver mit dem römischen Limes in Hessen zu beschäftigen!

Wiesbaden, im März 2009
Margot Klee

Teil I
DER LIMES IN DER RÖMISCHEN PROVINZ OBERGERMANIEN: GESCHICHTE EINER GRENZE

Der nördlichste Teil des obergermanischen Limes liegt im heutigen Bundesland Hessen. Seine Korridorfunktion – der alte Einfallweg aus den germanischen Gebieten führte durch die Wetterau und setzte sich nach Süden durch die Oberrheinische Tiefebene fort – machte es zu einem wichtigen Abschnitt der römischen Grenze, die hier am Feldbergkastell zugleich den höchsten Punkt der gesamten Strecke erreicht. Sie entwickelte sich erst seit dem späten 1. Jahrhundert, als die römischen Kaiser keine weiteren Eroberungen in Germanien mehr planten und daher kennzeichnen mussten, wo Recht und Kultur des Imperium Romanum ihre Gültigkeit verloren. Während der rund 260-jährigen Herrschaft der Römer wurde die Anlage, den jeweiligen politischen Erfordernissen entsprechend, mehrfach verändert.

Der Rhein wird zur Grenze: Das Ausgreifen Roms nach Norden

Ohne eindeutige historische Quellen und beim Fehlen archäologischer Aufschlüsse bleibt die Beurteilung der römischen Grenzpolitik am Rhein nach der Eroberung Galliens durch Caesar 49–44 v. Chr. bis zum Regierungsantritt von Tiberius 14 n. Chr. vorerst problematisch, obwohl sich Germanien- und Gallienpolitik Roms in dieser Zeit fraglos wechselseitig beeinflussten. Die Maßnahmen während der beiden Statthalterschaften von Agrippa 37/36 und 20/19 v. Chr. sowie des Aufenthaltes von Augustus selbst 16–13 v. Chr. zielten in Gallien mit dem Ausbau der Binnenstruktur vorrangig auf eine Sicherung des Status quo in der Provinz. Zugleich lässt sich jedoch eine Grenzpolitik vor allem im Mainmündungsgebiet und am

Der Rhein wird zur Grenze: Das Ausgreifen Roms nach Norden | I

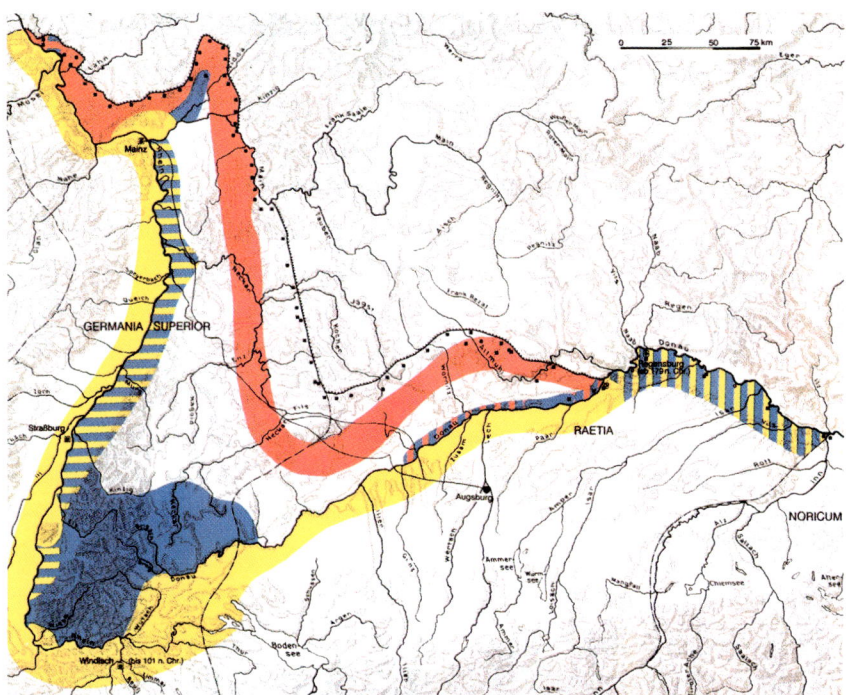

Abb. 1: Der Obergermanisch-Raetische Limes vom 1. bis zum 3. Jh. Die Grenzzonen des frühen 1. Jhs. n. Chr. am Westufer des Rheins (gelb) werden unter den Flaviern über den Rhein hinaus ausgedehnt (blau), bevor sie im späten 1./frühen 2. Jh. Wetterau und Odenwald einschließen. Seit der Mitte des 2. Jhs. verläuft die Grenze von Miltenberg nach Lorch. Nach: Der römische Limes in Deutschland (1992), Abb. 23.

Niederrhein erkennen, die den Fluss durch umgesiedelte germanische Stämme wie Ubier oder Bataver zunehmend zu einem überwachten Vorfeld werden ließ, das andere, eher feindlich gesinnte Gruppen am Einfall in die Provinz hindern sollte. Auch die *clades Lolliana* („Niederlage des Lollius") des Feldherrn Lollius 17/16 v. Chr., bei der Sugambrer, Usipeter und Tenkterer sogar den Adler der 5. Legion erbeuteten, veränderte die römische Germanienpolitik nicht. In diesem Kontext werden heute die frühen Lagergründungen am Rhein beispielsweise in *Novaesium*/Lager A oder Nijmegen/Hunerberg gesehen. Auf damals bereits mit verschiedenen Germanenstämmen bestehende Bündnisse oder Abkommen weisen Steuern hin, die Centurionen von den Sugambrern offenbar allzu rücksichtslos eintrieben. Bei den dadurch ausgelösten Unruhen

wurden auch Römer getötet, was zu Vergeltungsschlägen des Militärs führte.
Der 15 v. Chr. begonnene Alpenfeldzug der kaiserlichen Stiefsöhne Tiberius und Drusus erfuhr ebenfalls völlig unterschiedliche Bewertungen. Sah man anfangs darin lediglich ein Unternehmen zum Schutz der italischen Nordgrenze, so stellte ihn die spätere Forschung als vorbereitende Maßnahme in den Zusammenhang der römischen Herrschaftserweiterung bis an die Elbe. Weil die Kriegshandlungen, zu denen auch ein Seegefecht mit den Vindelikern wohl auf dem Bodensee sowie das Aufsuchen der Donauquellen durch Tiberius gehörten, aber eindeutig auf das Voralpengebiet beschränkt blieben, dienten sie wohl kaum weiterführenden Zielen. Deshalb gelten heute wieder verstärkt der Schutz Norditaliens gegen räuberische Übergriffe barbarischer Stämme aus der Alpenregion sowie deren ‚Zivilisierung‘, zu der Rom sich aufgrund der ihm von Iupiter verheißenen Weltherrschaft berufen fühlte, als Ursache für diesen Krieg. Auch das Legionslager Dangstetten sowie die Walenseetürme bei Zürich wurden nach einer neuerlichen Durchsicht des keramischen Fundmaterials jüngst in die Zeit der Alpenfeldzüge datiert, was aber nicht unwidersprochen blieb.

13 v. Chr. übernahm der kaiserliche Stiefsohn Drusus die Statthalterschaft in Gallien. Wenn auch von den 50 Lagern, die er nach Florus am Rhein angelegt

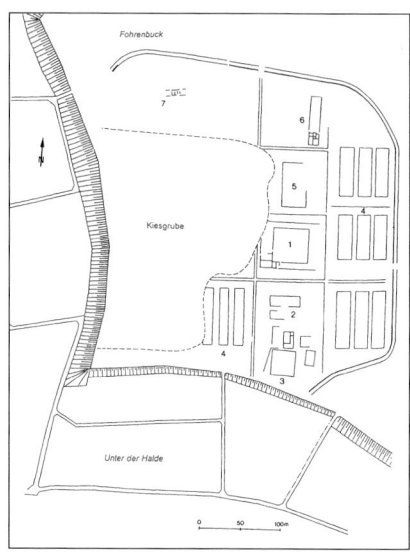

Abb. 2: Dangstetten, Gde. Küssaberg. In dem durch eine Kiesgrube z. T. unbeobachtet zerstörten Lager konnten außer den Mannschaftsbaracken das Stabsgebäude (1), das Wohnhaus des Kommandanten (2), Handwerkerbetriebe (3) und ein Speicher (4) nachgewiesen werden. Nach dem Tod des Drusus wurde die kurzfristig besetzte Anlage aufgegeben. Nach: Römer in Baden-Württemberg (2005), S. 156 ff.

haben soll, bislang keine eindeutigen Spuren nachgewiesen werden konnten, erfolgte doch unzweifelhaft bereits vor seinen Feldzügen gegen die Germanen 12–9 v. Chr. der systematische Ausbau einer durchgehenden Kastellkette am Westufer des Rheins, zu der Vechten, Neuss, Bonn und Moers-Asberg gezählt werden. Vor allem die beiden Legionslager *Vetera*/Xanten-Birten und *Mogontiacum*/Mainz lagen strategisch günstig an der Mündung der später als Vormarschroute genutzten Lippe- bzw. Maintäler, und die dazwischen mündende Lahn wurde durch den Bereitstellungsraum der Mainzer Legionen in der Gegend von Andernach und Bingen gedeckt. Damit zeichnet sich erstmals eine flächendeckende Sicherung des Grenzgebietes ab. Dass sich die Ereignisse dieser Jahre auf das spätere Niedergermanien konzentrierten, hängt mit den Abwanderungen der rechts des Rheins und in der Schweiz siedelnden Germanen zusammen. Zwar geht die Forschung heute nicht mehr von einem völligen Siedlungsabbruch aus, der zu der später von Tacitus beschriebenen ‚Helvetiereinöde' führte, aber nach dem deutlich geringeren Fundanfall doch von einer insgesamt stark dezimierten Bevölkerung. Das Legionslager von Dangstetten, in dem zumindest ein Detachement der später bei der Varusniederlage vernichteten 19. Legion lag, blieb bis 9/8 v. Chr. besetzt. Auch diese Feldzüge gehen für einige Forscher – dem römischen Anspruch auf die Weltherrschaft gemäß – auf einen umfassenden, groß angelegten Eroberungsplan der Gebiete bis zur Elbe zurück, während andere betonen, dass es nie ein strategisches Konzept gegeben habe und sich das Vorgehen der Römer erst sukzessive aus der jeweiligen Situation heraus ergab.

Die Vorstöße in den Elberaum waren nach Unruhen bei den Sugambrern 12 v. Chr. noch im gleichen Jahr, vor allem aber 11 v. Chr. zunächst von *Vetera*/Xanten aus durch das Lippetal geführt worden, wo Garnisonen wie Dorsten-Holsterhausen, Oberaden und Beckinghausen am Fluss den Versorgungsweg der Einheiten zu sichern hatten. Trotzdem bleibt die großräumige Truppendislokation am Rhein weitgehend unbekannt. Die noch wenig untersuchte Fundstelle bei Hedemünden darf nach dem Fundmaterial kaum als Lager gelten, denn es handelt sich hier wohl eher um einen ‚Heiligen Platz', an dem Germanen bei Überfällen auf römische Einheiten erbeutete Objekte niederlegten.

Erst die Feldzüge der nächsten Jahre betrafen direkt heute hessisches Gebiet, wo allerdings bislang keines der sicher in großer Zahl angelegten Feldlager und Versorgungsstationen nachgewiesen werden konnte. Das in dieser Zeit bereits besetzte Mainz-Kastel schützte lediglich den Brückenkopf vor dem Legionslager, aber keinesfalls den Aktionsraum des römischen Heeres tief in die Wetterau hinein. Nach den weitgehend unbekannten Ereignissen des Jahres 10 v. Chr. zielte der im folgenden Jahr von Drusus geleitete Vorstoß vom Legionsstandort Mainz aus über die als Elisabethen- oder Steinerne Straße bekannte Route durch die chattischen und suebischen Gebiete nach Norden. Zu den dabei gegründeten Anlagen gehörte wohl Rödgen, das mit drei großen *horrea* (Vorratsspeichern) aber eher als Nachschubstation genutzt wurde, denn als Militärposten diente. Weitere Truppenstützpunkte in

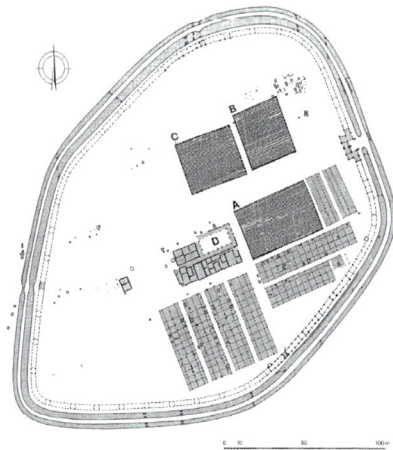

Abb. 3: Bad Nauheim-Rödgen. Plan und Rekonstruktion des drususzeitlichen Stützpunktes. Die drei extrem großen Speicher weisen auf eine Nutzung als Nachschubstation hin. Nach: RiH Abb. 165–166.

Frankfurt-Höchst und Friedberg bleiben hingegen unsicher. Lesefunde aus Arnsburg könnten zusammen mit den dort durch Luftbildprospektion nachgewiesenen Gräben auf eine römische Präsenz am Rand der Wetterau weisen, und die bei Bad Nauheim-Goldstein ansatzweise erfassten Lager lassen sich aufgrund des nur geringen (Lese-)Fundmaterials trotz ihrer sicher frühen Datierung in spätaugusteisch-tiberische Zeit weder diesem noch einem späteren Unternehmen zuordnen.

Obwohl Drusus 9 v. Chr. die Elbe erreichte, überschritt er – angeblich wegen unheilverkündender Vorzeichen – den Fluss nicht, sondern errichtete lediglich am Westufer ein Siegesmal. Auf dem Rückweg stürzte er so unglücklich vom Pferd, dass er noch auf dem Transport nach Mainz verstarb. Tiberius, der auf diese Nachricht hin sofort von Rom nach Germanien gereist war und seinen Bruder noch lebend angetroffen hatte, leitete nach dem Tod von Drusus den Rückzug der Armee und errichtete auf Wunsch der Truppe für ihn in Mainz

Abb. 4: Der Eichelstein bei Mainz, vermutlich der Überrest des Kenotaphs für den römischen Feldherrn Drusus. Sein bis in das 3. Jh. von den Soldaten gepflegter Kult muss als Besonderheit des obergermanischen Heeres gelten. Erhalten blieb nur der Gusskern, während die sorgfältig zugerichteten Steine der äußeren Mauerschale entfernt worden sind.

einen Kenotaph. An diesem Ehrenmal, das mit dem Eichelstein in Mainz identifiziert wird, fanden für den jungen, wegen seiner Waghalsigkeit beim Heer beliebten Feldherrn bis in das 3. Jahrhundert hinein jährliche Gedenkfeiern statt, an denen auch Gesandte aus den *Tres Galliae* teilnahmen, weil Drusus dort 13 v. Chr. erfolgreich die Statthalterschaft ausgeübt hatte. Nach einem nochmaligen Vorstoß unter Tiberius 8 v. Chr. endeten 7 v. Chr. die Militäraktionen, weil nach Velleius Paterculus Germanien zu dieser Zeit fast als tributpflichtige Provinz betrachtet werden könne. Als damaliges Hauptquartier gilt das ebenfalls von der 19. Legion besetzte, möglicherweise mit dem in den Quellen *Elison* genannte Lager zu identifizierende Haltern, wo sich verschiedenste militärische Anlagen konzentrierten.

Ausgrabungen der letzten Jahre bezeugen mit den Lagern Alteburg bei Brechen-Oberbrechen und Dorlar aber auch den römischen Vormarsch an der Lahn entlang nach Norden, denn das Flusstal bot einen idealen Einfallweg für die in Andernach und Bingen zusammengezogenen Truppen. Auf gleichzeitige friedliche Kontakte weist dort der nicht nur als Kastell dienende Stützpunkt Waldgirmes hin, sondern auch der Fund eines großen Eisenklumpens im Lager von Oberbrechen, der eher mit einer Rohstoffgewinnung zu verbinden ist als mit einem Militärposten.

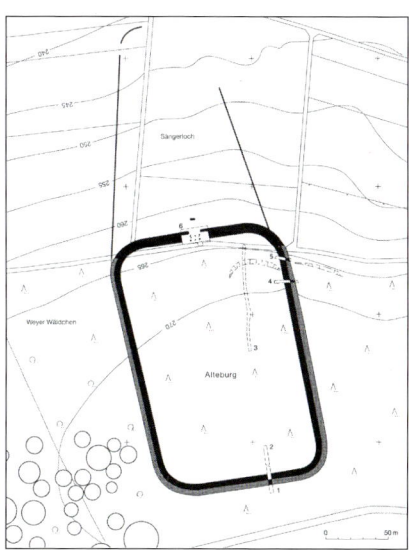

Abb. 5: Das Lager Alteburg bei Brechen-Oberbrechen. Bei dem Lager mit nur einem Tor konnten Spitzgraben und vermutlich eine Rasensodenmauer festgestellt werden, während Hinweise auf die Innenbebauung fehlen. Nach: R. Wiegels, Die Varus-Schlacht – Wendepunkt der Geschichte? (2007), S. 101.

Abb. 6: Waldgirmes. Die 3-D-Rekonstruktion des Forums gibt die italisch beeinflusste Architektur im Zentrum der stadtähnlichen Siedlung wider.

Siedlungskontinuität in der Wetterau

Mittlerweile ist trotz der großräumigen Migration germanischer Stämme nach Westen über den Rhein in gallische Gebiete Siedlungskontinuität für die Wetterau belegt, die die Randzone des keltischen Kulturkreises bezeichnet. Hier wanderten außer Elbgermanen aus dem Osten auch Sueben zu, die sich mit der vor Ort verbliebenen keltischen Restbevölkerung vermischten und Träger der rhein-wesergermanischen Kultur wurden. Solche Gruppen sind auf dem Dünsberg im Lahntal ebenso nachzuweisen wie in Niederweimar wenige Kilometer vor der römischen ‚Grenze'. Sie errichteten aus Nordwestdeutschland bekannte, für den hessischen Mittelgebirgsraum aber untypische Langhäuser, produzierten eine besondere Keramik, die den keltischen Spätlatène-Stil mit östlichen germanischen Formen und Verzierungen kombinierte, und trieben statt Ackerbau verstärkt Viehzucht. Römische Waren belegen jedoch gleichzeitig Verbindungen zu den lahnabwärts gelegenen römischen Stützpunkten.

Stärkere Kontakte zwischen Indigenen und Römern lassen sich vor allem im mittel- und südhessischen Raum fassen. So wurden in Bad Nauheim die Salinen durchgehend vom 1. Jahrhundert v. Chr. bis in domitianische Zeit betrieben, und in Echzell enthielten Gruben, die um die Zeitenwende datieren, sowohl römische Keramik wie einheimische Ware. Am Görsbach bei Butzbach liegen Siedlungsstellen einer rhein-wesergermanischen Bevölkerung – vielleicht der Mattiacer – in Sichtweite des Limes. Schriftquellen lokalisieren in der Wetterau außerdem den chattischen Teilstamm der Mattiacer, die dort vielleicht später als Militärsiedler den Schutz gegen die im Gießener Becken siedelnden Chatten übernahmen.

Die Entwicklung im 1. Jh. n. Chr. bis zum Limesbau

Trotz des Ausbruchs eines *„immensum bellum"*, der in den Jahren 4–5 n. Chr. die spätere Provinz erschütterte und dessen Ursache ohne schriftliche Quellen unbekannt bleibt, scheint die Lage unter Augustus insgesamt so ruhig und stabil gewesen zu sein, dass eine Provinzgründung nicht nur möglich, sondern sogar sinnvoll schien. Dafür spricht die Entsendung von C. Quin(c)tilius Varus nach Germanien, der zuvor als Legat in Syrien tätig gewesen war. Als Jurist eher Verwaltungsfachmann denn Militär, sollte er die für eine römische Administration notwendigen Voraussetzungen schaffen, zu denen das Einführen des römischen Rechts ebenso gehörte wie das Durchführen eines *cen-*

sus als Grundlage für die Besteuerung. Dass der Aufbau einer römischen Verwaltung intensiver vorangetrieben worden war, als die Forschung aufgrund der späteren Ereignisse lange vermutet hat, zeigen außer den Beobachtungen in Haltern vor allem die Funde von Waldgirmes. In diesem städtisch anmutenden Stützpunkt lebten seit 4/3 v. Chr. römisches Militär und germanische Indigene zusammen. Typisch italische Architektur wie ein Forum mit Sockeln für Statuen – von einer Reiterstatue aus Bronze vermutlich des Augustus haben sich geringe Reste erhalten – sollten mit dem Einführen römischer Lebensweise die Romanisation des Landes fördern. Die im späten 1. Jahrhundert vom Feldherrn Agricola in Britannien angewendete Methode sanfter Gewalt beim Durchsetzen römischer Herrschaftsansprüche war also bereits wesentlich früher gängige Verwaltungspraxis. Auch die Kontakte zwischen Römern und Einheimischen bei den Salinen von Bad Nauheim sowie die sich mittlerweile abzeichnende Nutzung der Wiesbadener Quellen durch das Militär bereits seit augusteischer Zeit bezeugen eine entwickeltere Infrastruktur sogar des zivilen Bereiches, auch wenn sie vorrangig dem Militär diente. Aber Varus schätzte vor Ort die Lage ebenso falsch ein wie der Kaiser in Rom. Arminius, ein in Italien erzogener Cheruskerfürst, sammelte Germanen um sich, die eine römische Oberherrschaft ablehnten. Trotz Warnungen von verschiedenen Seiten, sogar dem Schwiegervater des Arminius, vertraute Varus dem jungen Germanen und ließ sich von ihm im September 9 n. Chr. auf dem Rückweg von einem Manöver in die Winterquartiere in eine Falle locken. Das mehrtägige und aufgrund der Trosslänge sicher nicht nur auf eine Stelle beschränkte Gemetzel fand u. a. in Kalkriese bei Bramsche statt, wo das den germanischen Horden in einer offenen Feldschlacht überlegene römische Heer seine Taktik nicht entfalten konnte und daher wehrlos den Angriffen aus dem Hinterhalt ausgeliefert war. Zahlreiche Fundstücke zeugen von der Katastrophe, die zur Vernichtung der nie wieder aufgestellten 17., 18. und 19. Legion führte. Nur die berittenen Hilfstruppen konnten sich bis zu den am Rhein errichteten Standlagern durchschlagen. Obwohl die Lage ruhig blieb und die Germanen keine weiteren Angriffe wagten, zogen sich die Römer nach dieser Niederlage aus allen rechtsrheinischen Stützpunkten auf das westliche Flussufer zurück. Dort entstand erstmals eine durchgehende Reihe fester Militärbasen.

Dennoch blieb das rechtsrheinische Vorfeld nicht ohne militärische Sicherung, der allerdings ein anderes Konzept zugrunde gelegt worden war. Einen Teil dieser Aufgaben übernahmen Milizverbände kooperationswilliger Einheimischer, die sich in der Wetterau sowie rechts des Rheins im Vorfeld römischer Militäranlagen im Mainmündungsgebiet, um Bürstadt und weiter südlich mit den Neckarsueben vor allem um Ladenburg und bei Diersheim niedergelassen hatten. Für ihre Dienste bei der Grenzkontrolle erhielten sie wohl Subsidien in Form römischer Importe. Die bis in vespasianische Zeit nachweisbaren, durchweg recht einheitlich ausgestatteten Gräber lassen bei diesen Gruppen egalitär geprägte soziale Verhältnisse erschließen. Zusätzlich scheint das nördliche Hessische Ried von Mainz aus durch eine Reihe dauerhaft eingerichteter Militärposten in Trebur-Astheim, Nauheim und Lampertheim überwacht worden zu sein, zu denen als nördlichste Garnison vielleicht das Kastell in Hofheim gezählt werden muss. Ein weiterer Stützpunkt ist neuerdings in dem wegen der Hochwassergefahr nur kurzfristig gehaltenen und wohl durch Groß-Gerau-Wallerstädten abgelösten Trebur-Geinsheim nachgewiesen worden.

Erst 15 n. Chr. stießen die Römer unter Germanicus, dem Sohn des Drusus und präsumptiven Nachfolger von Kaiser Tiberius, erneut in rechtsrheinisches Gebiet vor. Zu den dabei im hessischen Gebiet wiederum nur kurzfristig aufgesuchten Anlagen gehören Frankfurt-Höchst und vor allem Friedberg, das trotz einiger Funde früher Zeitstellung wohl erst bei dieser Offensive besetzt wurde. Ein recht hoher Fundanfall von Pferdegeschirrteilen weist auf hier anwesende Reiter. Hingegen lässt sich nicht entscheiden, ob Höchst kontinuierlich besetzt war oder erneut belegt wurde, weil ein großer Teil der Funde in das letzte Jahrzehnt vor Christi Geburt datiert.

Bei diesen Offensiven blieben durchschlagende Erfolge nicht nur aus, sondern es kam mehrfach zu teilweise sogar äußerst gefährlichen Situationen. Deshalb rief Tiberius seinen Neffen Germanicus 16 n. Chr. – zwei Jahre nach seinem Regierungsantritt – endgültig nach Rom zurück, weil man die Germanen nun beruhigt ihren eigenen Zwistigkeiten überlassen könne. Die *Tabula Siarensis*, die nach dem frühen Tod des Feldherrn die wenige Jahre später vom Senat für den Drusussohn beschlossenen Ehrungen überliefert, bezeugt eindeutig, dass in Rom damals der Rhein als Grenze des Imperiums galt.

Obwohl Caligula kurzfristig wieder Kriegszüge in Germanien geplant zu haben scheint und Claudius ihm darin anfangs wohl folgte, konzentrierte er sich später auf die Eroberung von Britannien. Das wichtigste Lager dieser Zeit, Hofheim I mit noch unregelmäßigem Grundriss in Holzbauweise, gilt als gutes Beispiel der römischen Militärarchitektur der ersten Hälfte des 1. Jahrhunderts n. Chr. Für die Einsätze in Britannien zog der Kaiser zwar weitere Truppen von der Rheinfront ab, behielt aber die Grenzsicherung durch indigene Milizen im Vorfeld bei.

Die Entwicklung im 1. Jh. n. Chr. bis zum Limesbau | I

Abb. 7: Hofheim. Das um 40 n. Chr. errichtete, zweiperiodige Holz-Erde-Lager zeigt noch nicht den klassischen spielkartenförmigen Grundriss späterer Kastellanlagen. Bekannt sind die mit Türmen versehenen Tore (1–4), Stabsgebäude (5), Kommandantenhaus (6), Speicher (7–8), Werkstätten (9) und evtl. ein Bad (17). Das 69 n. Chr. zerstörte Kastell wurde zwar ausgebessert, aber bald darauf durch ein Steinkastell ersetzt. Nach: RiH Abb. 296.

Die instabile politische Situation des Vierkaiserjahres 68/69 n. Chr., in dem Galba, Otho und Vitellius als Kaiser bzw. Thronprätendenten um die Herrschaft rangen und schließlich Vespasian unterlagen, führte mit Bürgerkriegen und Unruhen in Rom auch zu zahlreichen Zerstörungen an römischen Militärstützpunkten in Ober- und Untergermanien. Auf die Nachricht vom Brand des Iupitertempels auf dem Kapitol als einem nach Meinung vieler Zeitgenossen göttlichen Zeichen hin erhoben sich die gallischen Treverer und Lingonen und gründeten ein eigenständiges *Imperium Galliarum*, auf das sogar die verbliebenen Rheinlegionen einen Eid ablegen mussten. Bei der Belagerung des Legionslagers Mainz durch Germanen erlitten der Brückenkopf in Mainz-Kastel ebenso wie die Kastelle Wiesbaden und Hofheim schwere Schäden.

Nach seinem Regierungsantritt ließ Vespasian die demolierten Garnisonen restaurieren und sicherte zugleich die altbekannte Vormarschstraße durch die Wetterau mit neuen Kastellen in Hofheim, Frankfurt-Heddernheim und Okarben. Auch die ältere Anlage auf dem Domhügel in Frankfurt a. Main gehört in diese Zeit. Die zentral in die germanischen Stammesgebiete dislozierten Truppen sollten nicht nur Aufständen vorbeugen, sondern verstärkt die Indigenen romanisieren. Zugleich erfolgte die planmäßige Erschließung des Hinterlandes durch den Ausbau von Straßen, deren Trassen z. B. von der B 45 Dieburg–Groß-Umstadt oder der A 66 zwischen Zeilsheim und dem Frankfurter Nordwestkreuz noch heute genutzt werden. Den größten Gebietsgewinn erzielte Rom in jenen Jahren im Schwarzwald, wo die am Hochrhein verlaufende Route vom Rheintal zur Donau, die rasche Heeresverschiebungen gerade während des Vierkaiserjahres erschwert hatte, nun durch eine von Offenburg über Hüfingen und Rottweil durch den Schwarzwald führende Magistrale abgelöst wurde.

Sie setzte sich in der Oberrheinischen Tiefebene fort und verband die neu entstandenen Lager Heidelberg-Neuenheim, Ladenburg, Gernsheim und Groß-Gerau mit dem Legionslager Mainz.

Als Domitian nach dem überraschenden Tod seines Bruders Titus 81 n. Chr. die Regierung übernahm, fehlten ihm bedeutende militärische Erfolge. Um seine Fähigkeiten auch auf diesem Gebiet zu beweisen, plante er einen Feldzug gegen die immer wieder unbotmäßigen Chatten, die selbst Augustus nicht hatte besiegen können. Im Bereitstellungsraum um Mainz herum wurde 83 n. Chr. unter dem Vorwand eines geplanten *census* mit fünf Legionen, einer aus Detachements aller britannischen Legionen gebildeten Einheit in Legionsstärke sowie zahlreichen Hilfstruppen eine für den Feldzug überdimensionierte Streitmacht zusammengezogen. Weil sich die Germanen keiner Schlacht stellten, sondern in unwegsamem und unübersichtlichem Gelände wie dem Taunus mit plötzlichen Überfällen auf kleinere Trupps dem Heer beträchtlichen Schaden zufügten, blieben die erhofften Erfolge aus. Dieser Guerillataktik versuchte man erstmals mit *limites* zu begegnen, nämlich den in die Taunuswälder geschlagenen Schneisen, die eine regelmäßige Patrouille durch die römische Armee ermöglichen und erleichtern sollten. Ihre Überwachung erfolgte von Holztürmen aus. Auch ohne durchgreifenden Erfolg erklärte

Abb. 8: Mainz, Legionslager auf dem Kästrich. Dem in der Mitte des 4. Jhs. errichteten Stadttor diente der qualitätvolle Plattenbelag als Fundament, der zu dem abgerissenen Legionslager gehörte. Wahrscheinlich sind auch andere Architekturteile der Militärbauten als Spolien benutzt worden.

sich Domitian noch im Sommer 83 n. Chr. zum Sieger über die Germanen, nahm den Titel ‚Germanicus' an und kehrte nach Rom zurück. Wahrscheinlich sollte die in der Zeit zwischen dem 20. September 82 und dem 27. Oktober 90 n. Chr. erfolgte Einrichtung der Provinzen Ober- und Untergermanien *(Germaniae Superior et Inferior)* den Kritikern in Rom beweisen, dass Germanien tatsächlich befriedet worden war.

Den für eine geordnete Provinzverwaltung nötigen Ausbau der Infrastruktur, aber auch den Weiterbau der Grenze verhinderte zunächst der von Mainz ausgehende Saturninus-Aufstand 88/89 n. Chr., nach dessen Niederschlagung die Truppen völlig neu verteilt wurden. Vor allem löste man die Doppellegionslager auf, in denen die Konzentration von 12 000 Mann leicht Unruhen verursachen konnte. Seither verblieb auf dem Kästrich *(= castrum)* in Mainz nur noch die aus Niedergermanien abgezogene *XXII legio primigenia*. Weitere Legionen standen in Straßburg und bis 101 n. Chr. in Windisch/Brugg.

Der obergermanische Limes im späten 1. und frühen 2. Jh. n. Chr.

Wenn sich heute der obergermanische Limes in Hessen als eine einheitlich geplante und in einem Zug angelegte Grenze präsentiert, täuscht dieser Eindruck. Im Grunde wissen die Fachleute immer noch relativ wenig über Art und Weise der Trassenfestlegung, die einzelnen Bauabschnitte oder die Kommandostruktur entlang des Limes. So wird auch darüber diskutiert, ob bereits Domitian den weiteren Ausbau vorhatte oder ob erst Kaiser Traian die neuen Pläne entwickelte, der als Statthalter Obergermanien aus eigener Anschauung kannte und offenbar die zivilen Strukturen bald nach seinem Regierungsantritt energisch vorantrieb.

Zu den ältesten, sicher noch im späten 1. Jahrhundert n. Chr. unter Domitian besetzten Limesstrecken gehören die Abschnitte im westlichen Taunus, vor allem aber in der nördlichen Wetterau als stärker von Germanen bedrohtem Gebiet. Diese früh angelegten Trassen z. B. in der Idsteiner Senke oder dem Emsbachtal berücksichtigen die Topografie, vermeiden Überhöhungen und führen die Grenze möglichst über im Vorfeld abschüssiges Gelände, das dem römischen Heer bei einem Überfall taktische Vorteile bot. Der Limes bestand damals nur aus der Schneise im Wald, Holztürmen sowie dem Begleitweg, während eine durchgängige Markierung oder Befestigung fehlten. Lediglich in der nördlichen und östlichen Wetterau, einem durch seine Korridorfunktion gefährdeteren Gebiet, scheint bereits im späten 1. Jahrhundert ein Flechtwerkzaun vor dem Begleitweg angelegt worden zu sein.

Probleme bereitet auch der Grenzverlauf des späten 1. Jahrhunderts in der östlichen Wetterau zwischen Ober-Florstadt und Hanau-Salisberg, wo außer dem altbekannten Standort Heldenbergen mittlerweile zwei Kleinkastelle in Mittelbuchen nachgewiesen werden konnten. An dieser durch die nach Südwesten streichenden Vogelsbergausläufer geschützten und daher eigentlich kaum gefährdeten Strecke, wo das älteste Fundmaterial aus den Lagern wie dem neu entdeckten Numeruskastell von 0,65 ha in Schöneck-Kilianstädten in die 80er- und 90er-Jahre des 1. Jahrhunderts n. Chr. datiert, bestand eine offenbar zweiphasige Limesstrasse mit einer tief gestaffelten Überwachungskette, über deren Sicherung mit Türmen und vielleicht sogar einem Erdwerk bislang allerdings ebenso Unklarheit herrscht wie über ihren weiteren Verlauf nach Norden sowie die hier stationierten Einheiten. Auch der sich aus dem Fundmaterial ergebende Zusammenhang mit dem domitianischen Chattenkrieg bleibt vorerst spekulativ.

Der obergermanische Limes im späten 1. und frühen 2. Jh. n. Chr.

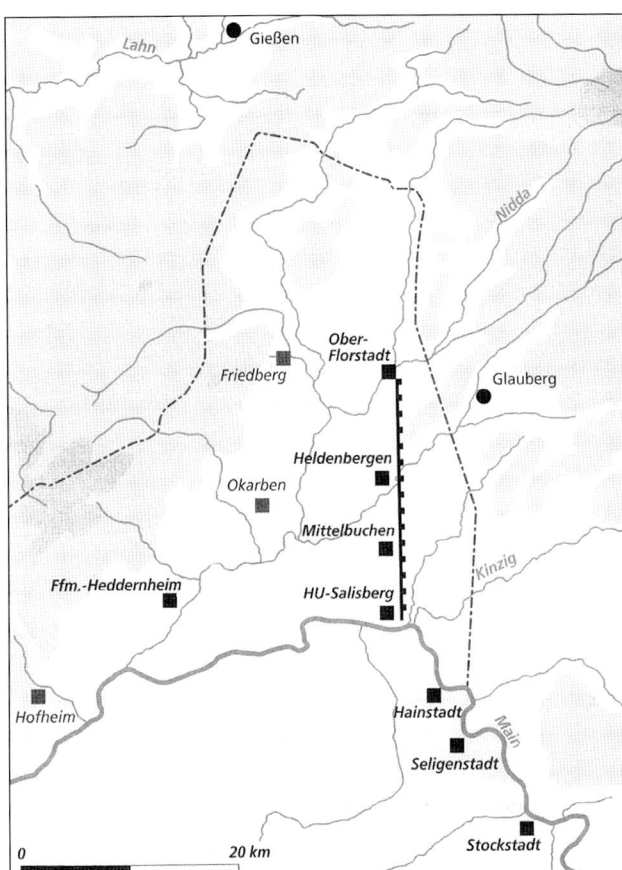

Abb. 9: Die Wetterau im späten 1. Jh. Limesverlegung von der Strecke Ober-Florstadt – Hanau-Salisberg auf die Trasse Ober-Florstadt – Marköbel – Großkrotzenburg (jüngerer Limes-Verlauf durch Strichpunktlinie markiert). Nach: Reuter, in: Saalburg-Schriften 6, S. 98.

Zu den Maßnahmen im späten 1. Jahrhundert noch vor dem weiteren Grenzausbau gehörte vor allem das Verlegen der Hilfstruppen aus dem Hinterland an den Limes. Die Lager in Hofheim, Heddernheim und Okarben wurden durch neue Kastelle in Echzell oder Arnsburg ersetzt. Dass dieses Revirement sogar die Truppen überrascht haben muss, zeigen gerade begonnene und nicht vollendete Umbaumaßnahmen am Kastelltor in Hofheim, wo in flavischer Zeit ein Steinkastell die ältere Holzanlage ablöste.

Aber auch an der Grenze selbst kam es noch zu Veränderungen. So wurde im späten 1./frühen 2. Jahrhundert Kastell

I | DER LIMES IN DER RÖMISCHEN PROVINZ OBERGERMANIEN

Abb. 10: Versperrter Zugang: Blick vom Freien Germanien auf die (rekonstruierte) römische Grenze mit Palisade und Wachtposten beim Kastell Zugmantel. Das dahinter angelegte Wall-Graben-System ist nicht erkennbar.

Abb. 11: Kleinkastell Holzheimer Unterwald. Münzschatz. Der in der Wehrmauer versteckte Hortfund stammt aus den unruhigen Jahren in der zweiten Hälfte des 2. Jhs.

Kapersburg für das aufgegebene Kleinkastell Ockstadt (→ Abb. 90/91) in die bestehende Lagerkette eingeschoben.

Hadrian ließ die Grenztrasse mit der seit 119/120 n. Chr. errichteten Palisade zwar durchgängig schließen, aber nicht hermetisch abriegeln, denn in regelmäßigen Abständen angelegte Übergänge ermöglichten jederzeit das Passieren. Solche Posten finden sich z.B. unterhalb der Saalburg oder vor Kastell Arnsburg, wo das auf einem Luftbild (→ Abb. 112) erkennbare Pfostenloch innerhalb des Limesdurchlasses möglicherweise von einem – verschließbaren? – Tor stammt. Die Palisade überlagerte in der Wetterau stellenweise das gleichzeitig aufgegebene ältere Zaungräbchen, wurde aber an offenbar als besonders gefährdet eingestuften Abschnitten schon früh durch Wall und Graben ersetzt.

Der erst um die Jahrhundertwende angelegte Odenwaldlimes durchzog ein in römischer Zeit wenig besiedeltes Gebiet. Entsprechend gering ist daher sein militärischer Schutz gewesen, den hauptsächlich aus Brittonen aufgestellte Numeri übernahmen. Seine Verbindung zum östlichen Wetteraulimes bildete der Main, dem als nasse Grenze die Palisade fehlte. Hier hatten Kastelle und Türme vor allem den Verkehr auf dem Fluss zu kontrollieren, denn das Militär nutzte die wirtschaftlichen Ressourcen des wenig besiedelten Vorfeldes intensiv. Die im Spessart tätigen Holzfällerkommandos der 22. Legion aus Mainz sind durch Weihesteine in Stockstadt, Obernburg und Trennfurt bezeugt.

Funktion, Baumaßnahmen und Grenzkorrekturen: Der Limes im 2. Jh. n. Chr.

Der Limes sollte das römische Provinzgebiet nie hermetisch abriegeln, sondern lediglich jene Grenze markieren, an der Recht und Kultur des Imperium Romanum endeten. Während des weitgehend friedlichen 2. Jahrhunderts erfüllte die Grenze mit Palisade und Limesdurchlässen die Anforderung vollständig und kanalisierte zu Kontroll- und Überwachungszwecken zugleich den Personenverkehr und Warenaustausch zwischen dem römischen Gebiet und der Germania Magna. Ebenso schützte er aber vor räuberischen Einfällen kleinerer Germanenhorden. Da die im Vorfeld siedelnden Stämme weiterhin das Gefolgschaftswesen kannten und mit ihrer Subsistenzwirtschaft zwar den Lebensunterhalt zu sichern, aber keine Reichtümer zu erwirtschaften vermochten, bestand immer die Gefahr lokaler Übergriffe oder Beutezüge.

Trotz der friedlichen Zeiten wurde der Limes im 2. Jahrhundert mehrfach verändert, ohne dass die einzelnen Maß-

I | DER LIMES IN DER RÖMISCHEN PROVINZ OBERGERMANIEN

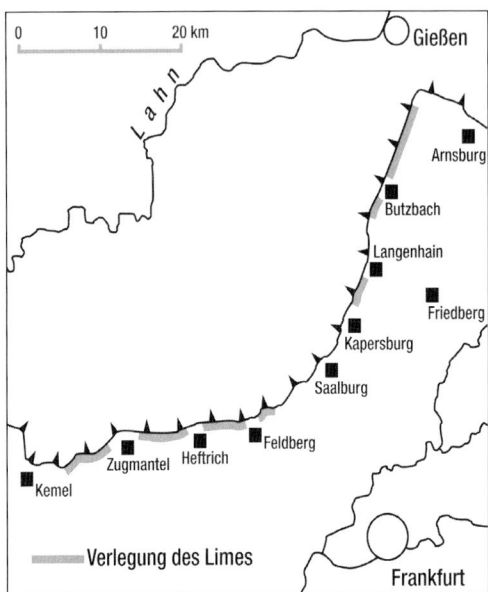

Abb. 12: Streckenbegradigun-gen des Limes in der Mitte des 2. Jhs. im westlichen Taunus, Hochtaunus und der Wetterau. Auch an der neuen Trasse wurden Palisade, Begleitweg und Wachtposten errichtet. Nach: Baatz, Limes-palisade, Abb. 2.

nahmen absolut datiert werden können. Wohl um die Jahrhundertmitte sind an der gesamten Strecke die rund 40 bis 50 Jahre alten Holztürme durch Steinbauten ersetzt worden. Nachweisen lassen sich weiterhin lokal begrenzte Streckenbegradigungen im Taunus und der Wetterau zwischen Kleinkastell Adolfseck und Kastell Zugmantel (8,5 km), in der Idsteiner Senke (6,3 km), vom Kleinkastell Heftrich bis zum Feldbergkastell (7,7 km), am Nordhang des Großen Feldberges (2 km), vom Kleinkastell Kaisergrube bis zum Usatal (3,5 km), zwischen den Kleinkastellen Hunnenkirchhof und Kastell Butzbach (1,6 km) sowie zwischen den Kleinkastellen Degerfeld und Hainhaus (9,3 km). Dabei wurde auch vor den Steintürmen der jüngeren Linie um 160 n. Chr. nicht auf den Bau einer Palisade verzichtet. Dennoch können manche Besonderheiten wie z.B. eine streckenweise beobachtete Doppelung im Scharwald (→ Abb. 70) unterhalb des Feldberges oder vor Arnsburg bis jetzt nicht befriedigend erklärt werden.

In der Mitte des 2. Jahrhunderts erfolgte wohl unter dem Statthalter C. Popilius Gaius Pedo eine letzte Grenzkorrektur am obergermanischen Limes, bei der im heute baden-württembergischen Teil der Strecke ein knapp 20 km breiter Streifen in die römische Provinz einbezogen worden ist. Gleichzeitig wurden die Einheiten vom Odenwaldlimes an den Vorderen Limes verlegt, der

Funktion, Baumaßnahmen und Grenzkorrekturen: Der Limes im 2. Jh. n. Chr.

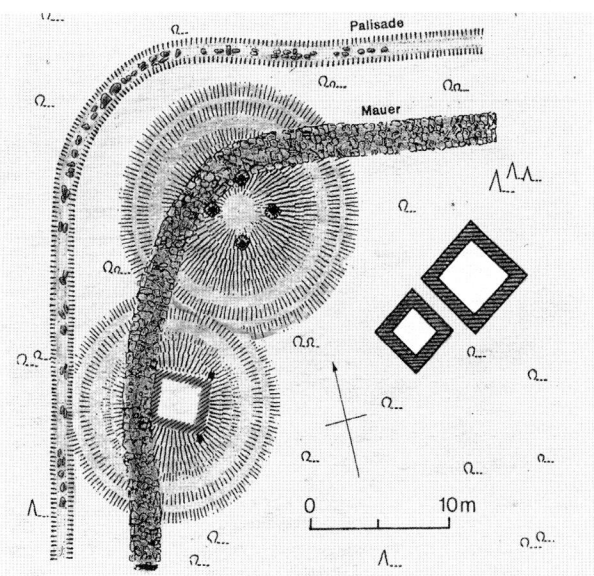

Abb. 13: Die Grenzanlagen bei WP 3/61 Kieshübel. Überschneidungen lassen ihre Abfolge klar erkennen: 1. Bau des südlichen Holzturmes mit einem Kreisgraben. 2. Ersatz des Wachtpostens durch den nördlichen Holzturm, der den Graben des Vorgängers schneidet. 3. Anlage der Palisade, deren Verlauf sich am jüngeren Holzturm orientiert, den älteren dagegen überlagert. 4. Bau der über die Holzturmstellen hinwegziehenden Mauer, die hier Wall und Graben ersetzt, sowie der Steintürme.

an der bis nach Miltenberg verlängerten Maingrenze begann und über lange Strecken schnurgerade bis nach Lorch führte. Ohne bedeutenden Gebietsgewinn müssen andere, für uns nicht klar erkennbare Gründe für diese Maßnahme verantwortlich gewesen sein, die einen beachtlichen Bauaufwand für die Truppen bedeutete. Vielleicht sollte jenes Territorium ‚offiziell römisch' werden, in dem das Militär bereits seit langem agierte, vielleicht haben aber auch zunehmend unruhiger werdende Völker vor dem Limes eine bessere Überwachbarkeit der Grenze notwendig erscheinen lassen.

Zu den spätesten Veränderungen vermutlich am Ende des 2. Jahrhunderts oder im frühen 3. Jahrhundert gehörte schließlich das Anlegen von Wall und Graben zwischen Palisade und Begleitweg auf römischem Territorium. Für diese Baumaßnahmen ergeben sich relativchronologische Hinweise lediglich aus ihrer durch Überschneidungen eindeutigen Abfolge bei einzelnen Wachtposten (**WP 3/61** Kieshübel) sowie ihrem Fehlen am Odenwaldlimes. Gleichzeitig erfolgte offenbar am gesamten Limes eine Truppenverstärkung. Sie führte vor allem im Taunus zu einem Ausbau der Grenzkastelle, weil dabei auch taktisch bislang von Muttereinheiten abhängige Detachements personell aufgestockt und zu eigenständigen, von *praepositi* geführten *numeri* umgeformt wurden.

Das Hinterland des Limes

Im Schutz des Limes entwickelte sich seit dem frühen 2. Jahrhundert ein vielfältiges ziviles Leben, das im rechtsrheinischen Teil der obergermanischen Provinz immer stark vom Militär beeinflusst blieb. Nach der Provinzgründung hatte die römische Administration in Obergermanien civitates (Gebietskörperschaften) eingerichtet, von denen die *civitas Ulpia Mattiacorum* mit dem Vorort *Aquae Mattiacae*/Wiesbaden, die *civitas Taunensium* mit dem Vorort *Nida*/Frankfurt-Heddernheim und die *civitas Auderiensium* mit dem Vorort *vicus Med**/Dieburg auf hessischem Gebiet liegen. Ihre Territorien entsprachen größtenteils dem früheren Herrschaftsgebiet der indigenen Stämme, deren kooperationswillige und daher rasch romanisierte Elite nach römischen Vorgaben die Selbstverwaltung der *civitates* übernahm. Gleichzeitig florierten unter römischer Kontrolle Wirtschaft und Handel in beachtlichem Maß. Im Hinterland der Städte entstanden besonders in der Wetterau zahlreiche *villae rusticae* (Gutshöfe), deren Besitzer ihre Überschüsse an das Heer oder auf den Märkten der benachbarten Städte verkauften. Den zunehmenden Reichtum belegen immer luxuriöser ausgestattete Gebäude sowie die seit dem 2. Jahrhundert häufigeren Weihungen.

Abb. 14: Markt vor dem Praetorium im *civitas*-Vorort *Nida*-Heddernheim. Nach: RiH Abb. 39.

Unruhige Zeiten kündigen sich an: Der Limes im 3. Jh. n. Chr.

Unruhen im elb-weser-germanischen Raum lösten im frühen 3. Jahrhundert erneut Migrationen ganzer Stämme und damit weitreichende Völkerverschiebungen aus. Die nach Westen drängenden Germanen, die nun vor dem Limes erschienen, verschmolzen erst im Vorfeld der römischen Grenze zu einer Einheit und wurden seither von den Römer „Alamannen" genannt. Gleichzeitig banden Unruhen an der Donaufront und im Osten des Imperiums, wo die erstarkenden Sassaniden das Reich bedrohten, ebenso wie die wiederholten Usurpationen von Soldatenkaisern innerhalb des Reiches die militärischen Kräfte Roms. Wiederholt zogen Kaiser Truppen von der obergermanischen Grenze ab, um die Gegner im Osten zu bekämpfen oder ihren eigenen Thronanspruch durchzusetzen.

233 n. Chr. verlegte Severus Alexander zahlreiche Truppen aus Obergermanien an die östliche Front, was zu einer Reihe verheerender Einfälle führte. Sie schlagen sich in selten exakt auf ein Jahr datierbaren Zerstörungen in Kastellen und im Hinterland nieder. Der nach der Ermordung des Kaisers und seiner Mutter Iulia Mamaea 235 n. Chr. in Mainz an die Herrschaft gelangte Maximinus

Abb. 15: Feldberg-Kastell. Weihestein für Iulia Mamaea, die Mutter von Severus Alexander. Der Name der 235 n. Chr. zusammen mit ihrem Sohn in Mainz getöteten Kaiserin wurde bei der *damnatio memoriae* eradiert, um alle Erinnerung an sie zu löschen. Nach: RiH Abb. 200.

Thrax führte zwar einen Vergeltungsschlag gegen die Germanen und trieb den Wiederaufbau der Garnisonen zur Sicherung des Hinterlandes energisch voran, verkleinerte aber offenbar erstmals auch Kastelle wie Miltenberg-Ost. Aber schon die Kämpfe dieses Kaisers in Pannonien im folgenden Jahr sowie vor allem der von Gordian III. unternommene Perserfeldzug 241/242 n. Chr. dezimierten die Grenztruppen erneut, die wohl kaum wieder ihre frühere Sollstärke erlangten. Zudem verringerte eine grundsätzlich andere Taktik die lückenlose Überwachung der obergermanischen Front: Die vor Ort verbliebenen (Reiter-)Einheiten scheinen von der Grenze abgezogen und als mobile Eingreiftruppen vermehrt in städtischen Garnisonen im Hinterland stationiert worden zu sein, wo sie bei Übergriffen rascher verlegt werden konnten. In Heddernheim soll ein über zerstörten Streifenhäusern errichteter vierschiffiger Hallenbau in dieser Zeit vom Militär genutzt worden sein.

Die durch diese Abzüge minimierte Truppe vermochte in der Wetterau seit der Mitte des 3. Jahrhunderts kaum eine durchgehende Überwachung des Limes zu leisten, so dass an eine etappenweise Aufgabe der Grenzbefestigung und ihrer Bauten gedacht worden ist. Auflassungen, Umnutzungen oder Reduktionen sind nämlich in zahlreichen Kastellen des nördlichen Abschnitts zu fassen: In Holzhausen oder der Kapersburg (→ Abb. 89) wurden Tore zugesetzt, Gebäude umgewidmet und Bäder verkleinert. In Kemel lassen die gleichfalls verbarrikadierten Durchgänge bei zunehmender Bedrohung das Ende des friedlichen Grenzverkehrs vermuten. Rückbauten im Kleinkastell Holzheimer Unterwald entsprechen möglicherweise Maßnahmen im Kastell Wörth oder im Kleinkastell am Dörsterberg (→ Abb. 50, 104). Sie alle lassen jedoch anders als Miltenberg-Ost kein planmäßiges Vorgehen erkennen, sondern erfolgten offenbar aus den augenblicklichen Bedürfnissen heraus. Außerdem zog sich das Militär aus zahlreichen (niedergebrannten?) Turmstellen und nach Brandschichten offenbar gewaltsam zerstörten Kleinkastellen wie Butzbach-Hunnenkirchhof und -Degerfeld, Feldheimer Wald, Lochberg und Staden zurück. Dennoch blieben an strategisch wichtigen Stellen Lager wie Butzbach, Arnsburg, Altenstadt, Echzell und Ober-Florstadt in offenbar gleicher Größe bestehen, wo die verbliebenen Truppen zusammengezogen worden sein könnten. Um eine solche Einheit dürfte es sich auch bei der in der Kapersburg bezeugten mobilen Kundschaftereinheit der *veredarii* gehandelt haben, die wohl vor allem eine Vorfeldaufklärung leisten musste. Versuchsweise wurde die letzte Baumaßnahme am Limes, nämlich das Anlegen von dem nicht durchgängig bestehenden Wall-Graben-System, mit diesen unruhigen Zeiten in Verbindung gebracht.

Der Niedergang betraf nicht nur die militärischen Einrichtungen. Auch die Kastellvici wurden nach ihrer Zerstörung von dem größten Teil der Bevölkerung verlassen, wie eine Beobachtung aus Echzell zeigt: Von fünf wohl 233 n. Chr. niedergebrannten Streifenhäusern hat man lediglich eines in deutlich schlechterer Technik wiederaufgebaut. Der den Kastellvicus von Ober-Florstadt einfriedende Graben ist vorschlagsweise in diese Jahre datiert worden. Auch die eilig unter Verwendung von Altmaterial um die *civitas*-Vororte errichteten Schutzmauern lassen das in unruhigen Zeiten größere Sicherheitsbedürfnis erschließen. Vielleicht entstanden im frühen 3. Jahrhundert außerdem die zunehmend nachweisbaren Lokalmilizen oder Bürgerwehren als Selbstschutz der Zivilbevölkerung.

Der „Limesfall" 259/260 n. Chr.: Kein absolutes Datum, sondern ein langer Prozess

Die Truppenabzüge von Valerian 253 n. Chr., der im mittleren Donauraum seinen Thronanspruch gegen Trebonianus Gallus (251–253 n. Chr.) durchsetzen wollte, sowie vor allem die Machtergreifung des Postumus 260 n. Chr. gefährdeten den obergermanischen Limes erneut. Aber gerade dieser Kaiser, der das von 260–274 n. Chr. bestehende „Gallische Sonderreich" gründete, zu dem Gallien und die Gebiete am Niederrhein, die Wetterau dagegen nur randlich zählte, versuchte mit energischen Maßnahmen, das Binnenland zu schützen, die Situation an der Grenze zu stabilisieren und erneut einen wirksamen Limesschutz zu installieren. Er darf deshalb nicht als vorrangig machthungriger Usurpator bezeichnet werden.

Das Jahr 259/60 n. Chr. galt bislang als das Jahr des „Limesfalls" und des endgültigen Rückzuges der Römer aus den rechtsrheinischen Gebieten. Heute geht die Forschung dagegen von einem komplexen, offenbar Jahrzehnte währenden und noch nicht in allen Einzelheiten geklärten Prozess aus, denn der römische Anspruch auf das rechtsrheinische Gebiet bestand trotz der Rücknahme des Militärs und der Aufgabe aller Kastellplätze weit über dieses ‚Schicksalsjahr' hinaus. In der Umgebung der Garnisonen siedelten sich häufig Alamannen an, die die Ruinen nach weiterverwertbarem Material wie bevorzugt Metallen durchwühlten. Aber auch Keramik, Steinwerkstücke und Ziegel wurden in die eigenen, meist nahe gelegenen Siedlungen verbracht und weitergenutzt. In Echzell standen in dem knapp 500 m vom Kastell entfernten indigenen Weiler neben einschiffigen Langhäusern in Holzbauweise mit lehmausgekleideten Gefachen Grubenhäuser für unterschiedlichste wirtschaftliche Zwecke wie Metall- und Textilproduktion oder Nahrungsmittelverarbeitung. Außerdem unterhielten die dort lebenden Menschen nach Münzfunden bis in das 4./5. Jahrhundert hinein aber auch direkte Kontakte zu Römern und romanisierter Bevölkerung westlich des Rheins.

Die spätrömische Grenzsicherung: Bewegungsheer und Donau-Iller-Rhein-Limes

Die unruhigen Jahre des 3. Jahrhunderts hatten die größte Schwäche des Limes deutlich gezeigt: Waren die Grenzanlagen überwunden, konnten Angreifer tief in das Provinzgebiet vorstoßen, ohne auf großen Widerstand zu treffen. 259/60 n. Chr. durch Raetien einfallende Juthungen und Semnonen erreichten ungehindert Oberitalien und wurden erst bei ihrem Rückzug vor Augsburg von den inzwischen mobilisierten Truppen, die ein Landwehr-Aufgebot verstärkte, abgefangen und vernichtet, und Gallienus schlug 261 n. Chr. ein bis nach Mailand vorgedrungenes Heer von angeblich 300 000 Germanen. Diese Erkenntnis führte in der Spätantike zu einer neuen, deutlich tiefer gestaffelten Grenzverteidigung, für die das Heer in zwei unterschiedliche Verbände gegliedert wurde: Neben einem Grenzheer *(limitani)*, das in zunehmend festungsartig ausgebauten Kastellen direkt an der Grenze lag, waren im Hinterland vor allem an den Magistralen mobile Reitereinheiten *(comitatenses)* stationiert, die rasch verlegt werden konnten und einfallenden Gegnern den Weg in das Reich versperren sollten.

Kaiser Probus besetzte im späten 3. Jahrhundert zwar verloren gegangene Gebiete an Rhein und Donau wieder, ohne sie jedoch in das Reichsgebiet einzubinden, und stieß dabei auch erneut in den Neckarraum vor. Außerdem nahm er viele Germanen in den römischen Heeresdienst und siedelte im Linksrheinischen gezielt Barbaren an. Aber erst seinem Nachfolger Diokletian, der das Reich in zwei von je einem Kaiser und einem Caesar regierte Herrschaftsbereiche gliederte, gelangen die vollständige Neuorganisation des Heeres und der Grenzausbau. In den deutlich verkleinerten Provinzen – auch Obergermanien wurde in die *Germania Prima* und *Maxima Sequanorum* aufgeteilt, deren Grenzen bis heute oft in Diözesen fortleben – übernahm ein *dux* den Oberbefehl über das Militär, während der Zivilverwaltung ein *praeses* vorstand. Gleichzeitig sind neue Truppen mit allerdings verringerter Sollstärke aufgestellt worden. Der neue Limes verlief an den wohl durchgehend überwachten Ufern von Donau, Iller und Rhein. Auch für das Mainmündungsgebiet wird eine römische Kontrolle von Mainz aus vorausgesetzt, weil spätestens seit constantinischer Zeit ein Vorposten in Flörsheim am Wickerbach (→ Abb. 155) die Mainuferstraße überwachte. Vor allem unter der Herrschaft von Konstantin dem Großen (324–337 n. Chr.) konsolidierte sich die Lage, denn in Wiesbaden setzte der Kurbetrieb erneut ein und das Baumaterial

Die spätrömische Grenzsicherung | I

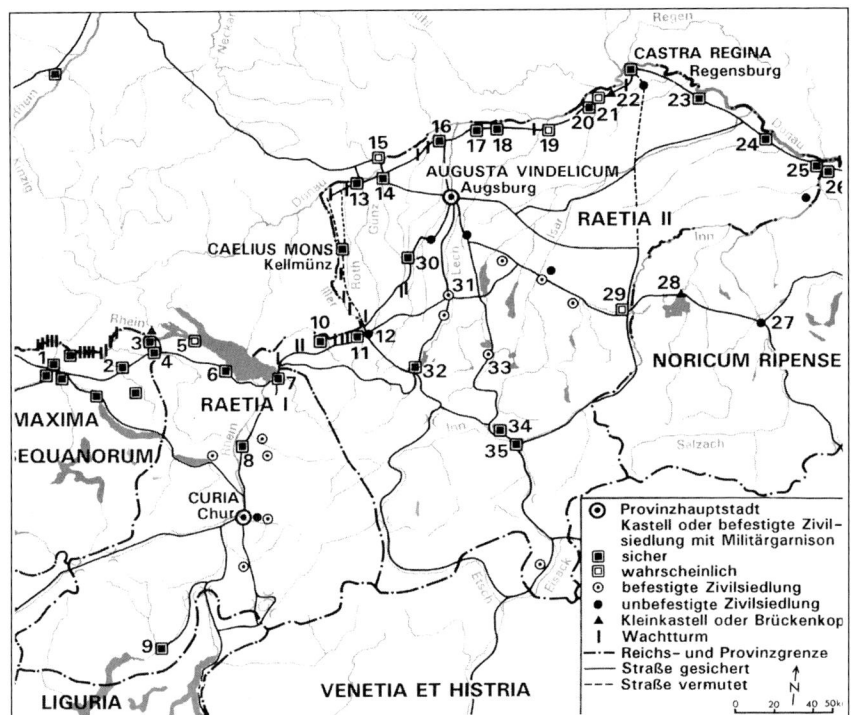

Abb. 16: Der spätrömische Donau-Iller-Rhein-Limes orientierte sich bevorzugt an den Flussläufen, denen als Sperre und kontrollierter Transportweg eine Doppelrolle zukam. Obwohl bis jetzt Befestigungsbauten vor allem am Hochrhein nachgewiesen wurden, dürfte das gesamte Rheinufer überwacht worden sein. Nach: Fischer, Der Römische Limes in Bayern (2008), S. 43.

für die Trierer Basilika stammt aus den Steinbrüchen im Odenwald. Trotzdem sind erste Städte entlang des Rheins auch zum Schutz der Zivilbevölkerung festungsartig ausgebaut worden.

Obwohl 357 n. Chr. eine römische Besatzung in ein rechtsrheinisches Kastell gelegt wurde, das Traian gegründet hatte, initiierte erst Valentinian I. 369 n. Chr. das letzte umfassende militärische Bauprogramm an der Rheingrenze. Die Festungen dieser Zeit mit meist quadratischem oder trapezoidem Grundriss und stark vorspringenden Türmen weisen innen an die Umfassungsmauer angesetzte Räumlichkeiten auf. Zusätzlich erfolgte die Sicherung der Flussmündungen durch kleine Schiffsländen am östlichen Rheinufer, weil vorstoßende Germanen die versumpfte Auenlandschaft am Ufer des stark

Abb. 17: Zullestein, Gde. Heppenheim. Spätrömischer Burgus mit massivem Mauerwerk und einer Umfassungsmauer, die am Weschnitzufer einen kleinen Landeplatz schützt.

Abb. 18: Mannheim-Neckarau, Rekonstruktion des Burgus. Die weit in den Fluss reichenden Umfassungsmauern bildeten zugleich die Landestelle. Nach: Wieczorek, Mannh. Gesch.-bl. N. F. 2, 1995.

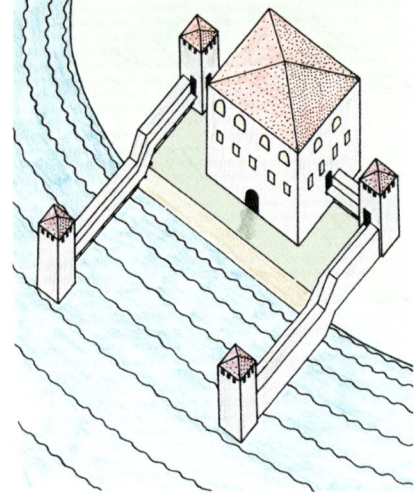

mäandrierenden Rheines umgingen und bevorzugt die Nebenflüsse als Einfallwege nutzten. Da die Überwachung der Flussgrenze vorrangig von Flotteneinheiten geleistet werden musste, die regelmäßige Patrouillenfahrten durchführten, ist dieser neuartige Bautyp wesentlich auf ihre Bedürfnisse abgestimmt. Der burgusartige, hart am Ufer errichtete turmartige Wehrbau wird so von einer bis in den Fluss hinein verlängerten Mauer geschützt, dass zugleich ein sicherer Hafen entsteht. Die in Nieder-Lahnstein, Wiesbaden-Schierstein, Zullestein und neuerdings auch Trebur-Astheim nachgewiesenen *burgi* waren nur über den Fluss erreichbar und entsprachen von ihrer Besatzung mit ca. 35 Mann her einigen der hochkaiserzeitlichen Kleinkastelle. Dass sie als markante Landmarke noch in später Zeit bestanden, zeigt ihre Nutzung als Begräbnisstätte eines fränkischen Herrn.

Literatur zu Teil I
R. Roeren, Zur Archäologie und Geschichte Südwestdeutschlands im 3. bis 5. Jahrhundert, in: Jahrb. RGZM 7, 1960, 214 ff. – D. Hoffmann, Das spätrömische Bewegungsheer und die notitia dignitatum. Epigr. Stud. 7 (1969). – K. Weidemann, Untersuchungen zur Siedlungsgeschichte des Landes zwischen Limes und Rhein vom Ende der Römerherrschaft bis zum Frühmittelalter, in: Jahrb. RGZM 19, 1972 (1974), 99 ff. – C. M. Wells, The German Policy of Augustus. An Examination of the Archeological Evidence (1972). – K. Christ, Zur augusteischen Germanienpolitik, in: Chiron 7, 1977 (1978), 149 ff. – Ammianus Marcellinus, Römische Geschichte I–IV (1986). – J. F. Drinkwater, The Gallic Empire. Separatism and continuity in the north-western provinces of the Roman Empire A. D. 260–274. Historia Einzelschr. 52 (1987). – F.-R. Herrmann, Der Zullenstein an der Weschnitzmündung. Führungsblatt zu dem spätrömischen Burgus, dem karolingischen Königshof und der Veste Stein bei Biblis–Nordheim, Kr. Bergstraße. Arch. Denkm. Hessen 82 (1989). – K. Stribrny, Römer rechts des Rheins nach 260 n. Chr., in: Ber. RGK 70, 1989 (1990), 351 ff. – RiH (1989). – H.U. Nuber u. a. (Hrsg.), Archäologie und Geschichte des ersten Jahrtausends in Südwestdeutschland. Archäologie und Geschichte, Freiburger Forschungen zum ersten Jahrtausend in Südwestdeutschland 1 (1990). – RiRhP (1990). – A. Becker, Rom und die Chatten. Quellen u. Forsch. Hess. Gesch. 88 (1992). – B. Trier, Die römische Okkupation nördlich der Alpen zur Zeit des Augustus. Bodenaltertümer Westfalens 26 (1991), 159 ff. – L. Bakker, Rätien unter Postumus – Das Siegesdenkmal einer Juthungenschlacht im Jahr 260 n. Chr. aus Augsburg, in: Germania 71/2, 1993 (1994), 369 ff. – E. Künzl (Hrsg.), Die Alamannenbeute aus dem Rhein bei Neupotz. Plünderungsgut aus dem römischen Gallien. Monogr. RGZM, Forschungsinst. für Vor– und Frühgesch. 34 (1993). – E. Schallmayer (Hrsg.), Niederbieber, Postumus und der Limesfall. Stationen eines politischen Prozesses. Berichte des ersten Saalburgkolloquiums. Saalburg-Schr. 3 (1996). – Th. Fischer u. a. (Hrsg.), Germanen beiderseits des spätantiken Limes. Materialien des X. Internationalen Symposiums „Grundprobleme der Frühgeschichtlichen Entwicklung im Nördlichen Mitteldonaugebiet", Xanten vom 2.–6.12. 1997 (1999). – R. Wiegels/W. Schlüter (Hrsg.), Rom, Germanien und die Ausgrabungen in Kalkriese (1999). – J. Deininger, Germaniam pacare. Zur neueren Diskussion über die Strategie des Augustus gegenüber Germanien, in: Chiron 30, 2000 (2001), 749 ff. – B. Steidl, Die Wetterau vom 3. bis 5. Jahrhundert n. Chr. Mat. Vor– und Frühgesch. Hessen 22 (2000). – L. Wamser (Hrsg.), Die Römer zwischen Alpen und Nordmeer. Zivilisatorisches Erbe einer europäischen Militärmacht. Ausst. Kat. Ausstellungszentrum Lokschuppen, Rosenheim 2000. Schriftenreihe der Arch. Staatsslg. 1 (2000). – A. Becker/G. Rasbach, Waldgirmes. Eine augusteische Stadtgründung im Lahntal, in: Ber. RGK 82, 2001 (2002), 591 ff. – M. Erdrich, Rom und die Barbaren. Das Verhältnis zwischen dem Imperium Romanum und den germanischen Stämmen vor seiner Nordwestgrenze von der späten römischen Republik bis zum Gallischen Sonderreich. Röm.-Germ. Forsch. 58 (2001). – P. Haupt, Römische Münzhorte des 3. Jahrhunderts in Gallien und der germanischen Provinzen. Eine Studie zu archäologischen Aspekten der Entstehung, Verbergung und Auffindung von Münzhorten. Provinzialröm. Stud. 1 (2001). – L. Wamser/B. Steidl (Hrsg.), Neue Forschungen zur Besiedlung zwischen Oberrhein und Enns. Kolloquium Rosenheim, 14.–16. Juni 2000. Schriftenr. Arch. Staatsslg. München 3 (2002). – Imperium Romanum. Römer, Christen und Alamannen – Die Spätantike am Oberrhein. Hrsg. vom Badischen Landesmuseum Karlsruhe (2005). – B. Kull, Salz und Handwerk. Ergebnisse eines Projektes zum „Wirtschaftsstandort" Bad Nauheim in den letzten Jahrzehnten vor Christi Geburt, in: Denkmalpfl. und Kulturgesch. 4, 2005, 23 ff. – K. Grote, Das Römerlager im Werratal bei Hedemünden (Ldkr. Göttingen), in: Germania 83, 2005 (2006) 27 ff. – R. Wiegels (Hrsg.), Die Varusschlacht – Wendepunkt der Geschichte? (2007).

Teil II
DER OBERGERMANISCHE LIMES IN HESSEN

Weil das hessische Gebiet in der spätrömischen Zeit nicht mehr zum Imperium Romanum gehörte und sich nur noch wenige Vorposten der auf das westliche Rheinufer zurückgenommenen Grenze etwa in Trebur-Astheim oder Zullestein finden, beschränkt sich der folgende Überblick auf den Limes und die Truppen der hohen Kaiserzeit.

Forschungsgeschichte

Der römische Limes in Deutschland ist seit 2005 UNESCO-Welterbe, das von der Deutschen Limeskommission erforscht und betreut, aber auch durch Publikationen oder öffentlichkeitswirksame Maßnahmen wie dem Ausweisen von Wander- und Radwegen oder der Deutschen Limesstraße einem breiten Publikum zugänglich gemacht wird. Das dadurch wieder verstärkte Interesse an der römischen Grenzanlage hat in Deutschland eine bereits lange Tradition.

Der römische Limes in Hessen, der im Volksmund „Pohl" oder „Pfahlgraben" hieß, beschäftigte lokale Forscher vor allem, nachdem im Kloster Hersfeld 1455 die „Germania" des Tacitus wiederentdeckt und 1473 erstmals gedruckt worden war. Fast hundert Jahre später beschrieb der aus Gießen stammende Antiquar J. J. Winkelmann in seinem 1697 erschienen Werk „Gründliche und Wahrhafte Beschreibung der Fürstentümer Hessen und Hersfeld" die römische Grenze: „Der Pohl-Graben an sich selbst ist hin und wieder annoch ziemlich tief, hat einen hohen Auswurf, gleich einem Wall an etlichen Orten; wo ein Pass ist, befindet man einen doppelten Graben und Aufwurf in die Ründe, gleich einer Schanzen, woselbsten die Römer ohne Zweifel ihre Wachten fleissig gehalten." Häufig wird der Pohlgraben auch in lokalen Weistümern als Grenze genannt. Dagegen verzeichnet der von Nikolaus Person zwischen 1679 und 1695 erstellte Atlas des Erzbistums Mainz auf der Übersichtskarte des an den Main angrenzenden erzbischöflichen Besitzes den Limes zwischen Lenzhahn, Heftrich und Langgöns recht ungenau. 1728 publiziert F. Zollmann einen Plan, auf dem der Pfahl von Arnsburg und Hungen weiter in den Vogelsberg nach Schotten zieht, obwohl der Verfasser zu Recht vermutet, dass die Grenze bis zum Main verlaufe und sich auf dem südlichen Ufer fortgesetzt habe. Erst 1732 ist auf einer Karte der im Wesentlichen richtige Trassenverlauf vom Rhein durch die Wetterau bis zum Main bei Miltenberg eingetragen.

Schon 1731 diskutierte der Weißenburger Rektor Johann Alexander Döderlein Probleme des raetischen Limes in Bayern, aber erst 1760 legte C. P. de Biebourg, der Sohn des Fürsten Carl von Nassau aus einer morganatischen Ehe, eine ähnliche Arbeit für den hessischen Raum vor. Seine Schrift „Nachricht von Gelegenheit einiger Römischen Verschantzungen in den ehemaligen Feld-Zügen in Teutschland aufgeworffen, wie sie sich gegenwärtig noch befindlich und anzusehen sind, nebst einem bestmöglichst verzeichneten Plan auch kurtzen Untersuchung der Zeit und Absicht" behandelt hauptsächlich den Streckenbereich und das Kastell am Zugmantel.

Der Idsteiner Pfarrinspektor G. Ph. Kraus, der von 1745–1750 in Wiesbaden als Sachverständiger für „römische Überbleibsel" gearbeitet hatte, publizierte 1784 sein Werk „Umständliche Nachricht vom Zug des Polgrabens über das Gebirg von dem Ort Kemel bis an den Feldberg". Es enthält nicht nur bis heute gültige Aussagen über den Limes im Hochtaunus, sondern regte ebenso weitere Forschungen an wie die 1768 bzw. 1773 veröffentlichten Arbeiten von E. Hanßelmann „Beweis, wie weit der Römer Macht in den mit verschiedenen teutschen Völkern geführten Kriegen in die ostfränkischen Lande eingedrungen" und „Fortsetzung des Beweises". Seine Ergebnisse fußen auf gezielten archäologischen Untersuchungen u. a. am Odenwaldlimes in Hesselbach.

Zu den Arbeiten über die römische Grenze aus der zweiten Hälfte des 18. Jahrhunderts zählen weiterhin der 1774 anonym gedruckte „Commentatio historica de antiquo Romano castro Aquilae vulgo Arnsburg in Wetteravia" von Petrelli oder die 1777 erschienene Schrift „Nachricht von den Alterthümern in der Gegend und auf dem Gebürge bey Homburg vor der Höhe", in der E. Neuhof die Saalburg zum ersten Mal als Römerkastell bezeichnet. Die 1813 vom Geh. Rat und späteren Freiherrn Johann Isaac von Gerning edierte „Carte zu den Heilquellen am Taunusgebirge" verzeichnet außer dem Verlauf des Limes, den der Autor vor allem in der Gegend von Bad Ems gegenüber älteren Darstellungen entscheidend korrigierte, fast alle römischen Kastelle.

Der im hinteren Odenwald begüterte, sich lebhaft für die Antike interessierende Franz I. Graf zu Erbach-Erbach ließ im späten 18. und frühen 19. Jahrhundert fast alle Türme am Odenwaldlimes untersuchen und auch in den Kastellen Eulbach, Würzberg und Vielbrunn gezielt Sondagen vornehmen. Berühmt ist sein im Stil eines Englischen Gartens angelegter Eulbacher Park, den der Graf ganz im Sinne des Zeitgeistes mit antiken und antikisierenden Denkmälern aus dem Odenwald schmückte. Die dort in eher phantasievoller Weise mit Originalsteinen rekonstruierten Tore und Wehrmauern der Odenwaldkastelle Eulbach und Würzberg spiegeln jedoch den heute längst überholten Forschungsstand wider.

Im frühen 19. Jahrhundert wurden verstärkt gezielte Sondagen unternommen, die zahlreiche Altertumsvereine wie der 1821 in Wiesbaden gegründete „Verein für Nassauische Alterthumskunde und Geschichtsforschung" ebenso unterstützte und förderte wie der „Altertumsverein zu Buchen", der sich im Odenwald bei Grabungen in Schlossau engagierte. J. Ph. Dieffenbach, der als Rektor des Friedberger Gymnasiums 1843 seine Arbeit „Zur Urgeschichte der Wetterau" veröffentlicht hatte, untersuchte zahlreiche Kastelle in der Gegend wie Friedberg und Butzbach, während sein Sohn G. Dieffenbach erstmals in der Kapersburg, aber auch an Wachtposten und Kastellen im Odenwald grub. D. W. Wagner aus Kemel forschte vor allem zwischen Lahn und Aar, und Oberstleutnant F. W. Schmidt war zwischen 1833 und 1837 am Limes nördlich der Lahn tätig. Seine Berichte wurden erst posthum 1858 in den Nassauischen Annalen VI, 1 (1859) bekanntgemacht.

Abb. 19: Franz I. Graf zu Erbach-Erbach (1754–1823). Als dem vielseitig gebildeten Grafen 1806 durch die Rheinbundakte die Landeshoheit aberkannt wurde, beschäftigte er sich intensiv mit der Anlage des Eulbacher Parks, dessen Plan der bekannte Gartenarchitekt Sckell entwarf, sowie seinen umfangreichen Sammlungen.

Bereits 1811 hatte der Wiesbadener Pfarrer R. Luja einen „Verein zur Beschreibung und Erforschung des Limes" gründen wollen. Seine Bemühungen blieben ebenso vergeblich wie die von F. G. Habel, der zahlreiche Kastelle untersucht hatte und 1852 nach der konstituierenden Sitzung in Mainz bei dem „Gesamtverein der deutschen Geschichts- und Alterthumsvereine" beantragte, eine „Commission zur Erforschung des Limes Imperii Romani" zu berufen. Erst 1880 entstand in Hessen und Baden eine landesübergreifende Kommission u. a. zur Untersuchung der römischen Befestigung im Odenwald, der G. Dieffenbach, E. Wagner, K. Christ und W. Conrady angehörten. Die 1887/88 von F. Kofler bei Seckbach durchgeführten Untersuchungen förderte der „Historische Verein für das Großherzogtum Hessen".

Abb. 20: Karl August von Cohausen (1812–1894). Der Pionieroberst, der auch das Wiesbadener Museum leitete, förderte die vor- und frühgeschichtliche Forschung in Nassau entscheidend.

Zahlreiche umfassendere Beschreibungen des Limes erschienen gegen Ende des 19. Jahrhunderts. Dazu zählen die Werke des Wiesbadener Archivars K. Rossel („Die römische Grenzwehr im Taunus", 1876), F. Koflers („Der Pfahlgraben in der Umgebung von Homburg", 1877), des Gymnasiallehrers A. Duncker („Beiträge zur Erforschung und Geschichte des Pfahlgrabens im unteren Maingebiet und der Wetterau", 1880) sowie des Konservators für Altertümer im Regierungsbezirk Wiesbaden A. von Cohausen („Der römische Grenzwall in Deutschland", 1884).

1892 wurde auf Anregung des bekannten Althistorikers Th. Mommsen in Heidelberg die Reichslimeskommission (RLK) gegründet, die in fünf Jahren den Verlauf des kaiserzeitlichen Limes mit allen Kastellen und Wachttürmen untersuchen sollte. Ausgeklammert blieben dabei allerdings die Grenzen des 1. und des späten 3. Jahrhunderts. Die RLK konnte bei der Aufnahme ihrer Arbeit zwar auf zahlreiche Vorarbeiten zurückgreifen, aber die zunächst für vier Jahre bewilligten Gelder reichten zur Bewältigung der immensen Aufgabe – insgesamt waren an der über 500 km langen Strecke 76 Kastellanlagen und Hunderte von Wachttürmen aufzunehmen – bei weitem nicht aus. Nach dem Erhalt wiederum begrenzter Mittel mussten die Arbeiten im Gelände 1903 eingestellt werden. Trotzdem lag das aus 56 Lieferungen bestehende und bis

Abb. 21: Ernst Fabricius (1857–1942). Vor allem dem Engagement dieses Althistorikers ist es zu verdanken, dass die Herausgabe des bis heute grundlegenden Werkes „Der obergermanisch-raetische Limes des Roemerreiches" 1937 abgeschlossen werden konnte.

heute die Grundlage aller Forschungen am Limes bildende Werk „Der obergermanisch-raetische Limes des Roemerreiches" (ORL) 1937 vor, was alleine dem großen persönlichen Einsatz des Althistorikers E. Fabricius zu verdanken ist. In Teil A der zweiteiligen Publikation werden die Befunde der Limesstrasse und ihrer Bauten, in Teil B dann die einzelnen Kastelle beschrieben.

Vor Beginn der Arbeiten hatte man den Limes in 15 Abschnitte („Strecken") unterteilt, die von einem Streckenkommissar betreut wurden, der die notwendigen Untersuchungen leitete und die Publikation vorbereiten musste. Auf heute hessisches Gebiet entfallen dabei mit Taunus und Wetterau der letzte Abschnitt von Strecke 2 sowie die Strecken 3–5 und die Strecke 10 im Odenwald. Die für sie zuständigen Bearbeiter E. Anthes, F. Kofler, S. Loeschcke, W. Soldan und G. Wolff hatten sich bereits zuvor intensiv mit der römischen Grenze beschäftigt. Innerhalb der einzelnen Streckenabschnitte sind die Türme durchnummeriert, während die Kastelle, am Rhein beginnend, fortlaufend von Westen nach Osten gezählt wurden. Die damals eingeführte Bezeichnung der Wachtposten z. B. als **WP 3/10** – also der zehnte Turm an Strecke 3 – gilt bis heute.

Nach den schweren Rückschlägen durch die beiden Weltkriege sind die Forschungen am Limes seit den 60er-Jahren des 20. Jahrhunderts von den Landesdenkmalämtern der Bundesländer, den Universitätsinstituten, vor allem aber auch der Saalburg und der Römisch-Germanischen Kommission des Deutschen Archäologischen Instituts in Frankfurt a. M. wieder intensiviert worden. Andere Fragestellungen, die enge Zusammenarbeit mit der Naturkunde sowie die heute entwickelten zerstörungsfreien Untersuchungsmethoden der Luftbildarchäologie oder Geophysik führen immer noch zu neuen, umfassenderen Erkenntnissen.

Der Limes in Hessen: Fakten und Probleme

„Jedoch ist diese Anlage durchaus nicht einheitlich; Generationen haben an ihm gebaut, und durch die örtlichen Verhältnisse sowie durch die Individualität der den Bau leitenden Ingenieure sind mancherlei Verschiedenheiten zu erklären. Trotzdem sind die wesentlichen Erscheinungen der Bauanlage an den einzelnen Teilen einander alle ziemlich entsprechend und lassen sich gegenseitig ergänzen." Diese 1897 vom Laubacher Gymnasialprofessor und Lokalhistoriker A. Roeschen niedergeschriebenen Sätze fassen bis heute unsere Kenntnisse zum Limes treffend zusammen, denn „den Limes" gibt es nicht. Vielmehr unterstanden die einzelnen Abschnitte offensichtlich jeweils anderen Bauaufsichten mit einer gewissen lokalen Entscheidungsfreiheit. Nur so lassen sich die Unterschiede der Grenzanlage bei prinzipiell gleichartigem Aufbau erklären.

Definition des Limes

Nach römischem Verständnis gehörten nicht nur die Grenzschneise selbst mit Palisade bzw. später Wall und Graben und Begleitweg zum Limes, sondern auch die Garnisonen. Die Tiefe der gesamten Zone wird auf 2–5 km geschätzt, weil in der Wetterau hinter der Grenze ein entsprechend breiter Geländestreifen unbebaut blieb und sich an der Taunusstrecke wiederholt Annäherungshindernisse wie z. B. der Weißestein bei WP 3/63 in ähnlicher Entfernung vor dem Limes finden. Den aus der Landwirtschaft entlehnten Terminus *„limes"*, der eigentlich eine zwei Landstücke voneinander trennende Ackerfurche bezeichnet, verwendeten schon die Zeitgenossen für die neuartige Grenzanlage, während eine nasse Grenze z. B. an Main oder Neckar *ripa* hieß.

Der Limes durchlief nicht nur mehrere Bauphasen, sondern ist auch in unterschiedlichen Zeiten angelegt worden. Die westlichen, deutlich dem Gelände angepassten Strecken im Rheingau-Taunus-Kreis entstanden zuerst und wurden bei späteren Ausbauarbeiten nur streckenweise begradigt, während die jüngere Trasse in der östlichen Wetterau zwischen Main und Kinzig von Anfang an schnurgerade geführt worden war. Dabei dürften jene markanten Höhen im Gelände als Flucht- und Fixierpunkte gedient haben, an denen gerade Abschnitte beginnen oder enden. Ansonsten bleibt die angewendete Vermessungstechnik unbekannt, denn das von den römischen Ingenieuren benutzte, *groma* genannte Instrument hat sich nicht erhalten. Die oft publizierte Rekonstruktion der *groma* als vierarmiges, auf einem Holzschaft befestigtes Metallkreuz, an dessen Ende Lote herabhängen, ist sicher falsch, denn diese mehrfach erhaltenen Metallgitter wurden zum Abstreichen der Füllhöhe auf einem konischen *modius* (Hohlmaß) benutzt.

Aufgabe und Funktion des Limes

Der Limes war nie als Verteidigungsanlage konzipiert worden, sondern markierte lediglich die Grenze, an der römisches Recht und römische Kultur endeten und die barbarische Welt begann. Das zeigen die in regelmäßigen Abständen nachweisbaren, von Posten kontrollierten Durchlässe ebenso wie der Trassenverlauf im Gelände. Gerade im Taunus liegt **WP 3/60** Einsiedel so unterhalb einer Kuppe, dass das römische Militär bei einem Überfall benachteiligt gewesen wäre, und bei **WP 3/63** Weißestein bleibt die namengebende Quarzitrippe außerhalb des Limes, die jedem Angreifer Schutz bot. Einige Inschriften der unter Commodus errichteten Wachtposten bei Dunaújváros an der Donau nennen explizit die Aufgaben der Besatzung: sie sollte lediglich *latrunculi* („Räuberlein", von *latro*) an Übergriffen auf das Reichsgebiet hindern, also den kleinen Gruppen den Zutritt verwehren, die sich bei der auf dem Gefolgschaftswesen basierenden germanischen Gesellschaft bis in das 2. und 3. Jahrhundert hinein zu Plünderungen zusammenfinden konnten.

Abb. 22: WP 3/60 Einsiedel. Das noch vor der Restaurierung des Turmfundamentes aufgenommene Bild zeigt mit dem deutlich überhöhten Vorfeld, dass der römische Limes nie als Verteidigungslinie konzipiert worden war.

Der Limes in Hessen: Fakten und Probleme | II

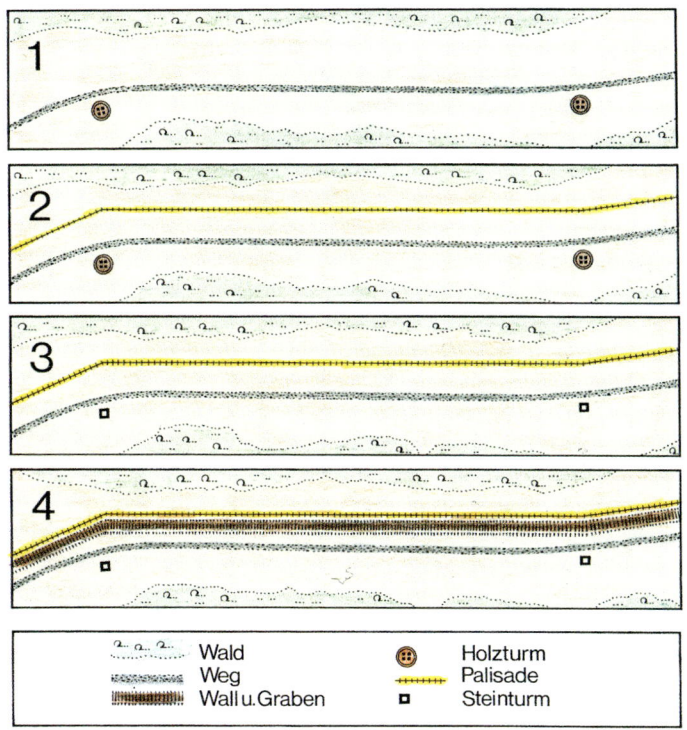

Abb. 23: Die vier Ausbauphasen des Limes, schematisch dargestellt.
Phase 1: Schneise mit Holztürmen;
Phase 2: Bau der Palisade;
Phase 3: Bau von Holztürmen;
Phase 4: Anlage von Wall und Graben.
Nach: RiH Abb. 69.

Die Ausbauphasen des Limes

Die vier Ausbauphasen des Limes sind zwar nicht absolut datierbar, in ihrer Abfolge durch beobachtete Überschneidungen aber unstrittig.

Phase 1:
Am Ende des 1. Jahrhunderts markierten lediglich von Holztürmen aus überwachte Schneisen das Ende des römisch kontrollierten Gebietes, um das unbeobachtete Eindringen von germanischen Chatten oder anderen Stämme im westlichen Taunus und der nördlichen Wetterau zu unterbinden. Nur stellenweise bestand vor dem Begleitweg ein Flechtwerkzaun. Für den Trassenverlauf berücksichtigte man gerne Geländevorteile wie ein abfallendes Vorfeld. Weniger gefährdete Abschnitte im Osten der Wetterau wurden etwas später offenbar mit gleichem Konzept, aber von Anfang an schnurgerade ausgewiesen.

Phase 2:
Im frühen 2. Jahrhundert erfolgte einer viel zitierten Stelle der Vita Hadriani (12,6) nach der Palisadenbau: „Zu jenen Zeiten und auch sonst öfter ließ er (Hadrian) in vielen Gegenden, in denen die Barbaren nicht durch Flüsse, sondern durch überwachte Wege *(limites)* abgegrenzt waren, große Pfähle in Gestalt eines mauerartigen Zaunes sorgfältig eingraben und miteinander verbinden. Auf diese Art trennte er die Barbaren vom Reichsgebiet." Der Zeitpunkt um 120 n. Chr. entspricht den Dendrodaten der bei Hammerbach-Marköbel in feuchtem Boden erhaltenen Palisadenreste, wo das Militär im Winter 119/120 n. Chr. gefällte Eichen noch ohne Trocknungsrisse in saftfrischem Zustand verbaut hatte. Auch die beschriebene Bauweise bestätigte sich. Die oben zugespitzten Pfähle aus halbierten Eichenstämmen waren am unteren Ende gerade abgeschnitten und zur besseren Konservierung im Feuer gehärtet worden. Mit der glatten Seite zur *Germania Magna* weisend, setzte man sie im lockeren Verband in schmale Gräbchen, verkeilte sie mit Steinen und verstrebte sie untereinander durch Querriegel. Gerade im Hochtaunus war der Verlauf der älteren Trasse oft nur durch dieses Gräbchen mit den darin erhaltenen Verkeilsteinen nachweisbar. Hinter der Palisade verband ein geschotterter Begleitweg von etwa 5 m Breite die einzelnen Turmstellen miteinander.

Abb. 24: Im feuchten Gebiet von Marköbel blieben die Hölzer der durchgehend angelegten Palisade hervorragend erhalten. Ihrem Dendrodatum nach erfolgte der Bau 119/120 n. Chr.

Phase 3:
In der Mitte des 2. Jahrhunderts wurden die baufälligen Holztürme durch Steinbauten ersetzt, deren Abfolge sich im Taunus an **WP 3/61** Kieshübel (→ Abb. 13) eindeutig erkennen ließ. Gleichzeitig begradigte man die älteren Abschnitte vor allem im westlichen Taunus. Dass dabei kaum noch Wert auf strategische Vorteile einem potenziellen Angreifer gegenüber gelegt wurde, zeigen die teilweise deutlich vom Gelände überhöhten Strecken zum Beispiel zwischen Hochweisel und Butzbach.

Phase 4:
Beim letzten Ausbau wurde auf römischem Gebiet zwischen Palisade und Begleitweg ein Graben angelegt, dessen Aushub man zu einem Wall aufschüttete. Bei besonders schwierigen Boden-

Abb. 25: Zwischen den WP 3/59 Am Rosskopf und WP 3/60 Einsiedel blieb der Schuttwall der Limesmauer gut erhalten.

verhältnissen ersetzte eine Trockenmauer Wall und Graben, die im Taunus mehrfach als leichte Steinschüttung oder flacher Schuttwall neben dem Wanderweg zu erkennen ist. Der Übergang zwischen beiden Annäherungshindernissen konnte nicht beobachtet werden.

Nach herkömmlicher Ansicht führte im späten 2. Jahrhundert der Druck der gegen den Limes vordringenden Germanen zu dieser Schutzmaßnahme. Eine bei der Saalburg unter dem Wallfuß gefundene, 194 n. Chr. geprägte Münze des Septimius Severus sowie eine aus der Wallaufschüttung bei **WP 3/31** geborgene Fibel des frühen 3. Jahrhunderts scheinen dieses Datum zu bestätigen. Da Wall und Graben aber streckenweise fehlen, deren Anlage für die Truppe einen immensen Bauaufwand bedeutet haben muss, sind beide auch im Kontext der ersten großen Germaneneinfälle des frühen 3. Jahrhunderts gesehen worden. Sichere Datierungshinweise lassen sich bislang aber letztlich nur aus der Tatsache gewinnen, dass Wall und Graben an der um die Mitte des 2. Jahrhunderts aufgegebenen Odenwaldlinie fehlen.

Über diese vierte Bauphase des Limes wurde jüngst aufgrund der Überlegung erneut diskutiert, dass Holz im Boden selbst unter optimalsten Bedingungen max. 30–40 Jahren hält, die Palisade also spätestens um 160 n. Chr. ersetzt worden sein muss. Eine solche Maßnahme würde aber entweder zu einem nachgearbeiteten Grabenprofil oder einem leicht veränderten Verlauf des Palisadengräbchens führen. Weil das bisher an keiner Stelle des obergermanischen Limes beobachtet werden konnte und sich beide Grenzsperren bei Großkrotzenburg sogar trennen, wurde die Vermutung geäußert, dass Wall und Graben im frühen 3. Jahrhundert – vielleicht auch durch eine zunehmende Holzknappheit bedingt – die Palisade als bestehende Grenzmarkierung nicht verstärkten, sondern mit der gleichen Funktion ersetzten. Dagegen ist mit

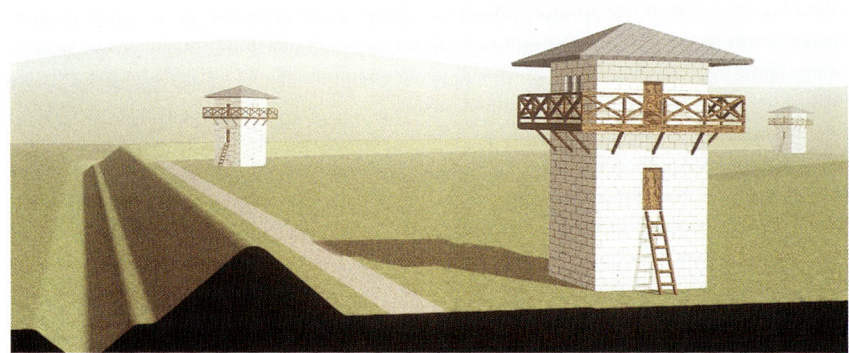

Abb. 26: Eine ungewohnte, in dieser Form aber sicher nicht richtige Vorstellung: Falls Wall und Graben die Palisade nicht verstärkten, sondern ersetzten, hätte der Limes im 3. Jh. so ausgesehen, wie dieser Rekonstruktionsvorschlag zeigt. Nach: Schallmayer, in: Saalburg-Schriften 6, S. 45, Abb. 17.

Recht eingewendet worden, dass auch an den jüngeren Abschnitten wie dem Scharwald am Feldberg-Pass weder Palisade noch Wall und Graben fehlen. Erst weitere Dendrodaten werden zur Klärung dieser Frage beitragen.

Überformung des Limes im Mittelalter

Nach dem Ende der römischen Herrschaft blieb der Limes als sichtbare Anlage erhalten, weshalb sich spätere Grenzziehungen nicht nur von Gauen, Grafschaften, Fürstentümern und in der Folge davon neuzeitlichen Regierungsbezirken, sondern auch von Dorfgemarkungen, Bistümern und Dekanaten oder Pfarrsprengeln häufig an seinem Verlauf orientierten. Besonders die insgesamt bis zu 30 m breite ‚Solmser Landwehr' zwischen **WP 4/37** und

Abb. 27: Östlich vom Kleinkastell Altes Jagdhaus markieren Grenzsteine von 1829 ein neuzeitliches ‚Dreiländereck', denn hier grenzten die Gemeindewälder des Herzogtums Nassau an die von Nieder-Eschbach und Praunheim, die zum Großherzogtum Hessen bzw. zu Kurhessen gehörten. Die Initialen stehen für Herzogtum Nassau (H N), Großherzogtum Hessen-Nieder-Eschbach (G H N E) und Kurhessen (K H) auf der Rückseite.

dem Kleinkastell unterhalb des Kolnhäuser Kopfes mit mindestens vier runden Warttürmen hat den Pfahl in der Wetterau deutlich überformt und kann daher als gutes Beispiel für die spätmittelalterliche Weiternutzung des Bodendenkmals gelten.

Bauten an der Grenze

Außer der Grenze selbst gehörten nach römischer Auffassung folgende Bauwerke zum Limes:

Wachttürme

Die lückenlose Kontrolle der Grenze erfolgte von Wachttürmen aus, deren Entfernung voneinander im Notfall das Übermitteln akustischer und optischer Signale zuließ. Diesen Wachtdienst übernahmen kleine Detachements von 4–5 Soldaten *sub vexillum*, die von den nächstgelegenen Kastellen aus für einen längeren Zeitraum auf diese Posten abkommandiert wurden, wo sie sich selbst verpflegten. Deshalb zeigten sich neben den Türmen außer Feuer- und Kochstellen bisweilen auch Gruben für die notwendige Vorratshaltung (**WP 3/61**). In der Wetterau hatte die Turmbesatzung denkbar einfach konstruierte, aber mehrfach erneuerte Öfen (→ Abb. 126) in die Seitenwände einer großen Bedienungsgrube getrieben (**WP 5/4**). Von den ältesten Holztürmen blieben meist nur die Standspuren der vier mächtigen Eckpfosten mit Keilsteinen erhalten (**WP 3/45*** ‚Rotes Kreuz'). Vor allem an den Turmstellen im Odenwald ist dazwischen das Trockenmauerwerk mit Eckfalzen, glatter Außen- und rauer Innenseite beobachtet worden (**WP 3/21***; **10/33**), das ein Rost aus gegeneinander versetzt angeordneten Holzzügen fixierte. Den Hohlraum zwischen den Balken, die in von außen abgedeckten Mauerschlitzen verankert waren, hatte man mit Lehm, Erde oder Steine verfüllt, so dass der Eingang im ersten Stock gelegen haben muss. Für das Obergeschoss wird eine Verschin-

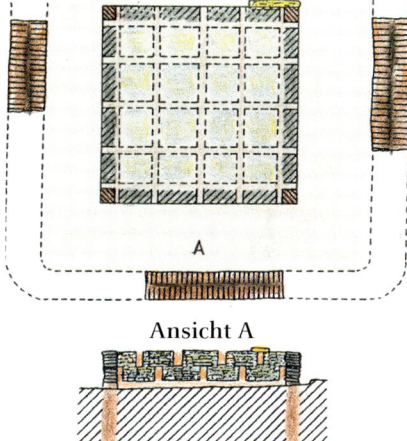

Abb. 28: Grundriss des Holzwachtturmes WP 3/21* an der Siebenkippelstraße, Aufsicht und Schnitt (Ansicht A). Das Trockenmauerwerk mit Eckfalzen (grau) versteiften in den Mauern verankerte Holzbalken (braun). Der Zwischenraum (blau) war mit Erde, Lehm oder Steinen verfüllt. Nach: RiH Abb. 331.

Abb. 29: Ein Fundament – und viele Möglichkeiten: Die Turmrekonstruktionen vom Gaulskopf (o. l.), Idstein-Dasbach (o. r.) und dem Schrenzer bei Butzbach zeigen, wie unterschiedlich man sich das Aussehen der Wachttürme vorstellt.

delung oder Verbretterung angenommen. Bisweilen waren die Standfläche um den Holzturm herum sowie die Grabenböschung zum Schutz gegen nässebedingtes Abrutschen mit Steinen gepflastert oder geschottert (**WP 3/21***; **4/14**; **10/8**). Die anfangs kreisförmigen, später quadratischen Gräben dienten wohl vor allem dem Trockenhalten des Fundamentes. Bei den Doppelgräben, die am Odenwald vollständig fehlen, handelt es sich wohl um Erneuerungen, denn der innere Graben scheint schon in römischer Zeit verfüllt gewesen zu sein.

Auch die Ringgräben der jüngeren Steintürme aus der Mitte des 2. Jahrhunderts, die man nach Sandsteinsetzungen auf Laufbrettern überqueren konnte (**WP 4/14**), dienten wohl mehr dem Trockenhalten der Fundamente als dem Schutz vor Überfällen. An den dreigeschossigen Türmen lässt sich eine sehr verschiedenartige Architektur beobachten. So zeigte sich z. B. im Odenwald in unterschiedlicher Höhe ein abgeschrägtes Sockelgesims, das im Taunus fehlt, und neben Mauerwerk mit engem Fugenschluss kommt sogar an benachbarten Türmen solches mit größeren Zwischenräumen vor. Nach der Wiedergabe auf der Traianssäule besaßen die Türme im Obergeschoss eine umlaufende Galerie. Funde von Zwergsäulen und säulenartigen Pfeilerchen meist gleicher Höhe an den Turmstellen des Odenwald-Limes (**WP 10/22**;

Abb. 30: Gaulskopf, Blick in das rekonstruierte Obergeschoss. Ähnlich werden die Odenwaldtürme ausgesehen haben.

Abb. 31: Eine der im Eulbacher Park ausgestellten, im Odenwald gefundenen Zwergsäulen, die von einem großen Aussichtsfenster im Obergeschoss der Türme stammen werden.

10/32; 10/33) können dagegen nur von großen, zweigeteilten Aussichtsfenstern stammen, die im obersten Stock die Galerie ersetzten und nach Einmeißelungen in gleicher Höhe ein Holz- oder Eisengeländer besaßen. Ein ähnlicher Turm stand vermutlich auch auf dem Gaulskopf. Die Turmeingänge müssen nach den oft noch über einen Meter hoch erhaltenen Sockelmauern ohne Schwellsteine im ersten Stock gelegen haben, der zugleich als Wohn- und Aufenthaltsraum diente. Das von hier aus zugängliche Untergeschoss nutzte man den Funden von Keramik in **WP 1/17** nach zum Lagern von Vorräten. Die veranschlagte Bauhöhe von mindestens 8 m ergibt sich nach den Posten **WP 10/8** und **10/9** im Odenwald, zwischen denen erst ab dieser Höhe eine Kontaktaufnahme erfolgen konnte.

Für das außen meist verputzte und quadrierte Bruchsteinmauerwerk (**WP 3/55; 3/63; 4/6** innen mit Lehmausfachung) wurde an allen Strecken auch dann das örtliche Steinmaterial verwendet, wenn es wie Taunusquarzit, Tonschiefer oder Basalt kaum zu glatten Flächen brach und daher schwer zu bearbeiten war. Der viel reichere, oftmals derbe und eigenwillige, bisweilen aber auch klassische Formen imitierende Schmuck der Odenwaldtürme mit Sockeln, Fenster- oder Türgewänden (**WP 10/30**), Konsolen (**WP 10/27; 10/29**) sowie Lünettensteinen (**WP 10/33**) dürfte daher nicht zuletzt auf das leichter verbaubare Buntsandsteinmaterial zurückzuführen sein. Es brauchte noch nicht einmal gebrochen zu werden, denn der Sandstein tritt so oft an die Oberfläche, dass überall wie zwischen den Turmstellen **WP 10/33** und **10/34** leicht Werkplätze angelegt werden konnten. Vielleicht sind bearbeitete Steine von den anderen Turmstellen jedoch auch rascher geraubt worden. Die Bauarbeiten führten nach Inschriften die vor Ort liegenden Truppen durch, so der *numerus Nidensium* (**WP 4/14** mit einer angrenzenden Kalkgrube) oder die verschiedenen Brittonen-Numeri im Odenwald (**WP 10/19; 10/22; 10/33**).

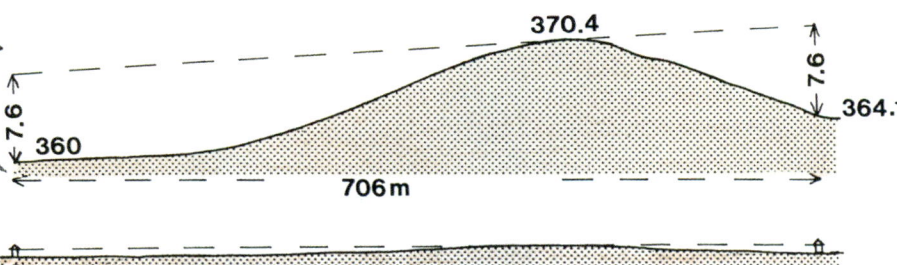

Abb. 32: WP 10/8 Im Lützelbacher Bannholz. Die Rekonstruktionszeichnung gibt die aufgrund der Topografie vermutete Bauhöhe von 8 m an. Nach: Schallmayer, Odenwaldlimes, Abb. 25.

Abb. 33: WP 10/33 Auf dem Kahlen Buckel: Bauinschrift des *numerus Brittonum*. Die Übersetzung lautet: „Dem Imperator Caesar, dem Sohn des vergöttlichten Hadrian, Titus Aelius Hadrianus Antoninus Pius Augustus, Oberpriester, im achten Jahr seiner tribunizischen Gewalt, Konsul, Vater des Vaterlandes, von den *Brittones Triputienses*. Im Jahr, in dem Clarus zum zweiten Mal und Severus Konsuln waren" (146 n. Chr.). Der Stein war früher durch seine farbige Fassung eindrucksvoller.

Die Türme waren durchweg mit Schindeln gedeckt. Nur der mächtige Signalturm auf dem Johannisberg bei Bad Nauheim, nach dessen Vorbild der baulich sehr ähnliche Turm auf dem Gaulskopf (→ Abb. 29) rekonstruiert wurde, besaß ein Ziegeldach, dessen Platten den Stempeln nach von einer Vexillation der 14. Legion gebrannt worden waren. Dort zeigte auch der Fußboden einen rhombenförmigen Ziegelplattenbelag. Fensterglas wurde nur vereinzelt nachgewiesen **(WP 5/14)**.

Das Alltagsleben der Turmbesatzungen erhellen zahlreiche Funde. Nach archäobotanischen Untersuchungen **(WP 5/4)** erhielt die Mannschaft wohl von benachbarten Gutsbetrieben entspelztes Getreide. Fleisch stand dagegen seltener auf dem Speiseplan, und obgleich Bäche in der Nähe die Wasserversorgung sicherten, wurde in ihnen nicht geangelt. Die Funde von Mühlsteinfragmenten **(WP 3/69; 4/5** mit Besitzerinschrift *contubernium Au..*; Kleinkastell Hunnenkirchhof; **WP 4/59)**, einem Schleifstein **(WP 4/59)**, einer Reibschale **(WP 4/7)** sowie von Herdstellen (**WP 4/105**) zeigen, welchen Beschäftigungen die Mannschaft außerhalb ihres Wachtdienstes nachgehen musste.

Während *stilus* (Griffel; **WP 5/12**) und Siegelring (**WP 5/14**) zum persönlichen Besitz der Soldaten gerechnet werden können, gehören Wurfspieße (**WP 3/51**) und ein Helmbruchstück (**WP 3/69**) ebenso zur militärischen Grundausrüstung der Turmbesatzung wie eine Lanzen- (**WP 4/14; 10/10**) und Pfeilspitze (**WP 10/5**), Schleudersteine von 0,14–0,16 m Durchmesser (**WP 10/26; 10/29**) oder das Mundstück eines Blasinstrumentes (**4/18**). Eine Basis aus Vilbeler Sandstein (**WP 3/69**) dürfte als Weihestein im Umkreis des Turmes gestanden haben.

Begleitweg

Der Begleitweg hinter der Palisade ist deutlich dem Gelände angepasst worden. Vor der Kapersburg zeigte er sich zwischen Kastellbad und Pfahl als 3,4–3,7 m breite Steinpackung mit Schotter- und Kleinschlagdecke mit einem Gräbchen auf der Innenseite. Er konnte aber auch eine mit Randsteinen eingefasste Stickung aufweisen (**WP 4/14**), beiderseits von Gräbchen eingefasst (**WP 4/33**) oder über einen Pfad mit dem Turm verbunden sein (**WP 4/53**). Am Doppelbiersumpf verlief er auf einem 2,7–3 m breiten Knüppeldamm (→ Abb. 130).

Die Garnisonen: Legionslager und Kastelle

Erst bei dem Ausbau der festen Grenze wurden die anfangs im Hinterland dislozierten Truppen an den Limes vorverlegt, wo für die verschiedenen Einheiten des römischen Heeres der jeweiligen Größe und dem unterschiedlichen Bedarf entsprechende Garnisonen entstanden. Nur die nicht in den Wachtdienst eingebundenen Legionen verblieben als Eliteeinheiten und Eingreifreserve der römischen Armee stets im Hinterland.

Legionslager und Kastelle entwickelten sich seit augusteischer Zeit, als Garnisonen für ein stehendes Heer benötigt wurden. Sie waren nie als Wehr- oder Verteidigungsbauten geplant und werden deshalb zutreffend als ‚befestigte Garnisonen' einer Armee bezeichnet, die sich nicht im Einsatz befand. Die anfangs stark den topografischen Gegebenheiten angepassten Anlagen unterschiedlicher Form wurden zunehmend vereinheitlicht und weisen seit dem späten 1. Jahrhundert bevorzugt einen rechteckigen Grundriss auf (→ Abb. 117). Die Lagerinnenbauten formen Vorbilder der städtischen Architektur für die militärischen Bedürfnissen um, denn „dieser kriegerische Wohnsitz (i.e. das Lager) ist ein zweites Vaterland, der Wall ersetzt die Stadtmauern, und für jeden Soldaten ist das Zelt sein Haus und Herd." (Livius 44, 39, 5)

Bauten an der Grenze | II

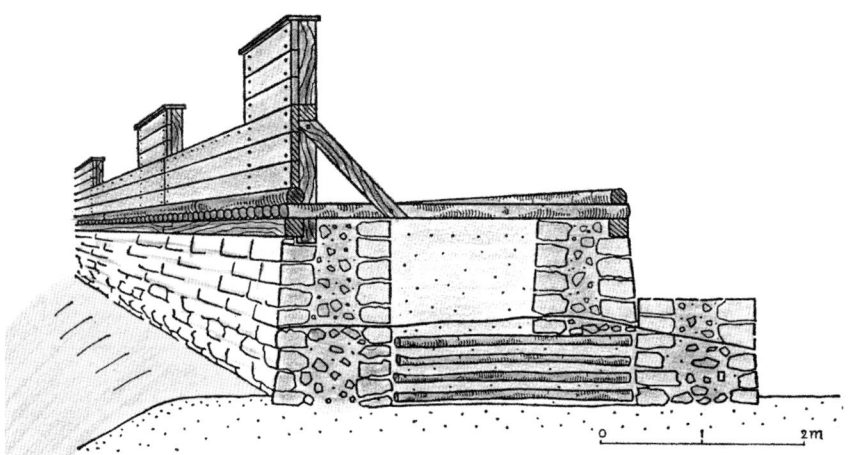

Abb. 34: Schnitt durch die Trockenmauer von Kastell Hesselbach. Rekonstruktionszeichnung nach: Baatz, Hesselbach, Abb. 5.

Innenbauten der römischen Lager

Trotz unterschiedlicher Größe gleichen sich die Strukturen von Legionslagern und Kastellen prinzipiell, weil Elite- und Hilfstruppen grundsätzlich dieselben Bauten benötigten. Bei den anfangs in Holz-Erde-Technik errichteten Kastellmauern versteiften Holzanker bisweilen das mit Erde aufgefüllte Kastenwerk. Weil dieses elastische Material Druck – etwa eines Rammbocks – stärker abfedert als Stein, bot die einfache Holz-Erde-Konstruktion oft mehr Schutz als die massivere Mauertechnik. Die Steinmauern mit einem von innen angeschütteten Talus (Schuttkegel) trugen einen weißen Verputz mit rotem Fugenstrich (→ Abb. 82), der an der Nordost-Ecke der Saalburg rekonstruiert worden ist. Er ließ die Mauern mächtiger wirken und machte sie auch in finstersten Nächten wahrnehmbar. (Wer das bezweifelt, möge im Dezember morgens um 6 Uhr diese Kastellecke aufsuchen.) Obwohl die Mauer nie der Verteidigung dienen sollte und mit ca. 4 m immer recht niedrig blieb, trug ihre Krone Zinnen (→ Abb. 83), deren großer Abstand bei einem der seltenen Belagerungsfälle den Einsatz von Handwurfwaffen erlaubte. Auf allen vier Seiten ermöglichten Tore den Zugang, wobei das Haupttor mit doppelter Durchfahrt meistens repräsentativer ausgestaltet war als die anderen Durchlässe. Das rückwärtige Tor mit zwei Zungenmauern ist oft nur als Schlupfpforte zu bezeichnen.

Abb. 35: Kastell Hesselbach, Grabung 1966. Die *porta decumana* ist als einfache Pforte über dem durchlaufenden Fundament der Wehrmauer angelegt.

Abb. 36: Kastell Hesselbach, Grabung 1965. Die *via sagularis* hinter der Wallanschüttung der Wehrmauer.

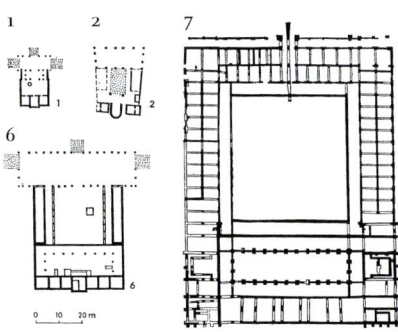

Abb. 37: Principia in römischen Militärlagern. Vergleich der Grundrisse von Hesselbach (1), Kapersburg (2), Echzell (6) und Vetera (7). Nach: Baatz, Hesselbach, Abb. 30.

Die *via praetoria* verband als wichtigste Straße das Haupttor *(porta praetoria)* mit den *principia*. Davor kreuzte sie sich mit der *via principalis*, die vom rechten zum linken Seitentor *(porta principalis dextra/sinistra)* führte. Hinter den *principia* setzte sich die *via praetoria* als *via decumana* zum rückwärtigen Kastelltor fort. Eine weitere Straße am Fuß des Mauerwalles, die *via sagularis*, ermöglichte überall den Aufgang zur Mauerkrone.

Im Zentrum der Garnison stand an der Kreuzung der *viae praetoria* und *principalis* mit den *principia* das wichtigste Gebäude des Lagers, in dem nicht nur die Administration untergebracht war, sondern auch die gesamte Einheit am 1. Januar jeden Jahres antrat, um den Fahneneid auf den regierenden Kaiser zu erneuern. Der typische Grundriss zeigt hinter der Vorhalle einen offenen Innenhof mit Portiken, an den sich eine quergelagerte gedeckte Halle in Basilikaform anschloss. Von hier aus war das oft unterkellerte Fahnenheiligtum zugänglich. Dieser apsidenförmige oder rechteckige, häufig über die rückwärtige Gebäudeflucht vorspringende Raum galt als der Sakralbezirk der Garnison. Hier standen nicht nur auf einer Sockelbank die Feldzeichen der Truppe sowie zahlreiche *signa* und *vexilla*, unter denen kleine Detachements besondere Aufgaben durchführten, sondern außer den Statuen verschiedener Kaiser vor allem die *imago* des regierenden

Abb. 38: Rekonstruktionszeichnung des Fahnenheiligtums der Saalburg. In dem farbig gefassten Raum stand zwischen den Feldzeichen das Kaiserbild, auf das die Truppe schwor und das sie bei Feldzügen mit sich führte. Es musste daher leicht transportierbar, aber auch widerstandsfähig sein und wird einer Ikone geähnelt haben. Zeichnung: E. Löhnig.

Herrschers. Auf dieses wohl ikonenartige Holzbild, das die Truppe auf jedem Feldzug mit sich führte, leisteten die Soldaten ihren Eid. In dem darunterliegenden Tresorraum wurden außer der Soldkasse auch die Ersparnisse der Soldaten aufbewahrt.

Das Wohnhaus des Truppenkommandeurs ähnelte in Legionslagern und Kastellen eher einem zivilen Wohnhaus als einer Militärbaracke. Hier lebten offenbar auch die Familie sowie das Gesinde des Befehlshabers, der eigenes Personal beschäftigen konnte.

Den größten Teil der Garnisonen beanspruchten die Mannschaftsbaracken, in denen je eine 80 Mann starke Centurie lag. Entsprechend waren die Gebäude

Abb. 39: Kastell Hesselbach, Grabung 1966. Herdstelle in einer Mannschaftsbaracke. Befund (Rekonstruktionszeichnung (→ Abb. 153).

in acht *contuberniae* für je 10 Mann unterteilt, die sich hinter einer *porticus* in einen Vor- und Hauptraum gliederten. In den engen Unterkünften, in denen zudem die Waffen aufbewahrt wurden, gab es wohl nur Stockbetten. Zugleich musste hier auf kleinen Herdstellen auch noch gekocht werden, denn eine gemeinschaftliche Kantinenverpflegung kannte die römische Armee trotz ganzer Batterien von Brotbacköfen – z. B. auf der Saalburg an der Innenseite der Schutzmauer – nicht. Außerdem besaß jede Centurie eine namentlich gekennzeichnete Handmühle, um die ungemahlen ausgehändigte Kornration mahlen zu können. Während in den Standlagern Getriebemühlen diese Arbeit oft erleichterten, führten die Soldaten im Feld oder beim Wachtdienst den Handmahlstein in der Ausrüstung mit.

Der Führer der Centurie, der *centurio*, lebte mit eigenem Personal etwas komfortabler im Kopfbau einer Baracke, die an die *via sagularis* grenzte. Er umfasste mehrere Räume und konnte nach dem Fund von Echzell sogar mit Wandmalereien ausgestattet sein. Szenen aus der klassischen Mythologie wie Daedalus und Ikarus oder Dionysos lassen den Bildungsstand des Führungspersonals erkennen (→ Abb. 40).

Die großen Speicher *(horrea)*, in denen die Kornration für mindestens drei Monate lagern musste, standen meist direkt an der *via praetoria* in der Nähe des Haupttores. Ihre Grundrisse lassen sich an den Fundamenten von Stützpfeilern immer zweifelsfrei erkennen, auf denen die erhöhten Fußböden auflagen. In diesem Hohlraum zirkulierende Luft sollte das Entstehen gefährlicher Gase verhindern, die das Getreide leicht hätten entflammen können. Handwerksbetriebe wie Schmieden stellten in den Garnisonen Waffen und Pfeilspitzen her oder führten Reparaturen aus. Nur in größeren Kastellen fand sich ein Lazarett *(valetudinarium)*.

Zu jeder Garnison gehörte ein Kastellbad, das wohl auch die Vicusbewohner mitbenutzten. Seine Lage wurde von der lokalen Wasserversorgung bestimmt. Deshalb befand es sich unterhalb des Feldbergkastells, in Arnsburg vor dem Südtor und in Marköbel vor der Südostecke. Die Anlagen im Reihentyp mit hintereinander angeordnetem Kalt-, Lau- und Heißbad zeigen eine Mischtechnik: Während die eigentlichen Baderäume aufgemauert worden waren, bestanden die vorgeblendeten Apodyterien (Umkleideräume) meist aus Fachwerk und konnten bei den ersten Grabungen der RLK kaum beobachtet werden.

Kleinkastelle – die ‚unbekannte Größe' am Limes

Die kleinsten Einrichtungen am Limes, die sog. Kleinkastelle oder Feldwachen bisweilen mit einem Holzvorgänger, wurden erst in letzter Zeit planmäßiger untersucht. Sie finden sich vor allem an der Hochtaunus- und Wetteraustrecke sowie im nördlichen Odenwald, fehlen aber zwischen der Idsteiner Senke und der Aar. Ihre Größe von 0,1 bis 0,4 ha, ihre Typenvielfalt – einfacher oder doppelter Schutzgraben, Umfassungsmauern in Holz oder Stein mit abgerundeten oder scharfen Ecken, fehlende oder vorhandene Tor- und Zwischentürme, Badegebäude oder Vicus – sowie die sehr unterschiedliche Innenbebauung – zwei parallel zu einem Durchgangsweg liegende Barackenblöcke oder hufeisenförmig um einen offenen Hof gruppierte Gebäude – zeigen ebenso wie ihre Zahl, dass sie eine wichtige Funktion

Abb. 40: Kastell Echzell. Wandmalerei aus der Centurionenunterkunft einer Mannschaftsbaracke. Das auf der Saalburg rekonstruierte *triclinium* (Speiseraum) war mit Szenen des Theseus-Mythos (links) und der Sage von Daedalus und Ikarus (rechts) geschmückt. Das Bild in der Mitte zeigt die Siegesgöttin Victoria und Herakles, den listenreichen Heros.

bei der Grenzsicherung übernommen haben müssen. Wahrscheinlich übertrug man in einem durch die Topografie bestimmten, nicht allzu langen ‚Überwachungsabschnitt' die Aufgaben der größeren, aber schlecht erreichbaren Numeruskastelle an die Besatzungen dieser kleinen Garnisonen. Trotzdem bleibt das Wissen über die hier stationierten Truppen(teile), ihre militärische Rangordnung und ihre Stärke bislang nur unzureichend.

Bauten an der Grenze | II

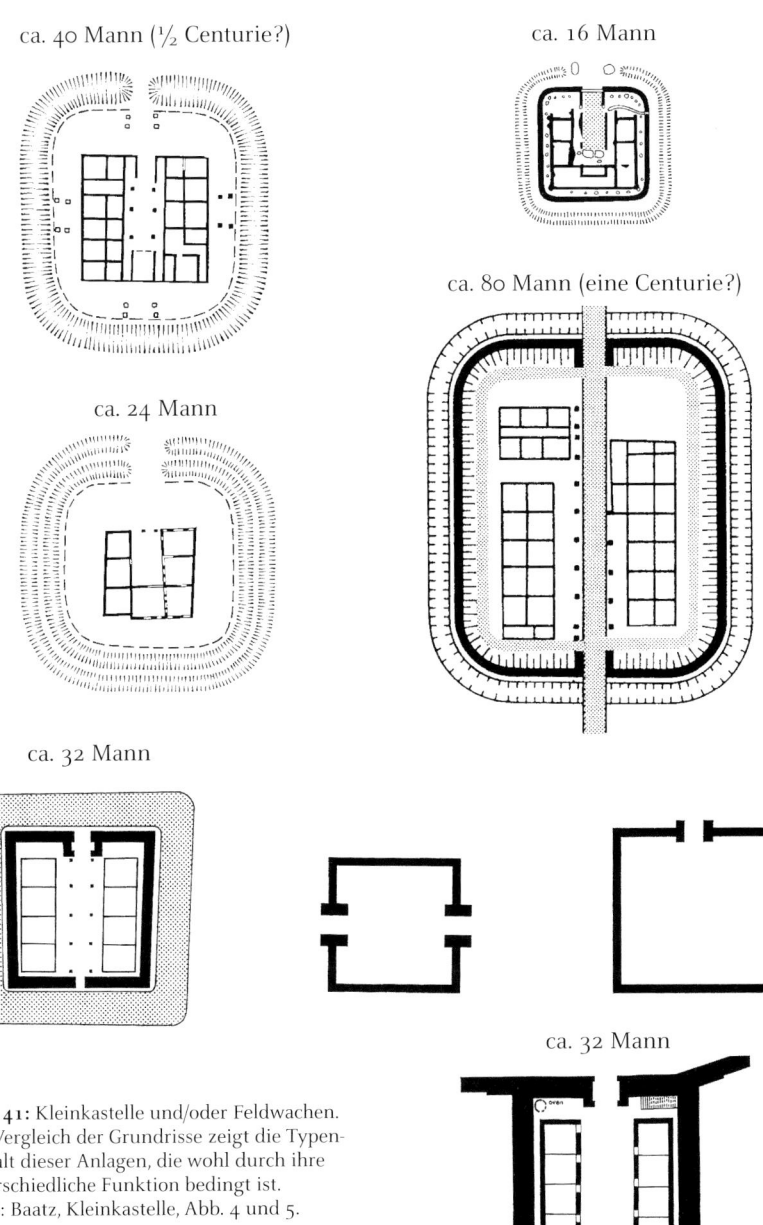

Abb. 41: Kleinkastelle und/oder Feldwachen. Der Vergleich der Grundrisse zeigt die Typenvielfalt dieser Anlagen, die wohl durch ihre unterschiedliche Funktion bedingt ist. Nach: Baatz, Kleinkastelle, Abb. 4 und 5.

II DER OBERGERMANISCHE LIMES IN HESSEN

Das obergermanische Heer und seine Einheiten

Das römische Heer gliederte sich in Legionen und Hilfstruppen *(auxilia)*. Zum obergermanischen Heeresverband, dem *exercitus provinciae Germaniae Superioris*, gehörten bis 101 n. Chr. zunächst vier, nach dem Saturninusaufstand nur noch drei Legionen mit einer Sollstärke von je etwa 6000 Mann. Im Doppellager auf dem Kästrich in Mainz lösten sich seit 13 v. Chr. die 14. Legion Gemina, die 16. Legion Gallica, die 1. Legion Adiutrix, die 4. Legion Macedonica, die 21. Legion Rapax und die zuvor in Niedergermanien nachgewiesene 22. Legion Primigenia ab, die nach dem Auflösen des Doppellagers am Ende des 1. Jahrhunderts als Stammeinheit in Mainz verblieb. In Straßburg lag immer die zuvor in Mirebeau stationierte 8. Legion, und in Windisch, das 101 n. Chr. vollständig aufgegeben wurde, sind die 13., die 21. und die 11. Legion bezeugt. Da in diesen Eliteeinheiten nur römische Vollbürger dienten und die Soldaten z. B. mit der Anlage von Straßen oder Brücken auch die Infrastruktur einer Provinz maßgeblich aufbauten, übernahmen sie zugleich eine wichtige Rolle bei der Romanisierung neu eroberter Gebiete.

Die Grenzsicherung oblag den direkt am Limes stationierten Hilfstruppen. Sie waren zunächst wie die Raeterkohorte

Abb. 42: Grabstein des Fußsoldaten Annaius Daverzeus. Der Soldat trägt über seiner Tunika das mit einer Fibel befestigte *sagum*. Sandalen sind durch einen schmalen, bis zum Knöchel reichenden Rist angedeutet. Zur Bewaffnung gehören außer Beinschienen und dem am *cingulum* befestigten Schwert und Dolch zwei Wurflanzen sowie der Schild, in dessen Schildfessel Annaius mit seiner linken Hand greift. Bei der rechteckigen Platte, die in einer schalartigen Bauchbinde hinter dem Schwertgurt steckt, handelt es sich wohl um eine Tasche oder ein Tuch für persönliche Gegenstände. Bad Kreuznach, Römerhalle.

auf der Saalburg, die Damaszenereinheit in Friedberg oder die *ala Moesica* in Butzbach aus unterworfenen Völkern ausgehoben und in andere Teile des Reiches verlegt worden, um Aufständen vorzubeugen. Vor allem im 2. Jahrhundert, in dem die Einheiten lange vor Ort verblieben, rekrutierten sie den Nachwuchs aber zunehmend aus der dortigen Gegend, so dass allmählich enge Verflechtungen zwischen Militär und Zivilbevölkerung entstanden sein werden. Auxiliarsoldaten wurden nach 25 Dienstjahren ehrenvoll entlassen *(missio honesta)* und erhielten außer einer Abfindung mit Land oder Geld das volle römische Bürgerrecht, das auch alle ihre Kinder erbten. Durch den möglichen sozialen Aufstieg bestand für die Indigenen vielleicht weniger ein Zwang als ein großer Anreiz zum Militärdienst.

Unter den *auxilia* genossen die am höchsten besoldeten Reitereinheiten *(alae)* das größte Ansehen. Weil sie gezielt dort stationiert waren, wo das Terrain den Einsatz von Pferden erlaubte und eine Vorfeldüberwachung notwendig schien, finden sie sich weniger im Taunus bzw. dem Odenwald, dagegen recht häufig im Osten der Wetterau. Die 500 oder 1000 Mann starken Verbände, die sich in 16 oder 24 *turmae* (Züge) von je 30 Mann gliederten, wurden von einem aus dem Ritteradel stammenden *praefectus* geführt.

Vor allem die *cohortes* – Infanterieverbände von 500 oder 1000 Mann *(cohors quingenaria/milliaria)* – hatten den Wachtdienst am Limes zu übernehmen. Sie waren in 6 oder 10 Centurien à 80 Mann aufgeteilt und wurden ebenfalls von einem *praefectus* befehligt. Zeitweilig konnte ein Kommandeur auch den Befehl über zwei wohl benachbarte Einheiten ausüben.

Cohortes equitatae besaßen als gemischte Verbände von ebenfalls 500 oder 1000 Mann sowohl sechs bzw. zehn Centurien Infanterie wie vier oder acht Reiterzüge. Die ungefähr 500 Mann starken Verbände unterstanden einem *praefectus*, während die 1000 Mann starken Einheiten von einem *tribunus* kommandiert wurden.

Zahlreiche irreguläre, seit der Mitte des 2. Jahrhunderts *numeri* genannte Verbände ergänzten den Heeresbestand. Dabei handelte es sich entweder wie bei den *numeri Brittonum* am Odenwald um irreguläre, aus Indigenen gebildete ethnische Einheiten oder um kleinere, aus abgestellten Auxiliarsoldaten gebildete Züge. Die ausschließlich im Odenwald nachweisbaren, von abkommandierten Centurionen der beiden obergermanischen Legionen befehligten Brittonen sollten wohl die Auxiliareinheiten beim Wachtdienst entlasten. Sie sind nach 161 n. Chr. noch am Vorderen Limes bezeugt, während ihr späterer Verbleib ungeklärt ist.

II | DER OBERGERMANISCHE LIMES IN HESSEN

Abb. 43: Grabstein des Reiters C. Romanius Capito. Der mit Panzer und Helm bewaffnete, über einen am Boden liegenden Barbaren hinwegreitende Soldat trägt enge Hosen, und Sandalen sind auch bei diesem Stein nur durch einen schmalen Steg auf dem Fuß zu erschließen. Außerdem sind das an einem schmalen Gürtel getragene Langschwert, der langovale, abgekantete Reiterschild sowie die zum Stoß nach unten gerichtete Lanze erkennbar. Der hinter dem Reiter stehende Waffenknecht *(calo)* hält zwei weitere Lanzen bereit. Das reich verzierte und detailliert dargestellte Pferdegeschirr trat in der früher farbigen Fassung noch deutlicher hervor.
Mainz, Landesmuseum.

Kleidung und Bewaffnung

Zur militärischen Kleidung gehörte die hemdartige, wadenlange Tunika, die man auf Kniehöhe raffte, außerdem ein Halstuch *(focale)* sowie von Fibeln gehaltene Mäntel unterschiedlichen Zuschnitts. Hosen wurden zwar von der Reiterei und wohl auch den Hilfstruppen am Limes getragen, nicht dagegen von den Legionären. Die typischen, auf den Steindenkmälern oftmals nur aufgemalten sandalenartigen Soldatenschuhe *(caligae)* waren mit Hunderten von Bronzenägeln genagelt.

Trotz ihres rangmäßigen Unterschiedes entsprach sich die Bewaffnung von Legionären und Infanterie im Wesentlichen. Zu der während eines Feldzuges benutzten Schutzausrüstung gehörte vor allem der Panzer. Das aus ca. 30 000 kleinen Eisenringen gearbeitete Kettenhemd *(lorica hamata)*, das sich geschmeidig den Bewegungen seines Trägers anpasste, wurde im Laufe des 1. Jahrhunderts offenbar vorübergehend durch den Schienenpanzer *(lorica segmentata)* verdrängt, der aus einzelnen Eisenblechstreifen bestand. Den aus mehreren dünnen, miteinander verleimten Holzlagen gefertigten sperrigschweren Schild mit eisernem Schildbuckel und -fessel, der nicht so leicht zu handhaben war, wie Hollywood-Filme es gerne zeigen, überzog eine bunt bemalte Lederhaut, die ein vernieteter Bronzeblechstreifen am Schildrand

Das obergermanische Heer und seine Einheiten | II

Abb. 44: Der Originalbefund: Der Limes hat sich im Hochtaunus stellenweise seit der römischen Zeit fast unverändert erhalten.

Abb. 45: Die Saalburg: Das am vollständigsten rekonstruierte römische Kastell vermittelt dem Besucher trotz mancher Ungenauigkeiten einen guten Eindruck von Größe und Innenaufteilung eines römischen Lagers.

fixierte. Er besaß bei den Legionären eine rechteckige, bei der Infanterie dagegen eine ovale Form, während Reiter einen Rundschild benutzten. Auch der mit Wangenklappen und Nackenschutz versehene Helm, dessen quergestellter roter Helmbusch einen höheren Dienstgrad bezeichnete, veränderte sich im Laufe der Zeit und wurde z. B. durch auf die Kalotte genietete Bügel gegen die mit Krummschwertern angreifenden Sarmaten geschützt.

Die Blankwaffen der Infanterie bestanden aus Schwert *(gladius)* und Dolch *(pugio)*, die anfangs an einem mit Zierblechen geschmückten Ledergurt getragen wurden. Vor allem für das Schwert mit einem Holz- oder Beingriff und einer häufig reich verzierten Schwertscheide benutzte man im 2. Jahrhundert zunehmend einen Schulterriemen *(balteus)*. Gleichzeitig setzte sich statt der kurzen Formen der frühen und mittleren Kaiserzeit zunehmend das Langschwert durch. Auch beim Dolch, der als einzige Waffe zu der im Alltag von den Soldaten getragenen leichten Dienstkleidung gehörte, im 3. Jahrhundert aber nicht mehr nachzuweisen ist, vergrößerte sich die stark geschwungene, meist reich verzierte Schneide der frühen Exemplare zunehmend. Nur die Legionäre trugen das *pilum*, eine von Gegnern gefürchtete Wurflanze, weil der schwere Holzschaft den eisernen, aber nicht gehärteten Lanzenschuh mit einem Widerhaken nach einem Treffer verbog und einen Schild damit unbrauchbar machte.

Die Ausrüstung der Reiter unterschied sich in einigen Punkten von der der Infanterie. Nur Kavalleristen trugen unter der Tunica die von Germanen übernommenen, bei den Römern verpönten ledernen Reithosen *(feminalia)* sowie Sporen an den Stiefeln. Außerdem benutzten sie das Kettenhemd oder einen Schuppenpanzer, einen sechseckigen Schild, ein längeres Schwert *(spatha)*, reicher dekorierte Reiterhelme sowie vor allem Reflex- oder Kompositbögen. Bei der in Friedberg stationierten *cohors I Flavia Damascenorum milliaria equitata* weist schon der Zusatz *sagittariorum* auf die der Einheit angegliederten Bogenschützen. Besonders prächtig war mit *phalerae* und emailverzierten Anhängern immer das Zaumzeug der Pferde geschmückt. Nur bei den turnierähnlichen Reiterspielen *(decursio)*, die zwar die Geschicklichkeit der Reiter schulten, bei öffentlichen Darbietungen wie den Feierlichkeiten in Mainz zu Ehren von Drusus aber auch Zivilisten begeistert haben dürften, verwendete man die Prunkrüstungen mit reich ausgearbeiteten Maskenhelmen, die den Kopf des Trägers völlig bedeckten.

Abb. 46: Römische Soldaten bedienen ein Katapult. Diese Szene ist in den von Hilfstruppen besetzten Kastellen am Limes nicht vorstellbar, weil nur die Legionen über Pfeilgeschütze verfügten.

Literatur zu Teil II

R. Braun, Frühe Forschungen am obergermanischen Limes in Baden-Württemberg. Schr. Limesmus. Aalen Nr. 45 (o. J.). – E. Stein, Die kaiserlichen Beamten und Truppenkörper im römischen Deutschland unter dem Principat (1932). – E. N. Luttwack, The Grand Strategy of the Roman Empire. From the First Century A. D. to the Third (1976). – M. Junkelmann, Römische Kavallerie – Equites Alae. Schr. Limesmus. Aalen 42 (1989). – M. Junkelmann, Die Reiter Roms I–III (1991/92). – S. v. Schnurbein, Perspektiven der Limesforschung, in: Der römische Limes in Deutschland. Sonderheft AiD 1992, 71 ff. – D. Baatz, Der römische Limes. Archäologische Ausflüge zwischen Rhein und Donau (³1993). –

C. R. Whittacker, Frontiers of the Roman Empire. A Social and Economic Study (1994). – L. Wamser (Hrsg.), Die Römer zwischen Alpen und Nordmeer. Zivilisatorisches Erbe einer europäischen Militärmacht (2000). – D. Wolf, Die Überformung des Limes im Mittelalter durch die Anlage von Landwehren, in: E. Schallmayer, Limes Imperii Romani. Beiträge zum Fachkolloqium ‚Weltkulturerbe Limes' November 2001 in Lich-Arnsburg. Saalburg-Schr. 6, 147 ff. – E. Schallmayer, P. Kühn, Limes und Landwehr – neue Forschungen zum Verständnis eines Bodendenkmals. HessenArch 2005 (2006) 147 ff. – E. Künzl, Unter den goldenen Adlern. Der Waffenschmuck des römischen Imperiums (2008).

Teil III

STRECKENBESCHREIBUNG: DER LIMES IN HESSEN VON DER RHEINLAND-PFÄLZISCHEN BIS ZUR BADISCHEN LANDESGRENZE

Der Limes im westlichen Taunus (Rheingau-Taunus-Kreis)

Übersicht

Die westliche, insgesamt 35 km lange Taunusstrecke umfasst von der Strecke 2 den Abschnitt mit den **WP 2/35–55** zwischen der Landesgrenze Hessen/Rheinland-Pfalz östlich von Holzhausen und der Aar sowie die Strecke 3 (**WP 3/1–35**) bis zum Dattenbachtal bei Heftrich, wo der Limes zum Hauptkamm des Mittelgebirges hinaufzieht. Das schon in römischer Zeit bewaldete und daher sicher wenig besiedelte Gebiet südlich des Limburger Beckens war entlang der bereits in domitianischer Zeit angelegten Strecke bis in das späte 2. Jahrhundert neben Kleinkastellen nur durch ein reguläres Numeruskastell am Zugmantel gesichert. Das spricht ebenso wie das östlich von Kastell Holzhausen auf 6,4 km nie angelegte Wall-Graben-System für eine insgesamt als gering eingeschätzte Gefährdung. Andererseits bestanden an dem durch die Idsteiner Senke zwischen der B 275 und der A 3/E 35 vorgezeichneten Einfallweg in das Rhein-Main-Gebiet bereits im frühen 2. Jahrhundert Wall und Graben, was auf eine hier verstärkte Kontrolle deutet.

Eindrucksvoll erhaltene Abschnitte finden sich vor allem in den heutigen Waldgebieten, während der Pfahl in den seit dem Mittelalter für die Landwirtschaft gerodeten offenen Flächen kaum erhalten blieb. Die gesamte Strecke wird durch den gut ausgeschilderten und gepflegten Limeswanderweg erschlossen.

Karte 1

Strecke 2:
Vom Kastell Holzhausen bis zur Aar

Der Besuch des obergermanischen Limes in Hessen sollte gut 100 Meter vor der Landesgrenze bei Kastell Holzhausen beginnen. Der Pfahl trennte hier, bogenförmig nach Norden ausgreifend, die Kemeler Heide vom Freien Germanien ab, bevor er weiter nach Osten zog und bei Adolfseck das Aartal querte. Zwischen Holzhausen a. d. H. und Laufenselden umzieht er den ‚Grauen Kopf', die mit 544 m höchste Erhebung des Gebietes, an dessen Nordhang das Kohortenkastell liegt. Nur von einem alten, nach Laufenselden führenden Weg berührt, haben sich seine Fundamente in dichtem Waldgelände hervorragend erhalten. Erst beim Bau der B 260/Bäderstraße im frühen 19. Jahrhundert ist es bei Mauerausbrüchen zu größeren Verlusten der Bausubstanz gekommen.

Nach den ersten Grabungen 1874 und 1882 untersuchte die RLK 1897/99 die Umwehrung, den Innenbereich sowie das Bad. Dabei wurden schon 1898 die oberen Mauerlagen zur besseren Haltbarkeit abgenommen und neu aufgemauert. Teile der römischen Wasserleitung sind 1902 beim Anlegen einer modernen Leitung unbeobachtet zerstört worden, bevor 1932 die letzten Sondagen innerhalb des Kastellareals erfolgten.

Das mit 1,4 ha kleinste Kohortenkastell am obergermanischen Limes war nicht zum Pfahl, sondern nach Osten auf einen Limesdurchgang ausgerichtet. Die 1,5 m breite Umfassungsmauer mit gelblich-weißem Verputz und rotem Fugenstrich aus örtlich anstehendem Grauwackestein war noch maximal zwei bis drei Lagen hoch erhalten. Die für den Wehrgang angeschüttete Rampe verdeckte die innen hinter den waagrechten Lagen stark vermörtelten und unregelmäßig gesetzten Schichten. Vor der Mauer umzog ein tiefer Spitzgraben das Kastell, der nur vor dem zum Limes weisenden linken

Kohortenkastell Holzhausen
Gde. Holzhausen a. d. Haide, Rhein-Lahn-Kreis

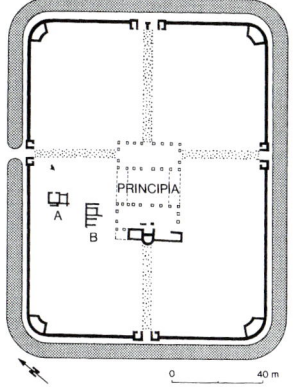

Abb. 47: Kastell Holzhausen, Grundriss. Die Fundamente der Gebäude A und B sind nicht mehr sichtbar. Nach: RiH Abb. 300.

Karte 1 (WP 2/34–3/11)

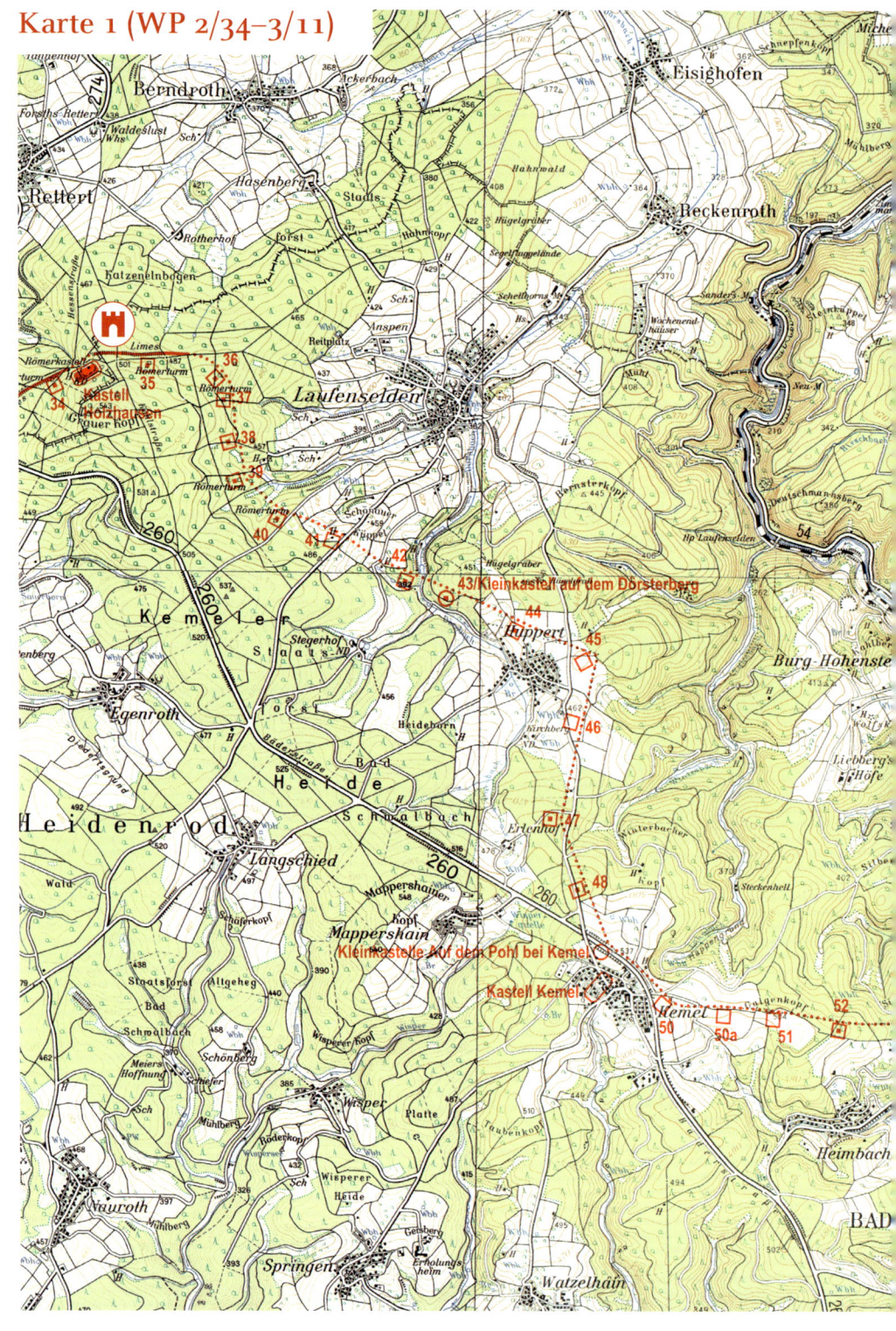

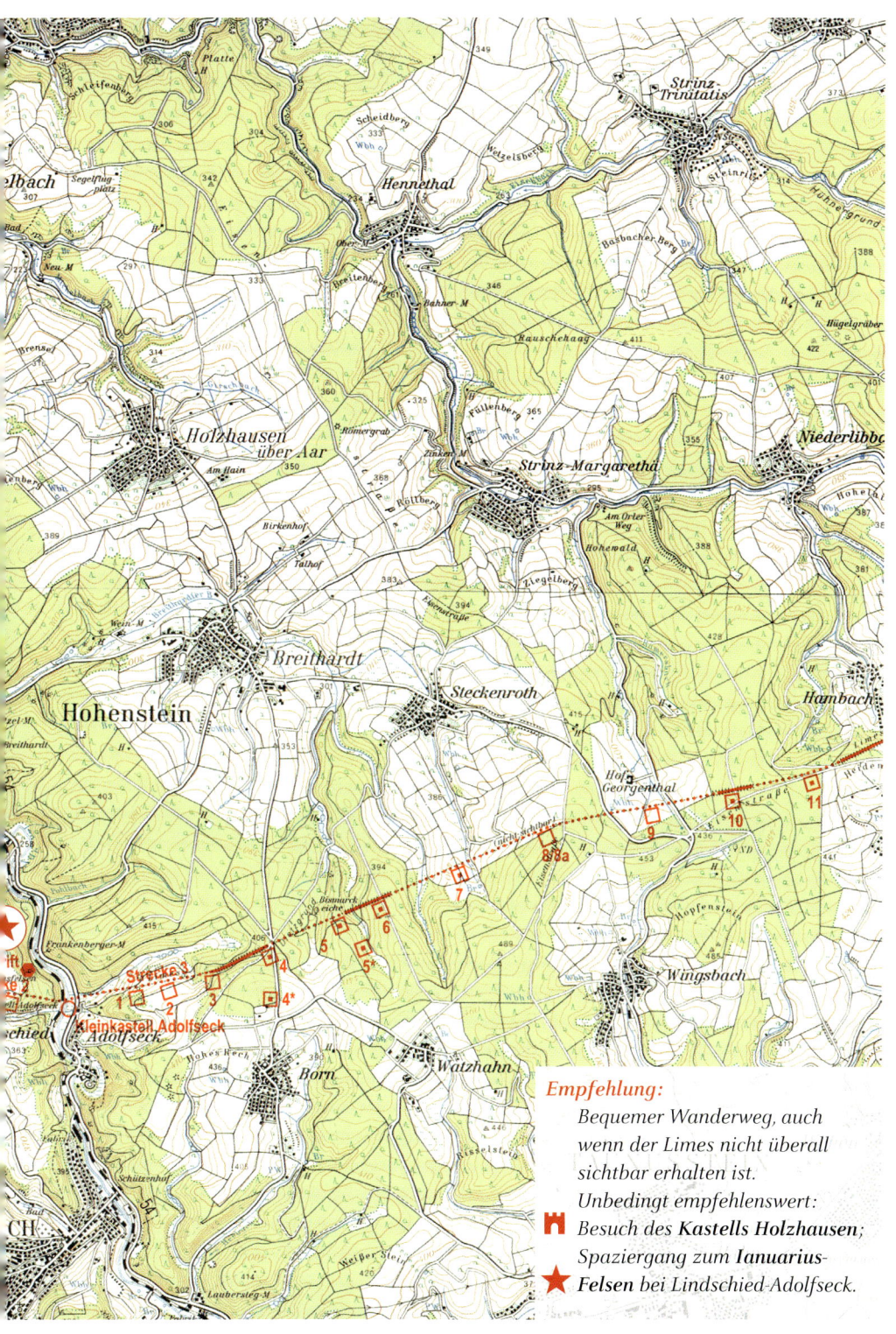

Abb. 48: Kastell Holzhausen. Blick über die *porta praetoria* und die sich dahinter als deutlicher Wall fortsetzende Umfassungsmauer.

Seitentor aussetzte. Während Zwischentürme fehlten, zeigten sich in den erhaltenen abgerundeten Kastellecken die Standspuren von den verkeilten Pfosten für die dem Mauerverlauf angepassten, wohl zweigeschossigen Turmeinbauten mit lehmverputzten Innenräumen und einem festen Fußboden. Sie sollen als Geschützplattformen gedient haben. Von den Kastelltoren, die je zwei schiefergedeckte Türme (3,5 x 4 m) flankierten, besaß nur die *porta praetoria* zwei Durchfahrten, bei denen sich noch die Schwellen der Holztore feststellen ließen. Die Böden waren bei allen Toren mit einem Estrich aus Sand und Kies befestigt. Ob die Kastelltore in der letzten Phase wirklich durch Sperren blockiert und mit dahinterliegenden Fallgruben verstärkt werden sollten, bleibt unklar.

Von den Innenbauten haben sich nur die aus Stein aufgemauerten Teile der *principia* wie das apsiden-

förmige, hier nicht unterkellerte Fahnenheiligtum (3,8 x 4,4 m) erhalten. Die sich beiderseits anschließenden, unterschiedlich großen Räume (5,3 x 3,6 m bzw. 4,5 x 11 m) zeichneten sich bei fast vollständig ausgebrochenen Mauern anhand ihrer Estrichböden ab, und von einer Hypokaustanlage fanden sich an der Südost-Ecke unmittelbar vor der Apsis noch fünf aus Bruchsteinen und Schieferplatten aufgesetzte Pfeiler. Das übrige, in Lehmfachwerk errichtete Principiagebäude war nur anhand der Pfostenlöcher zu erkennen. Die anderen Fachwerkbauten des Lagers wie Baracken oder Praetorium haben keine sichtbaren Spuren mehr hinterlassen. Der einzige bislang im Innenareal nachgewiesene Brunnen gehört wohl in die späteste Nutzungsphase.
Die Besatzung des Kastells – die 500 Mann starke *cohors II (Antoniniana) Treverorum* – könnte wie ihre im Zugmantelkastell stationierte Schwestereinheit aus einem indigenen *numerus Treverorum* gebildet worden sein. Zu Ehren von Kaiser Caracalla ließ die Kohorte über dem Haupt- und dem linken Seitentor mit vergoldeten Bronzelettern gleichlautende Inschriften anbringen. Die darin dem Kaiser gegenüber betont devote Haltung der Truppe, die auch bei anderen Ehreninschriften dieser Zeit zu belegen ist, charakterisiert deutlich die Stellung des Herrschers.
Kastell Holzhausen wurde erst während der Regierungszeit von Commodus (180–192 n. Chr.) in der zweiten Hälfte des 2. Jahrhunderts gegründet und gehört damit wie das benachbarte Kastell Niederbieber zu den bereits in der Spätzeit des Limes vielleicht schon unter dem Druck der die Grenze gefährdenden Alamannen angelegten Garnisonen. Es bestand bis zur Zurücknahme des Limes

Abb. 49: Kastell Holzhausen. Die mit gleichem Wortlaut über zwei Toren angebrachte Ehreninschrift für Kaiser Caracalla lautete: „Dem Kaiser Marcus Aurelius Antoninus Pius, dem Glücklichen, dem größten Sieger über Parther, Briten und Germanen, dem höchsten Priester, dem Prokonsul, dem Vater des Vaterlandes und völlig unbesiegten Herrscher, im 16. Jahr seiner tribunizischen Amtsgewalt, nachdem er dreimal zum Imperator ausgerufen worden ist und viermal das Konsulat innegehabt hat, von der *cohors II Antoniniana Treverorum* geweiht, die seiner Majestät tief ergeben ist." Nach: RiH Abb. 301.

259/60 n. Chr. und ist wohl nach einer Belagerung abgebrannt worden. Offenbar fanden zu dieser Zeit größere Umbaumaßnahmen im Kastell statt, denn an der *via principalis* bestand zwischen *porta principalis sinistra* und *principia* eine Baustelle, die durch einen Münzfund in die Zeit nach 224 n. Chr. zu datieren ist. Auch in den *principia* scheinen nach einer Kalkgrube und daneben liegenden Verblendziegeln sowie einem wohl sekundär verwendeten Inschriftenfragment Bauarbeiten zumindest geplant gewesen zu sein.

Das heute nicht mehr sichtbare Kastellbad lag zwischen Kastell und Limes an der Hasenbachquelle. Weil eine Untersuchung aus finanziellen Gründen unterbleiben musste, sind nur die Apsiden wohl der Warmbaderäume bekannt, in denen Ziegelstempel der 4. Vindelikerkohorte aus Großkrotzenburg verbaut worden waren. Das Dach des Bades hatte man mit Schieferplatten gedeckt. Zwischen Kastell und Limes sowie vor dem Haupttor erstreckte sich die Zivilsiedlung, von der ebenfalls nur geringe Reste bekannt sind.

Lit.: BAATZ, Limes 112. – RiH 357 ff. mit Abb. 299–302. - RiRhP 392 ff., Abb. 300–301. – L. PALLAT, ORL Abt. B Nr. 6 (1904). – K. NASS, Kastell Holzhausen. Grabung vom 15. Juli bis 30. November 1932. Nass. Ann. 54, 1934, 233 f. – F. KUTSCH, Zur Geschichte des Limes bei Kastell Holzhausen. Nass. Ann. 54, 1934, 270 f. – B. PFERDEHIRT, Die Keramik des Kastells Holzhausen. Limesforsch. 16 (1976). – Der römische Limes in Deutschland. Sonderh. der Zeitschr. AiD (2000) 99 f. mit Abb. 92. – M. SCHOLZ, Keramik und Geschichte des Kastells Kapersburg – eine Bestandsaufnahme. Saalburg-Jahrb. 52/53, 2002/03 (2006) 91 f.

→ *Funde: Museum Wiesbaden, Sammlung Nassauischer Altertümer (derzeit nicht zugänglich).*

→ *Ein Rundwanderweg von 1,5 km Länge erschließt von einem Parkplatz an der B 260/Bäderstraße südöstlich von Holzhausen aus Kastell und Limesanlage.*

Östlich von Holzhausen erreicht der auf knapp 1 km bis zum **WP 2/35** deutlich sichtbare Limes den ‚Grauen Kopf', wo sich der Schutthügel des an seiner Nordseite vom Wanderweg gestörten Wachtpostens an der Kohlstraße mit 4,4 m Seitenlänge deutlich abzeichnet. Nach gut 150 m verlässt der bis dahin auf der Wallkrone liegende Weg den Limes, der nach Südosten in den Wald abbiegt und 230 m weiter endet. Weil bis zum **WP 2/47** hinter der als Gräbchen kenntlichen Palisade Wall und Graben fehlen, kann man an der durch Grabungen gesicherten Limesstrasse die nächsten Turmstellen **WP 2/36-40** nicht ganz leicht auffinden. Sie geben sich im Wald aber durchweg als Schutthügel mit z. T. sichtbaren Mauerpartien zu erkennen. **WP 2/41** stand westlich der L 3031 wohl unter dem Schuppen in heute eingezäuntem Gelände, **WP 2/42** östlich des Wanderweges. Auf dem vom Wild stark zerwühlten Schutthügel liegt eine Futterstelle.

Erst am Westhang des Dörsterberges wird der Limes wieder sichtbar. Östlich des Dörsbaches blieb 20 m hinter der Palisade das 23 x 25 m große Kleinkastell Auf dem Dörsterberg erhalten.

Umwehrung und Graben der dreiphasigen Anlage (23 x 25 m) lassen sich im Hochwald ebenso deutlich erkennen wie Grabungsspuren wohl nicht nur der RLK. Bei der bis zur Rücknahme des Limes besetzten Garnison mit einer älteren Holz- und jüngeren Steinbauphase zeigten sich hinter dem Rand des mit 2,25 m Tiefe und 1,8 m Breite größeren Innengrabens Palisaden- und Mauerreste. Wenn das Kleinkastell während der letzten Nutzungsphase tatsächlich auf den Steinbau von 270 m² Fläche reduziert wurde, entspräche diese Maßnahme ähnlichen Beobachtungen an anderen Posten und Kastellen des Limes in Taunus und Wetterau.

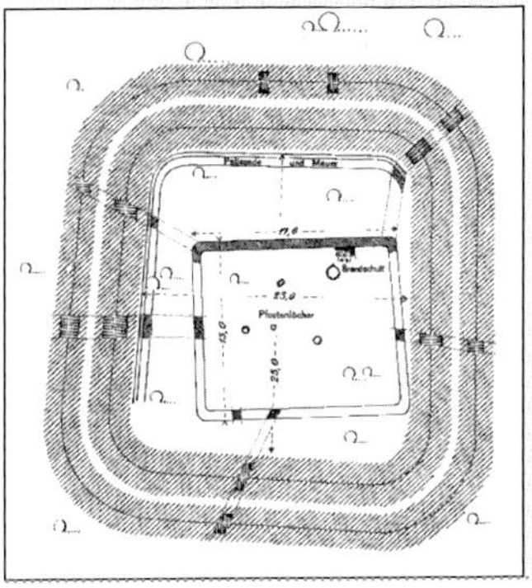

Kleinkastell Auf dem Dörsterberg
Gde. Heidenrod, Rheingau-Taunus-Kreis

Lit.: Baatz, Limes 114. – RiH 378. – ORL A, Strecke 2, 75 f. mit Taf. 10, 7 (Fabricius). – M. Reuter, Der Limesfall im Spiegel ausgewählter Befunde in Kleinkastellen und Wachttürmen, in: E. Schallmayer (Hrsg.), Niederbieber, Postumus und der Limesfall. Stationen eines politischen Prozesses. Bericht des ersten Saalburgkolloquiums. Saalburg-Schr. 3 (1996), 76 ff. – M. Scholz, Keramik und Geschichte des Kastells Kapersburg – eine Bestandsaufnahme. Saalburg-Jahrb. 52/53, 2002/03 (2006) 91 f.

Abb. 50: Kleinkastell Auf dem Dörsterberg. Grundriss nach ORL.

Der stark eingeebnete Pfahl zieht in südwestliche Richtung bis nach Huppert weiter, um dort östlich des Ortes zum Kastell Kemel nach Süden abzubiegen. Bei **WP 2/47** setzen – obertägig zwar nicht sichtbar, aber durch Grabungen nachgewiesen – auch Wall und Graben wieder ein. Ein Abstecher zu dem als fast 1 m hoher Schutthügel leicht kenntlichen Posten 500 m nordöstlich vom Forstamt Erlenhof lohnt sich (Hinweisschilder an der L 3455 und am Waldweg). Dieser „besterhaltene Turm der ganzen Strecke" mit 4 m Seitenlänge und 0,55–0,7 m starkem Mauerwerk stand bei der Freilegung noch bis zur Höhe von 1 m. Südlich dieser Stelle nähern sich Wander- und Radweg der bis Kemel im Verlauf bekannten, aber kaum mehr sichtbaren Limestrasse. Auf der Pohl-Höhe vor dem Ort, wo die B 260 (Bäderstraße) den Limes schneidet, liegt die Wasserscheide zwischen Aar- und Wispergebiet, von der aus sich ein weiter Blick bietet. Die von diesem Punkt deutlich entfernte Lage der Garnison hinter der Grenze erklärt sich durch die nur dort von der Aulbachquelle gesicherte Wasserversorgung.

Numeruskastell Kemel und Kleinkastelle ‚Auf dem Pohl'
Gde. Heidenrod, Rheingau-Taunus-Kreis

Obwohl die Bäderstraße im Ortskern der *via principalis* folgt, sind die 0,7 ha große Anlage mit einem Doppelgraben ebenso wie das umgebende Lagerdorf vollständig überbaut. Lediglich die auf das Wehrmauerfundament aufgesetzte *porta praetoria* konnte untersucht werden. Mit lockerer schwarzer Erde verfüllte Pfostenlöcher in dieser Schwelle deutete der Ausgräber 1898/99 als Reste einer möglicherweise spät angebrachten Torverrammelung. Das Kastell, wahrscheinlich für einen 150 Mann starken Numerus, ersetzte ähnlich wie am Saalburgsattel wohl um 160 n. Chr. die unmittelbar am Pfahl gelegenen und auf ihn orientierten Schanzen ‚Auf dem Pohl' aus der Frühzeit des Limes. Der ältere 0,07 ha große Holzbau des späten 1. Jahrhunderts mit doppeltem Schutzgraben von 4 m Breite besaß ein U-förmiges Innengebäude. Zwei Pfostenlöcher im Durchlass an der Nordost-Seite könnten von einem Torbau stammen. Die jüngere Anlage von 0,13 ha, von deren gleichartigem Innenbau der z. T. gepflasterte Ostflügel und eine Zisterne nördlich davon erfasst wurden, dürfte in der ersten Hälfte des 2. Jahrhunderts die kleine Schanze ersetzt haben, deren Gräben sie überlagert. Damit konnte die hier stationierte Besatzung von etwa 40 Mann auf eine ganze Centurie erhöht werden.

→ *Funde: Rheinisches Landesmuseum Bonn*

Lit.: Baatz, Limes, 115. – RiH 372 f. mit Abb. 318–319. – H. Lehner, Das Kastell Kemel. ORL Abt. B Nr. 7 (1901). – M. Scholz, Keramik und Geschichte des Kastells Kapersburg – eine Bestandsaufnahme. Saalburg-Jahrb. 52/53, 2002/2003 (2006), 100.

Strecke 2: Vom Kastell Holzhausen bis zur Aar | III

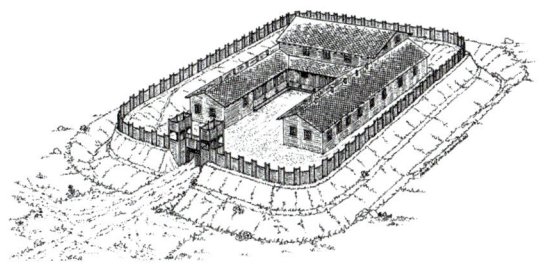

Abb. 51: Kemel, Kleinkastelle auf dem Pohl am Limes. Zeichnerische Rekonstruktion der älteren Schanze.

Etwas unterhalb von Kemel schwenkt der Limes nach Osten ab und schneidet bei Adolfseck die Aar. An der schlecht erhaltenen Trasse zeichnen sich die Turmstellen **WP 2/52** (Turmhügel von 20,6 m Durchmesser) und **WP 2/53** (Turmstelle mit Mauerwerk) noch als Schutthügel ab.

Im Aartal (Brücke am nördlichen Ortsrand) schützte das abgegangene **Kleinkastell Adolfseck** auf dem Hundsküppel zwischen Pohlbach im Norden und Bornbach im Süden den Flussübergang. Er wird nach den Resten eines Dammweges in der Wiese sowie Holzpfählen im Flussbett auf der Höhe des Kastells vermutet. Ein Doppelgraben umzog das 0,04 ha große Kleinkastell mit einem einzigen Zugang auf der Nordseite. 250 m nördlich davon hat sich westlich der Aar auf dem sog. ‚Justinusfelsen' bereits außerhalb des Imperiums ein römischer Soldat verewigt.

Abb. 52: Kleinkastell Adolfseck. Lage des Kleinkastells zwischen Pohl- und Bornbach östlich der Aar. Der westlich der Aar außerhalb des römischen Reichsgebietes gelegene Iustinusfelsen ist über einen Rundweg zu erreichen. Nach: Arch. Denkmäler in Hessen 165 (2005).

⋯⋗ *Am Bürgerhaus Adolfseck (Parkplatz, ab dort dem Hinweisschild ‚Justinus-Felsen' folgen) beginnt ein gut ausgeschilderter, 2 km langer Rundwanderweg zum Justinusfelsen, der zugleich weitere Geländedenkmale erschließt.*

Abb. 53: Die Inschrift des Soldaten IANVARIVS IVSTINVS war vielleicht schon in römischer Zeit der besseren Sichtbarkeit wegen mit roter Farbe ausgemalt. Nach: LfDH, April 2002.

75

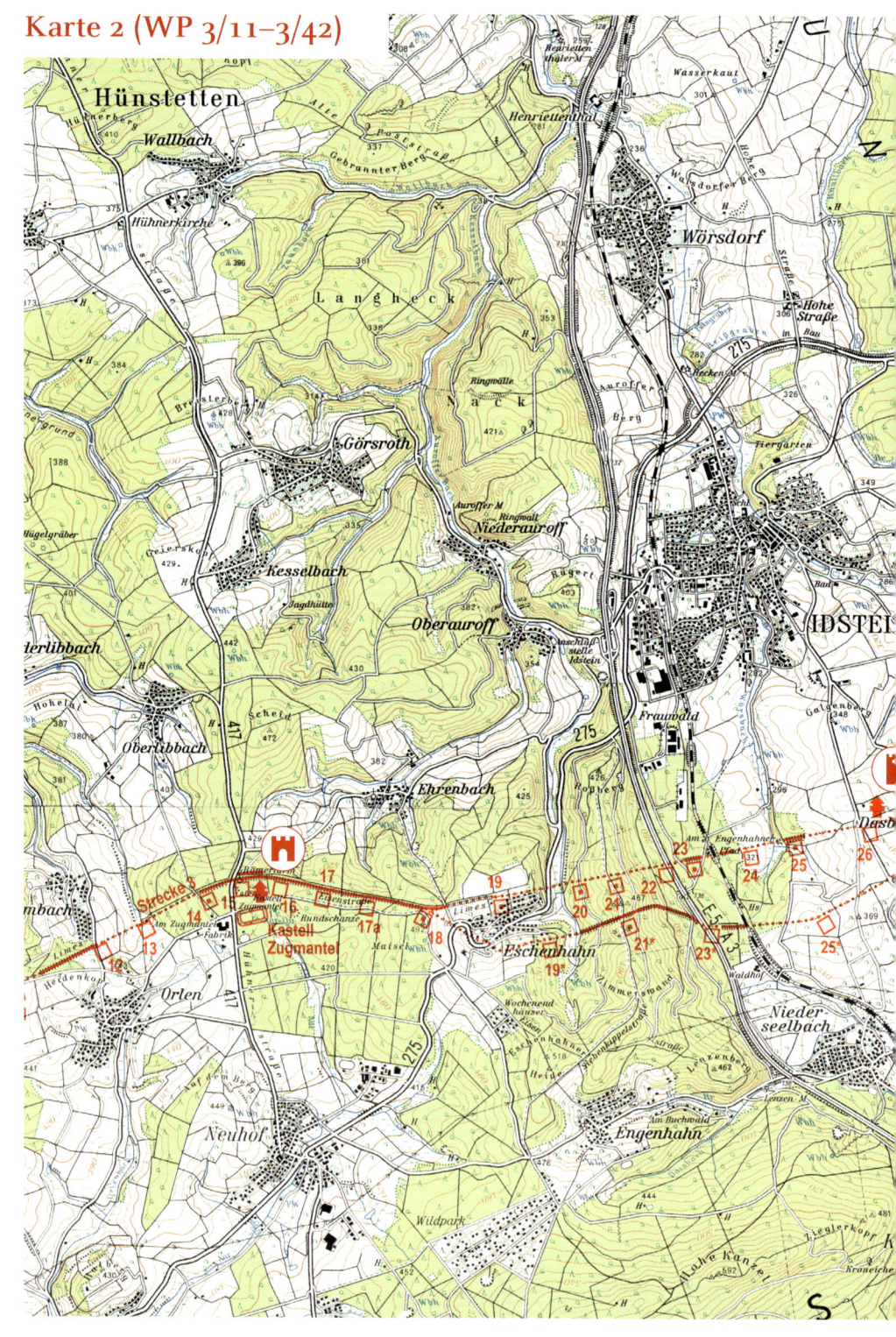

Karte 2 (WP 3/11–3/42)

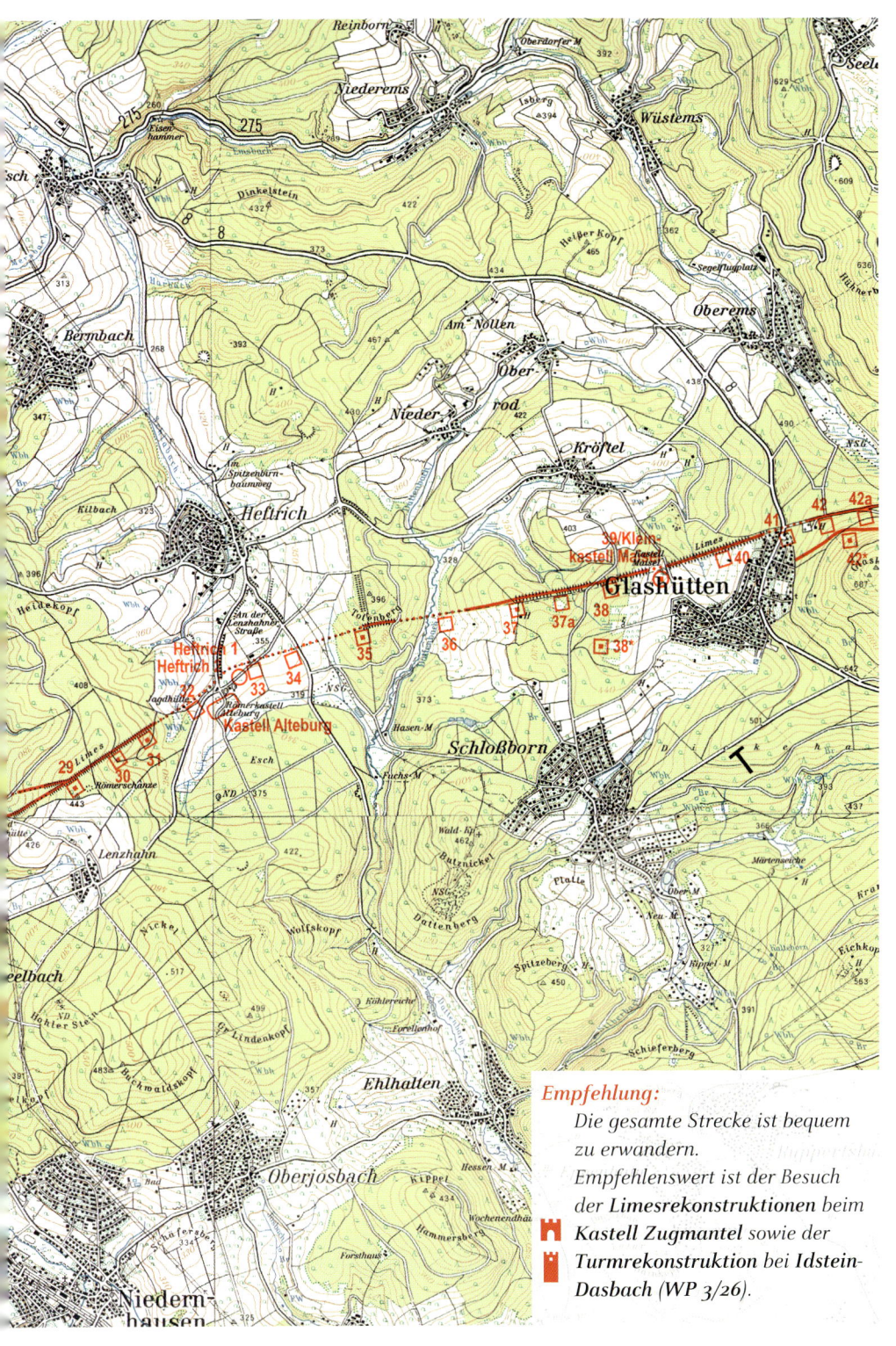

III STRECKENBESCHREIBUNG: DER LIMES IM WESTLICHEN TAUNUS

 Karte 2

Strecke 3:
Von der Aar bis zum Dattenbachtal

Im hochgelegenen, bewaldeten und von kleinen Bächen und Flüssen stark zergliedertem Hügelland östlich der Aar durchzieht die Trasse zahlreiche Täler. Hier beginnt mit Strecke 3 ein ebenfalls früh angelegter Limesabschnitt. Die anfangs deutlich dem Gelände angepasste Trasse ist im 2. Jahrhundert begradigt worden, und erst bei den **WP 3/38*** und **3/38** an der Eisenstraße treffen beide Linien wieder zusammen. Die beiderseits des Altweges durch geoelektrische Messungen neuerdings gesicherten Holz- bzw. Steinturmstellen folgten an dieser Stelle wohl nicht aufeinander, sondern gehören eher zur älteren bzw. jüngeren Limesphase und damit zu zwei Zeitabschnitten. Die zunächst mit Kleinkastellen nur lockere Überwachung wurde vermutlich seit dem späten 2. Jahrhundert zunehmend verdichtet.

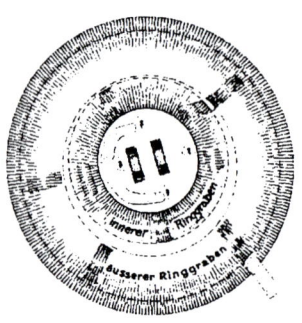

Auf der gesamten Strecke bis zum Kastell Zugmantel verläuft der Wanderweg nur zwischen dem vermuteten **WP 3/3** und der sich deutlich abzeichnenden Turmstelle **WP 3/4** südlich der Kreuzung K 687/700 parallel zum Limes. Etwa 500 m südlich davon findet man den schwer erkennbaren Holzturm **WP 3/4*** der älteren Trasse (eine Orientierungshilfe bietet der Sportplatz von Born westlich der K 700). Auch bei der nächsten Turmstelle **WP 3/5** nördlich des Weges sind der Schutthügel eines Steinturmes mit quadratischem Graben und südlich von ihm die Standspuren der älteren Anlage **WP 3/5*** mit mehreren Holztürmen erhalten. Den Kreisgraben des nördlichen, älteren Holzturmes mit vielleicht sogar zwei Bauphasen überlagert der Weg, während eine quadratische Einfassung den jüngeren Turm umgab.

Abb. 54: Turmstelle WP 3/4* Am Noll. Der Posten war von einem Doppelgraben mit 10,5 bzw. 18 m Durchmesser umgeben. Nach: ORL.

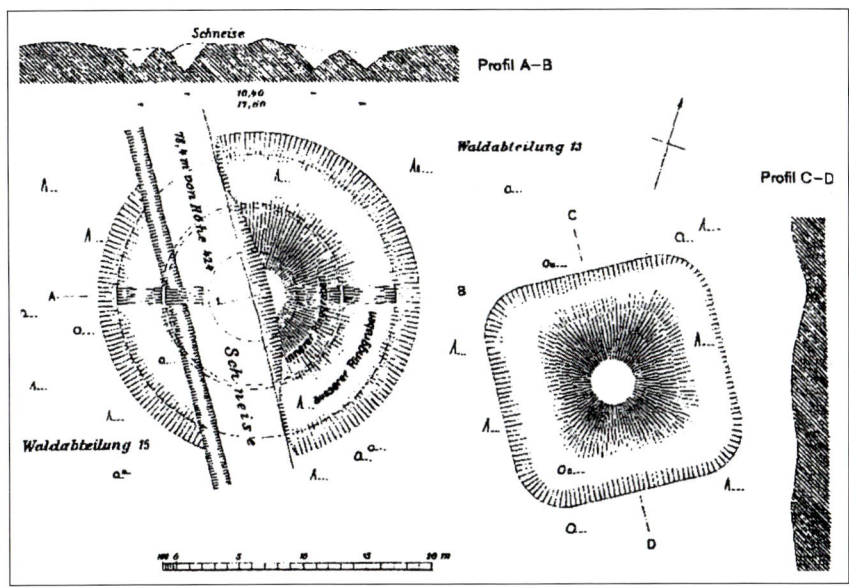

Abb. 55: Turmstelle WP 3/5* Auf dem Sangerts mit kreisförmigem Doppelgraben bzw. quadratischer Einfassung. Nach: ORL.

Bevor bis zum **WP 3/8** alle Spuren des Limes verschwinden, markiert oberhalb eines Waldtales der mit 22 m Durchmesser mächtige Schutthügel an dem als flache Mulde sichtbaren Wall unmittelbar westlich des Weges **WP 3/6**. **WP 3/7** kann nur ungefähr lokalisiert werden, und **WP 3/9** mit zwei Steintürmen von 3,5 bzw. 4 m Seitenlänge südlich von Hofgut Georgenthal ist in landwirtschaftlich genutztem Gelände weitgehend zerstört worden.

> ⇢ Im Hofgut Georgenthal bietet das Limes-Informationszentrum des Rheingau-Taunus-Kreises nicht nur im Hotel die Animation eines Limeswachtturmes, sondern in der Remise mit Abgüssen von wichtigen Steinen der Umgebung auch ein sehenswertes kleines Lapidarium. Ein Rundwanderweg von 5,2 km Länge erschließt vom Hofgut aus den Limes mit den **WP 3/8** und **3/11**.

Kurz vor der nord-südlich verlaufenden alten Höhenstraße, dem Ritterweg, werden auf knapp 350 m der Limeswall und der zu einer flachen Mulde verfüllte Graben erkennbar. Die Hügel der beiden Steintürme **WP 3/10** direkt an der Ritterstraße zeigen sich im lichten Hochwald ebenso deutlich wie der folgende **WP 3/11** an der Eisenstraße (Hinweisschild) mit einem *opus spicatum*-Mauerwerk.

III | STRECKENBESCHREIBUNG: DER LIMES IM WESTLICHEN TAUNUS

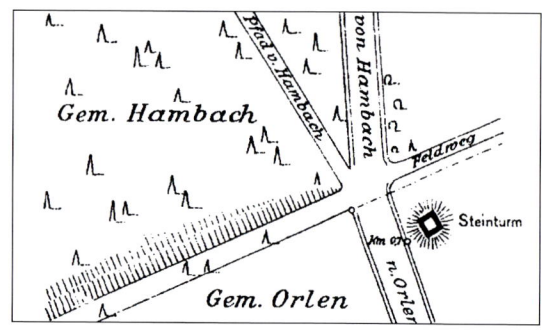

Abb. 56: Turmstelle WP 3/12 unmittelbar östlich der L 3470 Orlen-Hambach ist durch den Straßenbau zerstört worden. Wenige Meter daneben findet sich am Rundwanderweg eine Informationstafel. Nach: ORL.

Der nun leicht nach Norden ausgreifende Pfahl trennt östlich von **WP 3/12** – einer zerstörten Turmstelle unmittelbar an der L 3470 – die Gemarkungen von Orlen und Hambach. Östlich der Straße markiert auf den ersten 210 m ein Weg den Limesverlauf. Auch westlich von ihr ist der in eine Geländekante übergehende Wall mit vorgelagertem, bis zu 0,5 m tiefem Graben teilweise 1,5 m hoch erhalten. Der von Altgrabungen durchwühlte **WP 3/14** lässt sich bald darauf als Erhöhung dicht am Wall leicht auffinden. Nach den Pfostenstandspuren eines Holzvorgängers fällt hier der Verlauf von älterer und jüngerer Linie wieder zusammen.

Der weiterhin gut sichtbare Wall, über dessen verfülltem Graben der Wanderweg verläuft, verschwindet erst kurz vor der Hühnerstraße B 417, bei deren Begradigung 1966 die Fundamente von **WP 3/15** untersucht wurden. Der Turm von 6,3 x 6,3 m mit nur 0,65 m starker Mauer aus plattig gelegtem und vermörteltem grünlichem Schiefer brannte offensichtlich nieder.

Östlich der B 417 ist ein Limesabschnitt mit Turm, Palisade sowie Wall und Graben rekonstruiert worden. Diesen schon in römischer Zeit wichtigen Durchgang vom Rhein-Main-Gebiet in den fruchtbaren Goldenen Grund im Limburger Becken sperrte seit etwa 90 n. Chr. Kastell Zugmantel.

Abb. 57: Turmstelle WP 3/15 an der Hühnerstraße/B 47. Holzkohlereste und stark geröteter Lehm im Innenraum lassen darauf schließen, dass der mit 6,3 x 6,3 m ungewöhnlich große, von einem quadratischen Graben umgebene Turm niederbrannte. Nach: Schoppa, Fundber. Hessen 7, 1967, S. 80, Abb. 2.

Die nicht zum Limes, sondern nach Osten orientierte Garnison des später wohl zur *cohors I Treverorum equitata* umgeformten indigenen *numerus Treverorum* durchlief eine lange Entwicklung. Das erste Numeruskastell von 0,7 ha in Holzbauweise mit einfachem Spitzgraben und drei Toren – an der Westfront setzte der Graben zumindest nicht aus – wurde im frühen 2. Jahrhundert in gleicher Technik um wenigstens 0,4 ha nach Westen erweitert. Der Abschluss dieser leicht schmäleren und nicht ganz gerade verlaufenden Gräben fehlt. Obwohl geringe Spuren bei der älteren Anlage auf einen Eckturm weisen könnten, bleiben Tor- und Innenbauten beider Lager unbekannt. In der Mitte des 2. Jahrhunderts wurde das Kastell bei dem ersten Steinausbau erneut vergrößert (99 x 171 m, 1,7 ha). Der extrem gelängte, aber nicht sehr breite Grundriss mit auf der Ostseite kleineren Eckradien bleibt ungewöhnlich. Ein einfacher Graben setzte vor dem Südtor für eine Erdbrücke mit einem Holzgeländer aus. Obwohl die mit 1,25 m sehr schmale, trocken gesetzte Umfassungsmauer aus weichem Schieferbruchstein ohne Widerlager kaum sehr hoch gewesen sein wird, scheint der hölzerne Torbau an diesem Übergang große Ausmaße gehabt zu haben. Ein quadratisches Holzgerüst an der Nordmauer könnte für Zwischentürme sprechen. Zahlreiche Erdkeller im Innenbereich, für die sogar ein nichtmilitärischer Zusammenhang postuliert wurde, lassen keinen Bebauungsplan erkennen. Obwohl das Kastell im späten 2. Jahrhundert nach Norden, vor allem aber nach Süden zu einer Anlage von 124,5 x 171 m erweitert wurde, gehört es mit 2,1 ha Innenfläche zu den kleinsten Anlagen am obergermanischen Limes. Seine Mauern hat man 1778-80 beim Bau der Hühnerstraße ausgebrochen, denn damals sind „wohl an 2000 Karren grober Steine aus der Schanze geholt und zum Straßenbau

Kohortenkastell Zugmantel

Stadt Taunusstein, ST Orlen, Rheingau-Taunus-Kreis

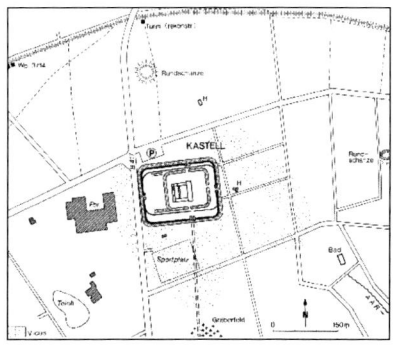

Abb. 58: Kastell Zugmantel. Kastellgrundriss nach RiH Abb. 479.

verwendet" worden. In der nun aus festem Quarzit errichteten mörtelgebundenen Mauer mit dahinter aufgeschüttetem Erdwall sollen die im Norden beiderseits, im Süden nur von innen verstärkten Ecken und Torlaibungen mit Sandsteinquadern gefasst gewesen sein. An ihrem Bau arbeitete nach sog. „Pedatura"-Steinen, die Bauabschnitte kennzeichneten, auf 72 Fuß Länge auch die Centurie des Leubaccus unter dem Kommando des *centurio* Crescentinius Respectus der 8. Legion aus Straßburg mit. Obwohl die Fundamentmauer am Südtor aussetzt und sich die Grundrisse der Torbauten nicht entsprechen, braucht das Aufgehende nicht zwingend unterschiedlich ausgesehen zu haben. Von den Innenbauten sind nur die *principia* ergraben. Den massiv aufgeführten Westteil mit zwei Höfen und rechteckigem, durch einen Anbau verstärkten Fahnenheiligtum schloss zum Haupttor hin eine Vorhalle aus Fachwerk ab, von der sich lediglich die Pfostenstandspuren zeigten. Nach der Aufgabe der *principia* wurde hier ein Backofen angelegt, dessen Boden von der *cohors IV Vindelicorum* gestempelte Ziegelplatten enthielt.

Den Bau dieser letzten Anlage datiert eine Inschrift *(murum a solo [re]fecit)* in das Jahr 223 n. Chr. Weil der Name von Kaiser Severus Alexander eradiert worden ist, muss der Denkstein zumindest einige Jahre an seinem ursprünglichen Aufstellungsort verblieben sein. Eine unter Maximinus Thrax (235–238 n. Chr.) ausgegebene Münze, die sich in der Südostecke des Kastells im Trockenmauerwerk eines nachträglich abgestützten Kellers fand, sowie Bruchstücke einer sekundär verbauten Ehreninschrift für diesen Kaiser lassen in den 40er-Jahren des 3. Jahrhunderts Reparaturen vermuten, die mit den energischen Maßnahmen des Herrschers zur Stabilisierung der Front zusammenhängen könnten. Das Kastell war bis in die Mitte des 3. Jahrhunderts besetzt.

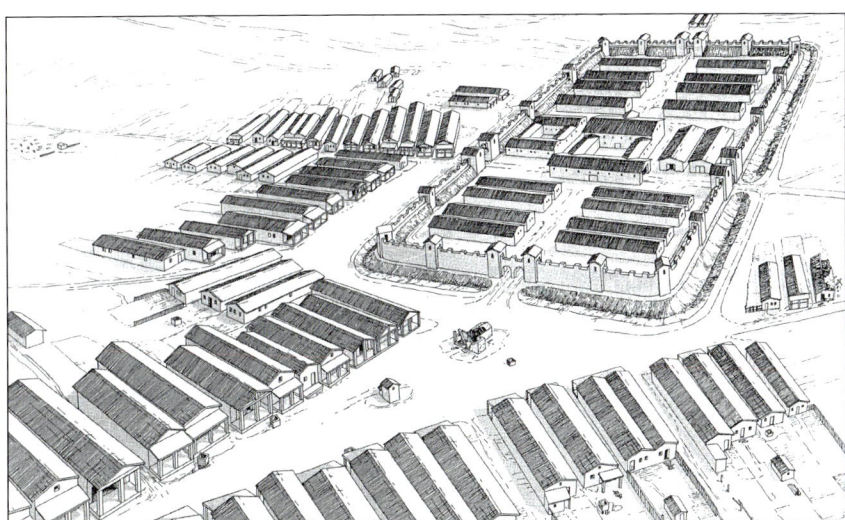

Abb. 59: Der Vicus des Kastells Zugmantel gehört bis heute zu den bestbekannten Lagerdörfern am obergermanischen Limes. Die zeichnerische Rekonstruktion lässt außer den typischen giebelständigen Streifenhäusern auch den dreieckigen „Marktplatz" vor der *porta praetoria* erkennen. Nach: Sommer, in: Fundber. Baden-Württemberg 13, 1988, S. 516, Abb. 12.

Zwei Amphitheater dienten bei Aufführungen zwar der Unterhaltung von Truppe und Vicusbewohnern, vermutlich aber auch der hier stationierten Kohorte als Übungsgelände und Paradegrund. Bei der Anlage an der B 417 sind die einander gegenüberliegenden Eingänge zu erkennen, während bei dem Theater am Galgenköppel, gut 300 m östlich des Haupttores, ein Umgang zwischen der von einer Holzschranke begrenzten Kampffläche und der die Zuschauerränge abschließenden Steinmauer nachgewiesen werden konnte.

Der Vicus des Kastells Zugmantel zwischen Haupttor und Aarequelle, wo auch das Kastellbad aus dem frühen 2. Jahrhundert stand, gehört bis heute zu den bestbekannten Lagerdörfern. Auf den annähernd gleich großen Parzellen wurde die typische Vicusbebauung aus langrechteckigen, giebelständigen Häusern mit unterkellertem Frontbereich beobachtet, an die sich im rückwärtigen Teil ein Hof- und Gartenareal oft mit Brunnen oder Zisternen anschloss. Davon ist heute im Gelände nichts mehr sichtbar. Trotz mehrfacher Brandkatastrophen endete die Besiedlung erst nach der Mitte des

Abb. 60: Kastell Zugmantel. Tonlampe in Form einer Maske.

Lit.: BAATZ, Limes, 120. – RiH 380 ff. und 501 ff. – L. JACOBI, Das Kastell Zugmantel. ORL Abt. B Nr. 8 (1909). – R. v. USLAR, Die germanische Keramik in den Kastellen Zugmantel und Saalburg, in: Saalburg-Jahrb. 8, 1934, 62 ff. – H. SCHÖNBERGER, Plan zu den Ausgrabungen am Kastell Zugmantel bis zum Jahre 1950, in: Saalburg-Jahrb. 10, 1951, 55 ff. – H. SCHOPPA, Zu ORL Strecke 3 Wachtposten 15, in: Fundber. Hessen 7, 1967, 78 ff. – DERS., Zugmantel, in: Aus Wiesbadens Vorzeit (1972), 35 ff. – D. BAATZ, Die gestempelten Ziegel aus dem Bad des Zugmantel-Kastells, in: Saalburg-Jahrb. 24, 1967, 40 ff. –K. LÖHBERG, Bericht über ein Bleirohr vom Zug-mantel-Kastell. Saalburg-Jahrb. 24, 1967, 75 ff. – J. WAHL, Gladiatoren-helm-Beschläge vom Limes, in: Germania 55, 1977, 108 ff. – F.-R. HERRMANN, Kastell Zugmantel und der Limes bei Orlen. Arch. Denkmäler Hessen 33 (1983). – C. S. SOMMER, Kastellvicus und Kastell. Untersuchungen zum Zugmantel im Taunus und zu den Kastellvici in Obergermanien und Raetien, in: Fundber. Baden-Württemberg 13, 1988, 457 ff. – Der römische Limes in Deutschland. Sonderh. d. Zeitschr. AiD (2000) 100 mit Abb. 93. – D. WALTER, ‚Germanenviertel' am Limes? Lagebeziehungen germanischer Siedlungen zu römischen Kastellen und Kastellvici, in: Limes Imperii Romani. Beiträge zum Fachkolloquium „Weltkulturerbe Limes" November 2001 in Lich-Arnsburg. Saalburg-Schr. 6 (2004), 127 ff. –M. SCHOLZ, Keramik und Geschichte des Kastells Kapersburg – eine Bestandsaufnahme. Saalburg-Jahr. 52/53, 2002/2003 (2005), 100 f.

3. Jahrhunderts, obwohl der Südvicus im späten 2. Jahrhundert nicht mehr bewohnt oder – vielleicht als Standort für Speicher – anders genutzt wurde. Ein dreieckiger Platz zwischen Lagerdorf und Kastell – möglicherweise mit einem zentralen Kultbau – diente wohl als Markt, weil der Handel mit dem Militär zu den wichtigsten Einnahmequellen der Vicus-Bewohner gehörte. Tempel für die im Osten beheimateten Götter Iupiter Dolichenus und Magna Mater, die den römischen Synkretismus auch für einen Militärplatz in einer nördlichen Provinz bezeugen, fanden sich unmittelbar vor der Nordost-Ecke des Kastells bzw. zwischen Lager und Limes. Die Fundamentmauern in *opus-spicatum*-Technik lassen die Nische für die Kultbilder erkennen.
Umfangreiches germanisches Fundmaterial der zweiten Hälfte des 2. Jahrhunderts verweist außerdem auf die Anwesenheit zahlreicher Germanen im Lagerdorf. Das Gräberfeld lag an der wichtigsten vom Südtor in das Rhein-Main-Gebiet führenden Straße.

→ *Funde: Saalburg-Museum.*
→ *Ein Rundwanderweg von 2,5 km Länge, der am Parkplatz des Naturparks Rhein-Taunus östlich der B 417 (Hühnerstraße) Wiesbaden-Limburg, 2 km nördlich von Taunusstein-Neuhof beginnt, erschließt Kastell, Bad, Rundschanzen und Limes. Vor allem die Umwehrung des Steinkastells ist als Erdwall oder stellenweise als Böschung gut sichtbar, und davor zeichnet sich als flache Mulde hin und wieder auch der Umfassungsgraben ab. Stichwege führen vom Limes oder dem Hauptweg aus zu dem gut sichtbaren Heiligtum nördlich des Kastells.*

Strecke 3: Von der Aar bis zum Dattenbachtal | III

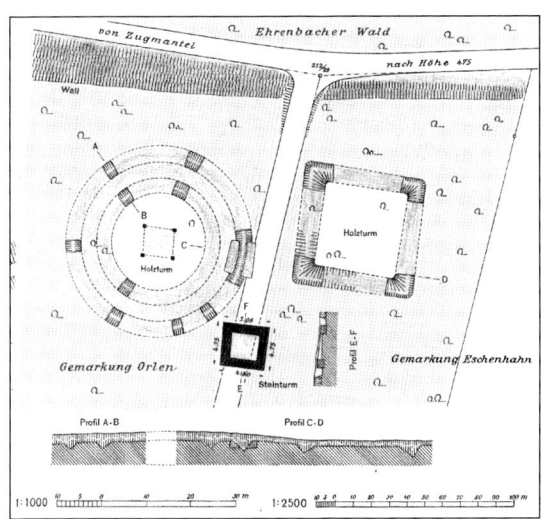

Abb. 61: WP 3/18 Alte Schanz mit einem Stein- und zwei Holztürmen. Nach: ORL.

Östlich von Kastell Zugmantel führt der über dem Graben liegende Wanderweg bis Eschenhahn erneut am gut erhaltenen Pfahl entlang. Nach den vermuteten Turmstellen **WP 3/16, 3/17** und **3/17a** bietet der nur schwach wahrnehmbare **WP 3/18** an beherrschender Stelle einen weiten Blick nach Osten. Auf die beiden älteren Holztürme mit rundem bzw. quadratischem Umfassungsgraben folgte ein Steinturm. An dieser Stelle trennen sich beide Linien erneut. Die begradigte jüngere Trasse läuft max. 750 m vor der älteren schnurgerade, von Straßen und Eisenbahnlinie aber mehrfach gestört durch die Idsteiner Senke. Der nördlich von Eschenhahn im Wald bis zu 1 m hohe Wall mit 0,5 m breitem Graben geht ab **WP 3/19** in einen Feldweg über und ist beiderseits der Bahngleise und sowie vor allem im Gerloher Wäldchen als bis zu 1 m tiefer Graben vor dem 25 m breiten und 2,5 m hohen Wall deutlich zu sehen.

Später liegt östlich von Dasbach auf 135 m Länge ein Feldweg über der Limestrasse, bevor ein weiterer Abschnitt vom Aufstieg zum Triangel bis zum Waldrand bei Heftrich erhalten blieb. Obwohl auf dieser Strecke größere Höhenunterschiede und zwei Bachläufe mehr überwunden werden mussten, war die 0,3 km kürzere Trasse übersichtlicher. Weil der Verzicht auf das vor dem Pfahl abfallende Gelände zugleich die Aufgabe der verteidigungstechnisch besseren Position bedeutete, können solche Überlegungen beim Ausfluchten der Strecke nicht mehr relevant gewesen sein. Die ältere, kleinere Bachläufe meidende Linie verlief so, dass sich das Vorfeld der

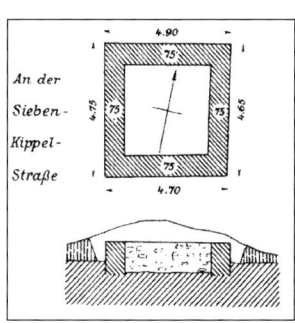

Abb. 62: WP 3/21 An der Siebenkippelstraße. Grundriss und Profil des Steinturmes nach ORL.

Grenze möglichst absenkte. Sie ist vor Dasbach unter der K 711 bzw. einer sich gerade fortsetzenden, 1 m hohen Böschung sowie als 2 m hoher Wall zwischen dem Auroffer Bach und der Bahnstrecke erhalten. Diese kurvenreiche, 6,7 km lange Strecke mit den bekannten **WP 3/19***, **3/21*** und **3/23*** schien als natürliche Einfallpforte nach Wiesbaden besonders gefährdet und ist daher bereits im frühen 2. Jahrhundert statt der Palisade mit einem Wall-Graben-System verstärkt worden, obwohl die Altwege damals auf den gemäßigten Höhen beiderseits des Talgrundes verliefen. Eine ähnliche Sperre aus dem späten 1./frühen 2. Jahrhundert kennt man aus dem Lautertal bei Kirchheim/Teck, wo die Grenze zwischen den Provinzen *Germania Superior* und *Raetia* nicht gegen eine Bedrohung von außen, sondern gegen unkontrollierten Warenschmuggel zu sichern war.

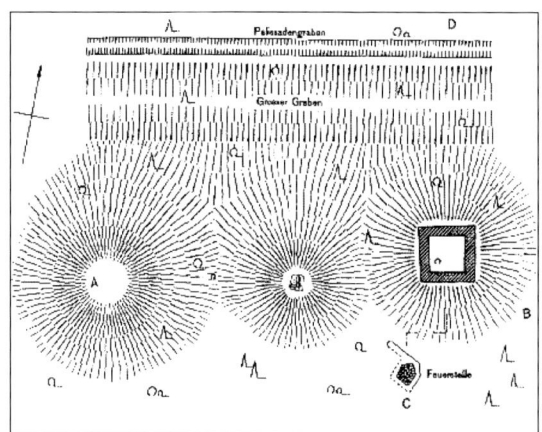

Abb. 63: WP 3/23. An der Turmstelle zeigten sich außer den Fundamenten des Steinturmes und einem Kochplatz „weitere Bauwerke". Nach: ORL.

Lit.: W. SCHMIDT, Wiederaufbau eines römischen Wachturmes (WP 3/26) bei Idstein-Dasbach. HessenArch. 2001 (2002), 103 ff. – E. LÖHNING, Zum Limesverlauf bei Idstein-Dasbach. HessenArch. 2001 (2002), 102 ff.

Am Wanderweg ist die Holzturmstelle von **WP 3/21*** (Sockelgeschoss aus Trockenmauerwerk mit Eckpfosten) anhand alter Grabungsspuren zu lokalisieren (→ Abb. 28). Bis zur Autobahnunterführung bleibt der Weg im verfüllten Grabenbereich neben dem sichtbaren Wall. **WP 3/23*** mit einem Kreisgraben hinter einem Walldurchlass wurde vor dem Verlegen der ICE-Trasse nachuntersucht.

An der jüngeren Trasse, die der Wanderweg erst bei **WP 3/23** schneidet, bezeichnen kleine Erdhügel mit umherliegenden Steinen die Turmstellen **WP 3/20–3/23** von je etwa 4–4,5 m Seitenlänge. Bei **WP 3/23** fanden sich außerdem ein gepflasterter Kochplatz sowie ein weiterer, nicht näher bestimmter Bau. Nach dem vermuteten **WP 3/24** weist der Abraumhügel neben **WP 3/25** auf die Grabungstätigkeit der

RLK. **WP 3/26** an einem mit 359 m ü. NN hochgelegenen Punkt bot nicht nur einen weiten Blick über das Vorland, sondern auch über den Limes: Nach Osten war er bis zum **WP 3/29**, nach Westen bis zum Posten **WP 3/21** einsehbar. Das 1856 noch mehr als einen Fuß hoch erhaltene Mauerwerk wurde in den folgenden Jahren für den Straßenbau verwendet, so dass schon die RLK nur noch Ausbruchgruben vorfand. Bei der Rekonstruktion eines Limeswachtturmes in seiner Nähe, der bis auf den ebenerdig gelegenen Eingang den heutigen wissenschaftlichen Kenntnissen entspricht, wurde der Limes auf 25 m nochmals untersucht. Vermutlich wegen der Geländebeschaffenheit war die nördliche Grabenseite dort deutlich steiler geböscht als die Südseite.

Erst bei **WP 3/29** mit einer Holz- und einer Steinturmstelle, wo die jüngere Trasse mit spitzem Winkel deutlich erkennbar auf den gerade durchlaufenden älteren Pfahl stößt, treffen beide Linien wieder zusammen. Von dem Holzturm mit quadratischem Graben zeugen Pfostenlöcher, während Steinschutt den Standort des jüngeren Turmes markiert. Die bislang als kurzfristig besetztes Kleinkastell bezeichnete Einfriedung ‚Eichelgarten' 150 m hinter dem Limes am Waldsaum muss als forstwirtschaftliche Eichenhege aus der Reihe der militärischen Posten entfallen.

An der im Wald auf den folgenden 900 m wieder gut erhaltenen, schnurgerade verlaufenden jüngeren Trasse lassen sich weiter östlich die Turmstellen **WP 3/30** und **3/31** problemlos auffinden. Ein Hügel unweit dieses Postens enthält Reste eines Steinbaus (7,2 x 6 m) mit nur 0,5 m starken Außenmauern. Da ab hier bis Heftrich Holzturmstellen fehlen, muss die ältere Linie einen anderen, bislang unbekannten Verlauf genommen haben. Der Wanderweg umgeht die Stelle des vermuteten **WP 3/32** und führt direkt zum Kastell Alteburg, wo bis heute im Juni, Juli und August unter einer Lindengruppe der berühmte Alteburger Markt stattfindet. Die im Mittelalter noch sichtbaren Überreste nutzte der Einsiedler Walther 1178 zum Bau seiner Klause und unweit davon einer Kilianskapelle.

Karte 3

Numeruskastell Alteburg
Stadt Idstein, OT Heftrich, Rheingau-Taunus-Kreis

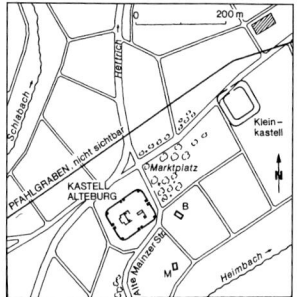

Abb. 64: Alteburg bei Heftrich. Lage von Kastell und den beiden Schanzen. Nach: RiH Abb. 285.

Das in der Mitte des 2. Jahrhunderts erbaute Lager sicherte wie zwei vorausgehende, aber nur durch Luftbilder bekannte Holz-Erde-Schanzen (eine davon mit Schutzgraben) an einem Limesdurchlass Routen in das Lahngebiet, die bereits in vorrömischer Zeit über Naurod, Niedernhausen, Lenzhahn, Heftrich und Esch durch den Goldenen Grund und das Emsbachtal bzw. am **WP 3/30** vorbei über den ‚Försterweg' führten. Die Mauern des nach Osten ausgerichteten, 0,7 ha großen Steinkastells mit einem Graben, der sich auf der Ostseite als flache Mulde abzeichnet, liegen geländebedingt unter einer bis zu 1,5 m hohen Böschung. Trotz des fast vollständigen Mauerausbruchs konnten Tore mit flankierenden Türmen, Ecktürme, große Teile des Mittelgebäudes und ein Steinbau in der Praetentura erfasst werden. Einige Besonderheiten des Stabsgebäudes gehen wohl auf seine mittelalterliche Nutzung zurück.

In dem Kastell lag bis zur Aufgabe der rechtsrheinischen Gebiete der *numerus Cattharensium*, der seinem Namen nach aus Angehörigen des chattischen Stammes gebildet worden sein könnte. Die aus eigentümlichem Ton gefertigten Ziegel mit ihrem Namen brannte die Einheit vor Ort wohl

Abb. 65: Heftrich, Kastell Alteburg. Die emailleverzierte Siegelkapsel (5,5 x 2,5 cm) gehört zu den zahlreichen Bronzefunden aus dem Vicus.

selbst. Außerdem sind zwei Veteranen namentlich bekannt: Finitius Fidelis weihte 225 n. Chr. in Mainz-Kastel auf eigenem Grund und Boden Iupiter und Iuno einen Altar, und ein *circitor* (Unteroffizier) der Truppe bestattete seine Frau im frühen 3. Jahrhundert in Mainz.

Im Vicus, der sich südlich und östlich des Kastells erstreckt, lag auch das Bad. Die Bezeichnung eines Steingebäudes südlich davon als Mithrastempel bleibt wegen der starken Zerstörung jedoch unsicher. Das reiche Fundmaterial aus dem Lagerdorf enthielt überraschend qualitätvolle Bronzen.

→ *Funde: Römerkastell Saalburg – Archäologischer Park, Bad Homburg v. d. H.*

Lit.: BAATZ, Limes, 124. – L. JACOBI, Das Kastell Alteburg-Heftrich. ORL Abt. B Nr. 9 (1904).

Östlich von Kastell Alteburg zieht der Limes zum Totenberg hinauf, wo **WP 3/35** beim Wegebau zerstört wurde. Auf der Höhe zeichnet sich der Pfahlgraben 75 m weit ab, bevor er im Steilabfall zum Dattenbachtal verschwindet. Hier markieren nur schwache Spuren am Waldrand sowohl den einstigen Grenzverlauf wie die heutige Gemarkungsgrenze. Östlich von Maisel ist der Wall dann wieder als deutliche Bodenwelle im Wiesengelände recht gut erhalten. Auf den letzten 110 m vor der B 8 fallen Limes und Bebauungsgrenze zusammen. Der Wanderweg entfernt sich hier nur an wenigen Stellen von der Limesstrasse und führt zumeist über die Wallkrone oder über den verfüllten Graben. Er endet am Ortsrand von Glashütten.

An der Strecke wird **WP 3/36** nach „viel Brandschutt" vermutet, während bei **WP 3/37** unmittelbar am Weg ein Turm mit 4 m Seitenlänge und 0,7 m breiten Mauern lokalisiert worden ist. **WP 3/37a** könnte eine kleine Erhebung zwischen zwei in den Dattenbach entwässernden Bachläufen eingenommen haben. Das 0,8 m breite Mauerwerk von **WP 3/38** war auf der Südseite bis zu 1 m hoch erhalten. Etwa 600 m südlich dieser Turmstelle bezeichnet der schwer auffindbare Posten **WP 3/38*** mit konzentrischem Doppelgraben den Verlauf der dem Gelände angepassten, hier aber unkenntlichen älteren Palisadentrasse. Weiter östlich markiert eine Baumgruppe den Standort von Kleinkastell Maisel.

Karte 3 (WP 3/40–4/11)

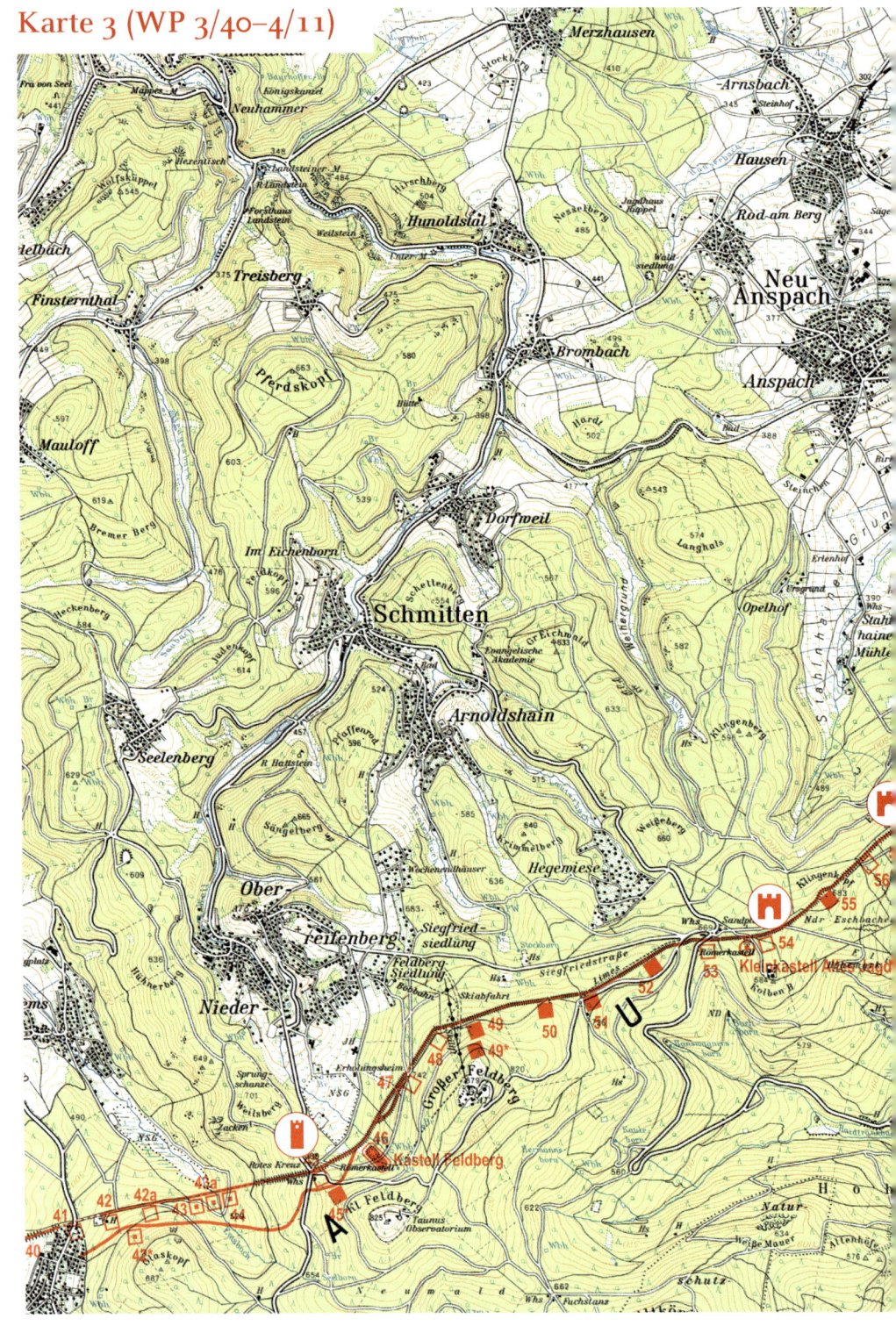

Empfehlung:
Die gesamte Strecke ist bequem zu erwandern und bietet mit **Holz- und Steinturmstellen**, **Kleinkastellen** sowie **Lagern** gut konservierte Denkmäler.
Konservierte Kastellanlage: **Kapersburg**
Unbedingt aufgesucht werden sollten: **WP 43a Pfeilerbau** im Emsbachtal; **Holzturmstelle** Rotes Kreuz WP 3/45*; **Kleinkastelle Altes Jagdhaus** und **Heidenstock**; **Feldbergkastell** sowie das **Saalburg-Kastell** – Archäologischer Park mit seinem **Museum**.

Kleinkastell Maisel
Gde. Glashütten

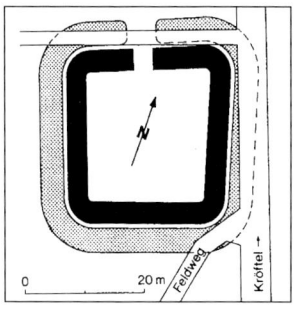

Abb. 66: Kleinkastell Maisel bei Glashütten. Kastellgrundriss nach RiH Abb. 334.

Lit.: ORL Abt A, Strecke 3, 95 f. mit Taf. 6, Fig. 7 (Fabricius).

Das 0,07 ha große, nicht ganz quadratische Steinkastell mit stellenweise erkennbarer Umwehrung richtete sein einziges, leicht aus der Mitte nach Westen verschobenes Tor zum Limes. Die trocken gesetzte Umfassungsmauer aus sorgfältig zugerichteten Grauwackesteinen besaß eine Hinterfüllung aus kleinem Stein- und Schottermaterial. Zwischen der unverputzten Mauer und dem 3,7 m breiten, 1,2 m tief ausgehobenen Spitzgraben war die knapp 1 m breite Berme mit Letten und Geröllsteinen befestigt worden. Im Innenraum fanden sich Reste von Kochstellen sowie eine Heizanlage, in der man einen Stempel der 22. Legion verbaut hatte. Die Garnison auf dem Rücken eines nordwärts streichenden Höhenzuges ersetzte wohl seit dem späteren 2. Jahrhundert den Wachtposten **WP 3/39**.

→ *Das Kastell kann von einem bei Glashütten an der B 8 gelegenen Parkplatz aus leicht aufgesucht werden.*

Der Limes im Hochtaunus (Hochtaunuskreis)

Übersicht

Östlich von Glashütten liegt der Wanderweg über dem verfüllten Limesgraben. Vom Nordhang des Glaskopfes in das steil eingeschnittene Emsbachtal abfallend, zieht der Pfahl dann schnurgerade zum höchsten Punkt der gesamten Trasse am Feldberg hinauf und umgeht dort die Bergkuppe im Norden, bevor er auf den Taunuskamm einschwenkt. In den Wäldern haben sich Wall und Graben durchweg hervorragend erhalten und sind auf dem gepflegten, an der Trasse liegenden Wanderweg bequem zu erreichen.

Parkplätze an der B 8 bei Glashütten, der L 3025 am ‚Roten Kreuz' unterhalb des Feldberges sowie der L 3004 am ‚Sandplacken' dienen als Ausgangspunkt für das abschnittsweise Begehen dieser Strecke.

Strecke 3:
Von Glashütten bis zum Köpperner Tal

An den vermuteten WP 3/40 und 41 sowie 3/42 vorbei zieht der Pfahl – vom Wanderweg im Grabenbereich begleitet – durch den Wald, wo er sich als Böschung oder leichte Erhöhung gut abzeichnet. Die ältere Linie hatte das Emstal mit einem zur Feindseite hin abfallenden Vorfeld bogenförmig umzogen. Dieser strategische Vorteil wurde bei der Anlage der von den Turmstellen aus nun leichter überwachbaren jüngeren Trasse zwischen den WP 3/42 – 3/45 aufgegeben. WP 3/42* an der älteren Linie war auf einer dafür geschotterten Fläche am Nordhang des Glaskopfes zunächst aus Holz mit Kreisgraben erbaut worden, den ein jüngerer Turm mit quadratischem Graben ersetzte. Die abknickende Palisade verläuft hart am Grabenrand des nicht mehr genutzten östlichen Turmes.

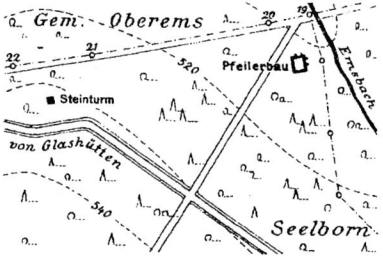

Über dem steilen Emsbachtal liegt auf einem natürlich geschützten Vorsprung neben einem Rastplatz der zwar stark zerwühlte, aber gut sichtbare Steinturm WP 3/43. Der wohl spät errichtete, 10 x 8 m große Bau WP 3/43a auf der Talsohle an einem Steg über den Emsbach muss nach Pfeilervorlagen an Nord- und Ostseite sowie den breiten, massiven Bruchsteinfundamenten mit glatter Außenfläche mehrstöckig gewesen sein und den Funden nach eine besondere militärische Bedeutung besessen haben. Vermutlich ersetzte er die benachbarten Türme. WP 3/44 etwa 300 m oberhalb liegt zwar abseits des offiziell ausgewiesenen Fuß-/Radweges, ist über einen kleinen Pfad aber leicht zugänglich und im lichten Wald als Hügel auszumachen.

Nach einem steilen Aufstieg – auf 920 m Länge ist ein Höhenunterschied von 185 m zu überwinden – wird das ‚Rote Kreuz' erreicht, wo Wall und Graben die L 3025 schneiden. Eine kleine Tafel erinnert an den

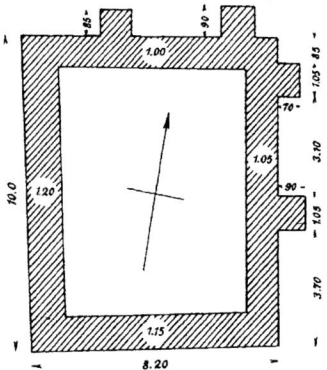

Abb. 67: WP 3/43a. Pfeilerbau im Emsbachtal. Grundriss nach ORL.

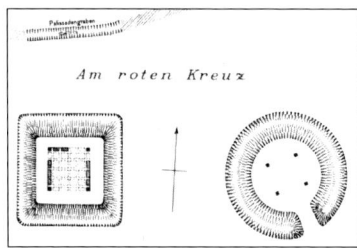

Abb. 68: WP 3/45*. ‚Rotes Kreuz' an der älteren Limestrasse mit zwei Holzturmstellen. Nach: ORL.

hier beim Straßenbau zerstörten Steinturm **WP 3/45** (4,5 × 4,5 m). 150 m weiter südlich findet man im Wald jenseits des Feldbergzubringers die Holztürme **WP 3/45***. Während der Kreisgraben des östlichen Turmes, von dem sich auf einer eingeebneten Fläche die Standspuren der vier Eckpfosten ausmachen lassen, vor dem vermuteten Zugang aussetzt, besaß der quadratisch eingefasste zweite Turm ein durch Balkenzüge verstärktes Sockelgeschoss aus Trockenmauerwerk. Die davor auf einem kurzen Abschnitt untersuchte Palisade zielte auf das zum Limes ausgerichtete Feldbergkastell, wo beide Trassen zusammentrafen.

Numeruskastell Feldberg
Gde. Schmitten, Hochtaunuskreis

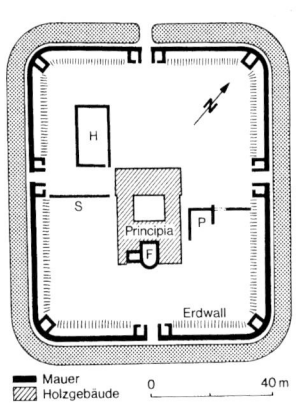

Abb. 69: Feldberg/Taunus. Grundriss des höchstgelegenen Kastells. Nach: RiH, Abb. 196.

Das 0,7 ha große Lager aus der Mitte des 2. Jahrhunderts blieb bis zum Rückzug vom Limes besetzt. Seine Lage abseits der über den Pass am ‚Roten Kreuz' verlaufenden Durchgangsstrecke war vielleicht nicht nur durch die Wasserversorgung aus der nahen Weilquelle bedingt, sondern auch durch eine direkte Verbindung nach Heddernheim, die über eine Stichstraße vom rückwärtigen Tor zum 750 m entfernten **WP 3/47** verlief.
Außer der Kastellmauer mit Tor- und Ecktürmen sind nur die aufgemauerte Apsis des Fahnenheiligtums mit einem südwestlich angrenzenden beheizbaren Raum, einzelne Mauerzüge des benachbarten *praetorium* und ein Speicher in der Praetentura erhalten. Die Umfassungsmauer zeigte in den untersten Schichten gutes Mauerwerk aus ausgesuchten, großen Quarzitsteinen, und die schiefergedeckten Türme besaßen über festgestampftem Lehm einen Bodenbelag aus unregelmäßigen Quarzitplatten. Die übrige Fachwerkbebauung war nach einer starken Brandschuttschicht im Innenraum wohl zerstört worden. Die hier stationierte *exploratio Halicanensium Alexandriana*, eine teilweise berittene Aufklärungsabteilung in Numerusstärke

von 150-200 Mann, kam ursprünglich wohl aus *Halica* (Ungarn). Sie hatte über einem Kastelltor eine Ehreninschrift für Kaiser Caracalla anbringen lassen, deren Bronzebuchstaben sich im Schutzgraben fanden.
Während vom Kastelldorf trotz des Fundes eines Marsreliefs in einem Vicus-Keller alle Spuren fehlen, ist das im Volksmund ‚Heidenkirche' genannte Kastellbad zwischen Garnison und Limes inzwischen konserviert worden. Der Blockbau verfügte mit Kalt-, Lau- und Heißbad über alle notwendigen Räume. Nur das Apodyterium war in Fachwerk aufgeführt worden. Nach der Ermordung von Severus Alexander und seiner Mutter Iulia Mammaea wurde ein die Kaisermutter als *mater castrorum* (Mutter der Lager) feiernder, ursprünglich wohl in den *principia* aufgestellter Stein als Schwelle im Bad sekundär verbaut.

→ *Funde: Römerkastell Saalburg – Archäologischer Park, Bad Homburg v. d. H.*

→ *Das höchstgelegene Kastell (700 m) des gesamten Limes ist gut restauriert und heute Ausgangspunkt eines bequemen Rundwanderweges (2,4 km Länge). Auch die westlich der L 3025 im Emsbachtal gelegenen Türme sowie das Gebäude in der Emsbachschlucht lassen sich von diesen Parkplätzen aus erwandern. Busverbindungen bestehen von Königstein-Usingen bzw. Königstein-Oberursel-Hohemark aus.*

Lit.: L. JACOBI, Das Kastell Feldberg. ORL Abt. B Nr. 10 (1905; Nachdr. 1985). – DERS., Kastell Feldberg. Die Ausgrabungen. Saalburg-Jahrb. 7, 1930, 79 ff. – A. L. BUSCH, Die römerzeitlichen Schuh- und Lederfunde der Kastelle Saalburg, Zugmantel und Kleiner Feldberg, in: Saalburg-Jahrb. 22, 1965, 206 ff. – A. BÖHME, Die Fibeln des Kastells Zugmantel, in: Saalburg-Jahrb. 31, 1974, 5 ff. – H. HÜSER, Wärmetechnische Messungen an einer Hypokaustheizung in der Saalburg, in: Saalburg-Jahrb. 36, 1979, 12 ff. – S. SOPRONI, Municipium Halicanum. Folia Arch. 3, 1979, 91 ff. – E. HOLLSTEIN, Mitteleuropäische Eichenchronologie (1980), 116. – U. EHMIG, Die Amphoren vom Kastell Kleiner Feldberg, in: Saalburg-Jahrb. 51, 2001, 37 ff. – TH. RICHTER, Der Limeserlebnispfad Hochtaunus. Ein Projekt zur Aufwertung des römischen Erbes im Taunus. Jahrb. Hochtaunuskreis 2003, 30 ff. – E. LÖHNIG/E. SCHALLMAYER, Sanierungsmaßnahmen im Feldberg-Kastell. HessenArch. 2004 (2005) 93 ff. – E. LÖHNIG/P. KNIERRIEM, Die Heidenkirche am Feldberg-Kastell, in: HessenArch. 2005 (2006) 80 ff. – D. BAATZ, Bemerkungen zur Limespalisade, in: A. THIEL (Hrsg.), Neue Forschungen zum Limes. Limesschr. 3 (2008) 93 ff.

Südlich des Feldbergkastells liegt eine im Hochwald als flacher Damm gut sichtbare, interessante Limesstelle mit doppelter Sperre. Weil sowohl die bogenförmig geführte hintere wie die gerade verlaufende vordere Trasse Palisade, Wall und Graben besitzen, argumentierte E. Fabricius, dass „zu der Zeit dieser Grenzregulierung die Palisade noch einen notwendigen Bestandteil des Limesabschlusses bildete". Eine dringend notwendige exakte Datierung der Ab-

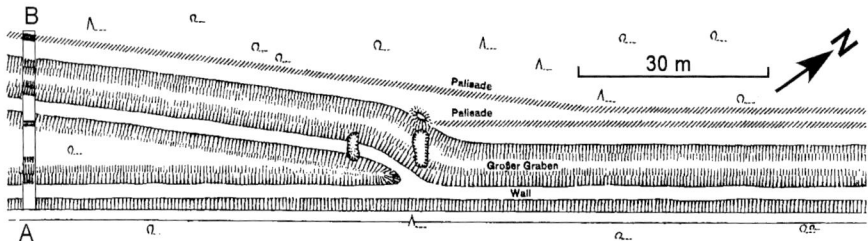

Abb. 70: Limesverdoppelung ‚Im Scharwald' unterhalb des Feldbergkastells. Die Wälle lassen sich im Gelände bis heute erkennen. Nach: Baatz, Limespalisade, Abb. 5.

folge dieser beiden Sperren mittels Dendrodaten müsste in dem recht feuchten Quellgebiet der Weil noch möglich sein. Erst weiter östlich im Teufelsquartier am Nordhang des Feldberges fand sich bei **WP 3/49*** nur die Palisade, bei **WP 3/49** an der jüngeren Linie dagegen auch Wall und Graben.

Der gut erhaltene Limes zieht auf dem Gebirgskamm weiter nach Osten. Trotzdem konnten gerade an diesem Abschnitt keine Turmstellen nachgewiesen werden. Bei **WP 3/49** sind am Feldberg neben der ehemaligen Bobbahn mit 75 m Abstand zum Pfahl weit hinter der Grenze die Steinfundamente eines Turmes mit 4,5 m Seitenlänge zu besichtigen. Ein Trampelpfad führt weiter hinauf zu dem höchstgelegenen Wachtposten des gesamten Limes, **WP 3/49*** an der älteren Trasse. Von hier muss die Aussicht nach Osten bis zum **WP 3/52** gereicht haben. Innerhalb des von einer Erdbrücke unterbrochenen Kreisgrabens zeichnen sich auf teils abgetragenem, teils aufgeschüttetem Gelände die Standspuren der vier massiven Eckpfosten ab. Auch das Fundament des nächsten Turmes **WP 3/50** mit 4,2 m Seitenlänge oberhalb des Ehrenmales des Taunusklubs 700 m hinter dem Limes ist konserviert. Er bot früher wohl ebenfalls einen guten Blick über das Vorgelände. Diese beiden Türme standen geländebedingt diagonal zum Pfahl. An der vom Gebirgskamm zum Übergang am Sandplacken abfallenden Trasse blieb der Wall außerordentlich hoch erhalten, so dass die Differenz zwischen Grabensohle und Wallkrone bis zu 3 m betragen kann.

Die quadratischen Fundamente von 4,4 bzw. 5,5 m Länge des nächsten Postens **WP 3/51** mit zwei Steintürmen lassen sich trotz ihrer teilweisen Zerstörung beim Bau der L 3024 unter dem Grasbewuchs in der Straßenbiegung leicht ausmachen. Der anfangs noch schlecht sichtbare Pfahl wird am Abhang des Mittelberges wieder deutlicher. An der durchgängig genutzten Trasse liegen bei **WP 3/52** Holz- und

Strecke 3: Von Glashütten bis zum Köpperner Tal | III

Abb. 71: Feldbergkastell. Blick zur *porta praetoria*.

Steinturm nebeneinander. Das quadratische, heute restaurierte Fundament des Steinturmes mit 4,6 m langen Seiten aus unterschiedlich großen Bruchsteinen war 1,5 – 1,8 m hoch erhalten und besaß im Untergeschoss keinen Zugang. Wenig nördlich davon bezeichnen alte Grabungsspuren die Holzturmstelle, deren ringförmigen Graben ohne erkennbaren Zugang der Limeswall überlagert.

⋯⋗ *Parkplätze an der L 3004 am Sandplacken bieten gute Ausgangsmöglichkeiten für Limeswanderungen nach Westen zum Feldbergkastell sowie nach Osten zur Saalburg. Der Wanderweg verläuft auf der gesamten Strecke parallel zum Pfahl, so dass er hier nicht extra beschrieben werden muss.*

Vom Sandplacken an folgt die vielfach gebrochene Trasse meist dem Taunushauptkamm, dessen Felskuppen (Klingen- und Eichkopf, Rosskopf, Kieshübel, Hollerkopf) bevorzugt als Turmstellen dienten, auch wenn dabei manche Erhebung im Vorgelände verblieb (Einsiedler) oder Abschnitte sogar unterhalb des Kammes auf der Südseite des Gebirges liegen (Einsiedel). Der hier über dem Tonschiefer anstehende harte Quarzit beeinflusste offenkundig auch die Bauweise der Grenzsperre.

Der Sandplacken verband Heidetränk- und Urselbachtäler mit dem Lahngebiet. Auf der Höhe des Passweges wird daher **WP 3/53** vermutet. Etwas südwestlich vom Gasthaus liegt an der alten ‚Kanonenstraße' das Kleinkastell Altes Jagdhaus.

Kleinkastell Altes Jagdhaus
Gde. Oberursel, Hochtaunuskreis

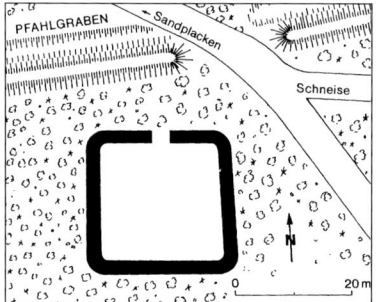

Abb. 72: Kleinkastell Altes Jagdhaus an einem Limesdurchlass. Im Grundriss ist der unterbrochene Pfahl gut zu erkennen. Die Fundamente des Jagdhauses aus dem 16. Jh. sind nicht eingezeichnet. Nach: RiH Abb. 339.

Seinen Namen verdankt das Kleinkastell dem im 16. Jahrhundert innerhalb der nicht ganz quadratischen Umwehrung errichteten Jagdhaus. Größere Eckblöcke stabilisierten die Trockenmauer aus Quarzitbruchsteinen, die in durchlaufenden Schichten meist binderartig versetzt waren. Die Innenbebauung der Anlage mit abgerundeten Ecken bleibt unbekannt. Wahrscheinlich wurde die mit ihrem 3,3 m breiten Eingang zum Limes ausgerichtete Garnison ohne Schutzgraben erst im 2. Jahrhundert angelegt und von Soldaten der Saalburg besetzt.

Lit.: ORL Abt. A II, 1, 116. – Saalburg-Jahrb. 2, 1911, 56 ff. (Die Ausgrabungen: Kastell Feldberg). – E. G. Steinmetz, Gaue und Waldmarken des Taunus in ihren Beziehungen zm Pfahlgraben, in: Saalburg-Jahrb. 7, 1930, 214, Anm. 180.

Östlich des Kleinkastells ist der zunächst abgeflachte Wall mit dem verfüllten Graben und teilweise dem Palisadengräbchen wieder deutlich erkennbar. Obwohl der Wanderweg hier auf einer kurzen Strecke nördlich des Limes verläuft, sollte man dem Wall durch den Wald folgen, wo neuzeitliche Grenzsteine von 1829 auf der Wallkrone die hier aneinandergrenzenden Gemeindewälder des Herzogtums Nassau, des Großherzogtums Hessen/Nieder-Eschbach und Kurhessens markieren, zu dem Praunheim bis 1866 gehörte.

Am Aufstieg zum Klingen- oder Ringenkopf bezeichnet auf dem nördlichen Taunuskamm kein Wall-Graben-System, sondern eine aus dem harten, lokal anstehenden Quarzit erbaute Trockenmauer die Grenze. Trotz des schwierigen Bodens hatte man im frühen 2. Jahrhundert n. Chr. den Palisadengraben aber ausgebrochen. Auf der Höhe des Klingenkopfes sind im Gelände vor dem konservierten, etwas größeren Steinturm **WP 3/55**, der einen weißen Verputz mit rotem Fugenstrich trug, weder die Holzturmstelle mit einem Kreisgraben noch das Palisadengräbchen am Kuppenrand nördlich davon auszumachen. Auch die den Holzturm schneidende

Strecke 3: Von Glashütten bis zum Köpperner Tal | III

Trockenmauer zeichnet sich kaum noch ab, die erst am Fuß des Klingenkopfes wieder in Wall und Graben übergeht. An dieser Schnittstelle wird **WP 3/56** vermutet. Rechts des Weges liegt bald das nächste Kleinkastell.

Das einzige Tor dieser 0,04 ha großen, gut sichtbaren Anlage mit abgerundeten Ecken weist nach Norden auf den Limes, wo Wall und Graben heute zwar aussetzen, was für den römischen Pfahl aber nicht gesichert ist. Vermutlich sollte die in der Mitte des 2. Jahrhunderts errichtete Anlage den Limes verstärken. Nach Pfostenlöchern an der Mauerinnenseite könnte die Umwehrung aus Quarzitsteinen im Lehmverband eine Brustwehr aus Flechtwerk getragen haben. Fundamente im Südwesten der Anlage sowie eine Feuerstelle dicht an der Südmauer sind die einzigen Reste der sonstigen Innenbebauung.

Kleinkastell Heidenstock
Gde. Bad Homburg v. d. H., Hochtaunuskreis

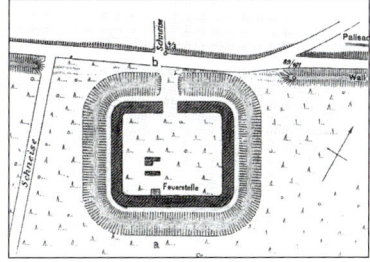

Abb. 73: Kleinkastell Heidenstock, Grundriss. Nach: RiH Abb. 340.

Abb. 74: Kleinkastell Heidenstock. Die z. T. freigelegte Umfassungsmauer zeichnet sich als Erdwall deutlich ab.

Lit.: ORL Abt. A II, 1, 118. – A. v. COHAUSEN, Der römische Grenzwall in Deutschland (1884), 124 und 129. Taf. 12, Fig. 2. – Limesbl. Sp. 1 ff. – Arch. Anz. 1892, 157.

Am Einsiedler mit dem vermuteten **WP 3/58** lässt die erhaltene Gesamtbreite von 15,5 m die einstige Mächtigkeit des Sperrsystems erahnen, das unbeobachtet kaum überquert werden konnte (Grabenbreite 6 m, -tiefe 1,3 m; Wallhöhe 2,1 m, Breite am Fuß 9–10 m, auf der Wallkrone 1,5 m). Dann zieht der Limes zum Rosskopf hinauf, wo wiederum eine Trockenmauer Wall und Graben ersetzt. Hinter der nachgewiesenen Palisade finden sich bei **WP 3/59** vier

Abb. 75: Gut erhaltene Wall- und Grabenabschnitte im Taunus (hier zwischen den WP 3/49 und 3/50) lassen immer wieder die Mächtigkeit des Pfahlgrabens erkennen.

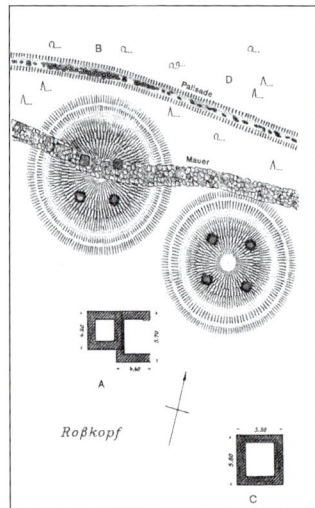

Abb. 76: WP 3/59 Am Rosskopf. Grundriss der Turmstelle mit zwei Holz- und zwei Steintürmen, Palisade und Limesmauer. Nach: ORL.

Turmstellen. Von den beiden leicht zueinander verschoben errichteten Holztürmen mit Kreisgräben sind die Standspuren der vier Eckpfosten bekannt. Während die Mauer den westlichen Turm schneidet, zieht sie hart am Grabenrand des östlichen Turmes vorbei. Für die vermörtelten Fundamente der beiden annähernd gleich großen, unter Schutthügeln verborgenen und früher verputzten Steintürme verwendeten die Römer das Material eines vorgeschichtlichen Ringwalles. Ob der westliche Turm einen An- oder eine Vorgängerbau besaß, lässt sich ohne weitere Grabungen kaum klären. Nach ausgedehntem Brandschutt sind die Türme abgebrannt.

Auf einen kurzen Wall-Graben-Abschnitt folgt erneut eine Trockenmauer. Man sollte bei Grenzstein GS 98/110 nochmals den ausgewiesenen

Strecke 3: Von Glashütten bis zum Köpperner Tal

Abb. 77: WP 3/59 Am Rosskopf. Schutthügel eines Steinturmes.

Wanderweg verlassen und dem deutlich sichtbaren Schuttwall (→ Abb. 25) an der Süd-Ost-Seite der Bergkuppe bis zum **WP 3/60** Einsiedel folgen, dessen Außenfront bei der Ausgrabung stellenweise noch aufrecht stand. Hier zeigt das die Trasse um 24 m überhöhende Vorgelände deutlich die Funktion des Limes als Demarkations-, nicht als Verteidigungslinie. Der Steinturm am stark abschüssigen Südhang des Einsiedels mit 4,2 m Seitenlänge ohne Holzvorgänger, aber mit einer kleinen steingefassten Vorratsgrube westlich des Turmes ist konserviert.

Bis zum Fuß des Kieshübels, von wo aus der Pfahl leicht nach Nordwesten zu der Kuppe hinaufzieht, bleibt die Trockenmauer auf 300 m stellenweise noch 0,5 m hoch erhalten. Die hier direkt auf dem horizontal abgetragenen Hang aufsitzende Mauer von 2 m Breite muss sich im Aufgehenden stark verjüngt haben. Davor sieht man hin und wieder die flache Mulde des Palisadengräbchens. Am **WP 3/61** ersetzten zwei Steintürme zwei ältere Holztürme. Hier konnte anhand von Überschneidungen die relative Bauabfolge der Limesbauten exakt (→ Abb. 13) bestimmt werden:
1. Errichten des südlichen Holzturmes mit einem Kreisgraben;
2. Ersatz des Wachtpostens durch den nördlichen Holzturm, der den Graben des Vorgängers schneidet;
3. Anlage der Palisade, deren Verlauf sich am jüngeren Holzturm orientiert, den älteren dagegen überlagert;
4. Bau der über die beiden Holzturmstellen hinwegziehenden Mauer sowie der nicht datierbaren Steintürme im Abstand von 0,95 m parallel zueinander. Der Ostturm war ohne Fundament aufgeführt, der westliche verputzt.

Abb. 78: WP 3/61 Kieshübel. Konserviertes Fundament des südwestlichen (kleineren) Steinturmes.

Auf dem Kieshübel ist der bei den Ausgrabungen der RLK freigelegte Palisadengraben gut zu sehen. Von hier aus biegt die Trasse als zunächst schlecht erhaltener, bald aber wieder höherer Schuttwall nach Osten ab.

Der unklare Befund von **WP 3/62** mit einer Feuerstelle westlich des Steinturmfundamentes lässt keine Rekonstruktion zu. Am Fuß des Hollerkopfes setzt bis zum Weißestein das markante Wall-Graben-System wieder ein, bevor am Weißestein selbst erneut eine Mauer folgt. Auch bei **WP 3/63** konnten außer zwei Holzturmstellen (mit Standspuren von Eckpfosten und umgebenden Ringgräben) zwei Steinturmstellen von 4,8 bzw. 5 m Seitenlänge aus sorgfältig versetzten Bruchsteinen festgestellt werden, von denen einer konserviert ist. Ein weißer Verputz mit rotem Fugenstrich täuschte eine Quadermauer vor. 70 m östlich dieses Turmes lässt sich der gleich recht mächtige Pfahlgraben rechts des Weges wieder erkennen. Am Abstieg zur Saalburg, wo drei Wachtposten **(WP 3/64–66)** an leichten Biegungen der nie verlegten und daher noch stark dem Gelände angepassten Linie vermutet werden, zeigen Wall und Graben durchweg recht steile Böschungen. Während der Limes 200 m unterhalb des Saalburg-Kastells vorbeizieht, führt der Wanderweg direkt zum Römerkastell Saalburg – Archäologischer Park. Die unter Kaiser Wilhelm II. durch den Homburger Architekten Louis Jacobi (1836–1910) untersuchte und rekonstruierte Anlage prägt in der Öffentlichkeit bis heute weithin die Vorstellung von einem römischen Kastell. Trotz mancher z. T. durch den Forschungsstand bedingter Fehler wie den zu engen Zinnenabständen oder dem ungedeckten Innenhof vor dem Fahnenheiligtum im rückwärtigen Bereich der *principia* bietet sie einen guten Gesamteindruck. Neue Grabungen in dem Kastellgelände bestätigten die von Jacobi publizierten Befunde weitgehend.

Seit dem späten 1. Jahrhundert schützte ein Posten den Saalburgsattel, den ein bereits in vorrömischer Zeit genutzter, relativ bequemer Passweg vom Usinger Becken in das Rhein-Main-Gebiet querte. Wie wichtig dieser Übergang damals bereits war, zeigt die Abfolge von mehreren Militäranlagen seit dem späten 1. Jahrhundert n. Chr.

Kohortenkastell Saalburg
Bad Homburg v. d. H., Hochtaunuskreis

Als älteste Anlage entstand am Saalburgsattel die kleine Schanze A mit unregelmäßigem Grundriss, die anfangs ein Flechtzaun und erst später ein Graben umgab. Da in dem knapp 1600 m² großen Innenraum Bauspuren fehlen, dürfte die Einheit von vermutlich 80 Mann in Zelten kampiert haben. Für den bislang in die Jahre um 85 n. Chr. und damit in die Zeit des Chattenkrieges Domitians datierten Militärposten wird jetzt eine vielleicht schon frühere Zeitstellung erwogen, weil bereits das Besetzen der Wetterau unter Vespasian seit 69 n. Chr. einen Flankenschutz für das Heer erforderte. Möglich wäre aber auch eine (zeitlich freilich spätere) Nutzung als Baulager für die südlich davon bekannte, wohl jüngere Schanze B, bei deren Bestehen Posten A jedoch einplaniert gewesen sein muss, weil er die Sicht zum Limes behindert hätte.

Die wohl etwas jüngere Anlage B – eine regelmäßige Schanze mit zwei Schutzgräben – dürfte ebenfalls eine Einheit in Centurienstärke beherbergt haben. Die wenigen nachgewiesenen Pfostengräbchen werden heute wie in anderen Anlagen zu einem U-förmigen Bau ergänzt, der den Innenraum voll-

III | STRECKENBESCHREIBUNG: DER LIMES IM HOCHTAUNUS

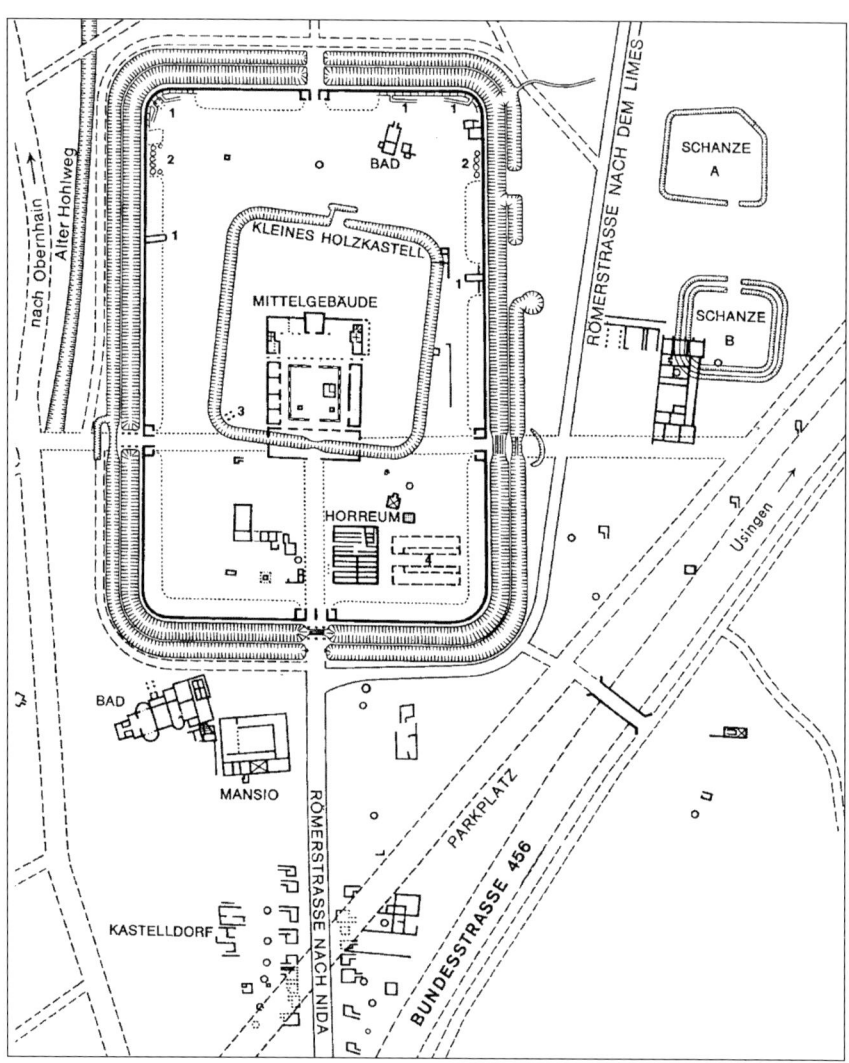

Abb. 80: Saalburg. Gesamtplan der am Saalburg-Sattel ergrabenen Schanzen und Kastelle. Die beiden Schanzen A und B – heute noch als Erdwälle sichtbar – liegen vor dem östlichen Seitentor. Nach: RiH Abb. 444.

← **Abb. 79** (vorher. Seite): „Salvete!" Antonius Pius empfängt vor der *porta praetoria* die Besucher des Saalburg-Kastells.

ständig füllte. Insgesamt könnte diese Garnison längerfristig genutzt worden sein. Da datierbares Fundmaterial fehlt, wird aus dem historischen, derzeit aber nicht verifizierbaren Kontext sowohl ein Zusammenhang mit dem Chattenkrieg Domitians wie dem Saturninusaufstand erwogen.

Um 90 n. Chr. erfolgte mit dem zum Limes ausgerichteten sog. Erdkastell südwestlich der beiden Schanzen der erste „richtige" Lagerbau am Saalburgsattel. In dem Numeruskastell von 0,7 ha lassen sich die Innenbauten anhand der alten Grabungspläne ebenfalls nur versuchsweise nach dem Vorbild des vollständig untersuchten Odenwaldkastelles Hesselbach ergänzen. Hinter den *principia* dürfte mit dem *praetorium* der Wohnsitz des Kastellkommandanten gelegen haben, und beiderseits des Zentralgebäudes werden vier Mannschaftsbaracken angenommen. Auch für die in Hesselbach nachgewiesene *fabrica* (Werkstatt), die Stallungen und Latrinen bietet das Erdkastell genügend Platz. Seine Überreste – der von einem Titulus-Graben (kurzer, dem Umfassungsgraben im Eingansbereich vorgelagerter Graben) geschützte Haupteingang, Reste eines holzverschalten Beckens (4,5 x 3,9 m) unbekannter Verwendung sowie das früher außerhalb der Garnison am Weg zum Limes errichtete Badegebäude – sind in der Retentura des Kohortenkastells zu besichtigen. Außerdem bezeichnen Pfosten hinter dem Praetorium den Standort des südwestlichen Eckturmes. Das Auflassen des Numeruskastells wird durch eine Münze aus dem verfüllten Erdgraben sowie die erste Weihung der zweiten Raeterkohorte von der Saalburg auf den verhältnismäßig kurzen Zeitraum zwischen 135 und 139 n. Chr. begrenzt. Dass am Saalburgsattel eine Kohorte den Numerus ersetzte, lässt auf eine veränderte Limeskonzeption schließen.

Abb. 81: Saalburg. Zeichnerische Rekonstruktion des Numeruskastells (Blick von Norden). Die Anlage war zum Limes bzw. zum Provinzinneren hin orientiert.

Abb. 82: Der an der Südost-Ecke des Saalburg-Kastells rekonstruierte Mauerverputz mit aufgemalter Quadrierung. Er lässt jede Wehrmauer wuchtiger und massiver wirken.

Abb. 83 a–c: Sichtbar gemachte Forschungsgeschichte: Die vom Ausgräber Louis Jacobi mit weitem Abstand rekonstruierten Zinnen (a) wurden auf Wunsch von Kaiser Wilhelm II. deutlich verengt (b). Bei notwendigen Restaurierungen konnte 1990 der richtige Zinnenabstand an einem Teilstück wiederhergestellt werden (c).

a

b

c

Spätestens seit 139 n. Chr. stand mit der zuvor in Butzbach nachgewiesenen *cohors II Raetorum equitata civium Romanorum* eine 500 Mann starke berittene Einheit am Saalburgsattel. Sie errichtete das 3,2 ha große Kohortenkastell zunächst in Holz-Erde-Technik, das sie ihren Bedürfnissen anpasste und daher mit der Hauptfront zum Provinzinneren orientierte. Die ältere, teilweise an der Nordwest-Ecke noch sichtbare *murus-Gallicus*-Mauer mit versteifenden Balkenzügen wurde in der zweiten Hälfte des 2. Jahrhunderts durch eine Mörtelmauer ohne Eck- und Zwischentürme ersetzt, hinter der eine Erdrampe angeschüttet war. Ihr Verputz mit Fugenstrich ist an der südöstlichen Kastellecke rekonstruiert worden. Die auf der Mauerkrone zu eng gestellten Zinnen konnten 1990 bei einer Reparatur zumindest auf der Nordseite berichtigt werden. Im Lagerareal sind folgende, heute meist als Ausstellungsräume genutzte Gebäude zu besichtigen:

Horreum: Der 24,36 x 20,12 m große Speicher an der *via praetoria* mit einem in der Nordost-Ecke eingebauten Raum (7,3 x 4 m) besaß mit fast 1 m recht breite Mauern. Sie sollten den Druck des hier möglicherweise lose gelagerten Getreides abfangen. Das *horreum* mit einem erhöhten Fußboden war in einer jüngeren Bauphase durch das Zusammenschließen von zwei langrechteckigen Gebäudetrakten vergrößert worden.

Abb. 84: Saalburg-Kastell. Blick in die Vorhalle der *principia*, die über der *via principalis* errichtet worden ist.

Praetorium: Dem Speicher liegt mit dem *praetorium* der heute von der Verwaltung genutzte Wohnsitz des Kommandeurs gegenüber. Jacobi hatte bei seinen Ausgrabungen nur den vorderen aufgemauerten und mit einer Kanalheizung erwärmbaren Teil des mehrphasigen Gebäudes erkannt, das wohl bis zur *via principalis* reichte. Seine Flügel gruppierten sich um das mit einem Bassin geschmückte Atrium.

Principia: Zentralgebäude (41 x 58 m) mit über der *via principalis* errichteter Vorhalle, Innenhof und Fahnenheiligtum von leicht trapezoidem Grundriss. Den nach heutigen Kenntnissen gedeckten hinteren Hof rekonstruierte Jacobi wegen eines Abwasserkanals ohne Dach. Die Türen des Fahnenheiligtums sind Abgüsse einer in der St.-Albans-Schanze in Mainz gefundenen Bronzetür, die wahrscheinlich zum Theater gehörte. In dem kleinen Raum rechts des Fahnenheiligtums ist das mit Wandmalereien geschmückte *triclinium* (Speiseraum) einer Offizierswohnung aus Echzell nachgebaut worden.

III | STRECKENBESCHREIBUNG: DER LIMES IM HOCHTAUNUS

Lit.: L. Jacobi, Das Römerkastell Saalburg (1897). - H. Jacobi, Das Kastell Saalburg. ORL Abt. B. Nr. 11 (1937). – A. L. Busch, Die römerzeitlichen Schuh- und Lederfunde der Kastelle Saalburg, Zugmantel und Kleiner Feldberg. Saalburg-Jahrb. 22, 1965, 158 ff. - D. Baatz, Heizversuch an einer rekonstruierten Kanalheizung in der Saalburg, in: Saalburg-Jahrb. 36, 1979, 31 ff. – Ders., Die Saalburg – ein Limeskastell 80 Jahre nach der Rekonstruktion, in: Kunst in Hessen und am Mittelrhein 25, 1986, 35 ff. – Ders., Die schweren Eisenträger von der Saalburg, in: Saalburg-Jahrb. 46, 1991, 24 ff. – Ders., Die Saalburg – Probleme einer 90 Jahre alten Rekonstruktion, in: Verband der Landesarchäologen der BRD (Hrsg.), Sinn und Unsinn archäologischer Restaurierungen und Rekonstruktionen (1991), 9 ff. – Ders., Römische Holzgefäße von der Saalburg, in: Saalburg-Jahrb. 49, 1998, 66 ff. – M. Klee, Die Saalburg. Führer hess. Vor- und Frühgesch. 5 (²2000) – Der römische Limes in Deutschland. Sonderh. der Zeitschr. AiD (2000), 100 f. mit Abb. 94. - F. Saltenberger/E. Schallmayer, Archäologische Untersuchungen im Saalburg-Kastell. HessenArch. 2001 (2002), 86 ff. – M. Schaich, Laserscan und digitaler Gesamtplan. HessenArch. 2001 (2002), 89 ff. – E. Löhnig/E. Schallmayer, Neue Grabungen im Saalburg-Kastell. HessenArch. 2004 (2005), 97 ff.

Mannschaftsbaracken: Hinter dem Speicher stehen zwei Mannschaftsbaracken mit Kopf- und Schlussbauten, in denen man eine einfache Soldatenunterkunft besichtigen kann.

Fabrica: Ein großes, innen ungegliedertes Gebäude rechts der *principia* könnte als *fabrica* von Handwerkern genutzt worden sein.

Unmittelbar vor dem Kastelleingang liegt ein 29,5 x 25 m großer, *mansio* genannter Bau, bei dem im Norden Wirtschafts-, im Süden Wohnräume an einen offenen Hof grenzen. Dahinter findet sich hart am Schutzgraben diagonal zum Kastell das recht gut erhaltene und daher schon früh bekannte Badegebäude mit einem aufgemauerten Apodyterium, in dem Ziegel der 8. und der 22. Legion sowie der 4. Vindelikerkohorte verbaut waren. Mehr als 10 000 Boden- und Wandplatten der einstigen Verkleidung sowie bemalter Verputz bezeugen seine reiche Architektur. Unklar bleibt dagegen der Zweck eines langrechteckigen Steingebäudes mit 18,10 bzw. 17,3 m langen Seitenflügeln 50 m östlich des Lagers, das als Kaufhaus oder *forum* bezeichnet worden ist. Entlang der in die Mainebene nach *Nida* führenden Hauptstraße entwickelte sich das Lagerdorf, von dem zahlreiche Steinkeller beiderseits des Zugangsweges offenliegen. Die umzäunten Grundstücke wurden im rückwärtigen Teil offenbar zur Haltung von Kleintieren und als Gemüsegarten genutzt. Tempel für Mithras, Iupiter Dolichenus und die Magna Mater sind ergraben oder werden nach Inschriften vermutet. Der größte Friedhof erstreckte sich an der Usinger Chaussee.

→ *Das Römerkastell Saalburg – Archäologischer Park ist über die B 456 von Bad Homburg v. d. H. oder Usingen aus anzufahren. Öffnungszeiten: März – Oktober: tägl. von 9–18 Uhr; November bis Februar: tägl. außer montags von 9–16 Uhr; letzter Einlass: 30 Minuten vor Schließung. – 25./26. 12. und 01. 01.: 9–16 Uhr. Geschlossen: 24. und 31. 12.*

Strecke 3: Von Glashütten bis zum Köpperner Tal | III

Unterhalb des Saalburg-Kastells erreicht man am Wanderweg den Limesdurchlass **WP 3/67**. Hinter der durchlaufenden Palisade setzte der Pfahl auf 5 m Länge aus. Diese Öffnung schützte ein 1,2 m breiter Titulus-Graben. Nach einer im Wallfuß gefundenen Severus-Münze kann sein Bau frühestens 194 n. Chr. erfolgt sein. Er überdeckte auch den Brandschutt eines 5 x 9 m großen, eingezäunten Fachwerkbaues wohl für die Torwachen 14 m hinter dem Durchlass.

Vom Saalburgsattel aus, wo die B 456 den Limes schneidet, führt der Wanderweg am ungestörten Pfahlgraben entlang in das Köpperner Tal zum Kleinkastell Lochmühle. Dort endet Strecke 3 am Erlenbach. Dabei passiert man die Fundamente des ungewöhnlich großen und bereits zur Zeit des Erdkastells besetzten Steinturmes **WP 3/68**, der 75 m hinter dem Pfahl zwischen zwei an den Standspuren ihrer Eckpfosten kenntlichen Holztürmen mit Kreisgräben liegt. Auch die Mauern des folgenden Turmes **WP 3/69** sind konserviert. Da ein Holzturm zu fehlen scheint, wurde er vielleicht später eingeschoben.

Kleinkastell Lochmühle
Gde. Friedrichsdorf, Hochtaunuskreis

37 m hinter dem Pfahlgraben ist im Wald die rechteckige Ummauerung der zum Limes hin orientierten Anlage als Bodenwelle deutlich erkennbar. Ein seichtes Gräbchen schützte den einzigen Zugang in der schmäleren, zum Pfahl weisenden Nordwestseite. Da dieses Kleinkastell mit stark abgerundeten Ecken ähnlich wie der Heidenstock erst in der Mitte des 2. Jahrhunderts eingerichtet wurde, scheint die Taltrasse wenig begangen und daher kaum gefährdet gewesen zu sein.

→ *Im Parkgelände des beliebten Freizeitparks Lochmühle findet man Informationen zum „Limes im Freizeitpark Lochmühle". Ein kleiner Rundwanderweg beginnt unweit des Spielplatzes an der nördlichsten Lücke im Limeswall.*

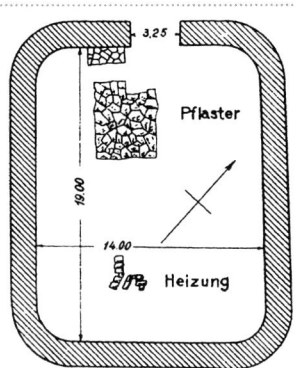

Abb. 85: Kleinkastell Lochmühle. Grundriss nach ORL.

Lit.: ORL Abt. A II, 1, 152 (1935). – Arch.Anz. 1893, 184. – Limesbl. Sp. 324. – L. Jacobi, Das Römerkastell Saalburg (1897) 47, Taf. 3, 1.

| III | STRECKENBESCHREIBUNG: DER LIMES IM OSTTAUNUS, DER WESTLICHEN UND NÖRDLICHEN WETTERAU |

Der Limes im Osttaunus sowie der westlichen und nördlichen Wetterau (Hochtaunuskreis; Wetteraukreis)

Übersicht

Die Wetterau wurde sicher nicht nur wegen der ertragreichen Böden von den Römern besetzt, sondern musste als alte und topografisch vorgegebene Einfallpforte von Norden her zugleich aus strategischen Gründen zum Schutz des Rhein-Main-Gebietes überwacht werden. Die sehr flache, aber fruchtbare Beckenlandschaft mit dem als ‚Hohe Straße' bekannten Höhenzug und den tief eingeschnittenen Usa-, Wetter- und Niddertälern wird durch die Hessische Senke oberhalb der Usa begrenzt, die im Norden in die Depression zwischen Taunus und Vogelsberg übergeht und die natürliche Wasserscheide zwischen Main- und Lahngebiet bildet.

Der in den Taunuswäldern durchweg gut erhaltene Limes erlitt in der Wetterau durch die intensive Landwirtschaft starke Schäden. Jenseits des Köpperner Tales grenzte er bis zur Usa etwas unterhalb des Bergkammes den Taunus gegen das Wehrheimer und Usinger Becken ab, ohne das Waldgebiet nördlich der Usa vor Butzbach in die Provinz einzubeziehen. Auf die südliche, mehrfach gebrochene Strecke folgt nördlich des Ortes eine offenbar immer schnurgerade angelegte Trasse. Hier scheint bereits im 1. Jahrhundert ein Zaungräbchen bestanden zu haben, das bei der Anlage der Palisade aufgegeben worden ist.

 Karte 4

Strecke 4:
Vom Köpperner Tal bis Marköbel

Nördlich vom Bahnhof Saalburg fallen Limesverlauf, die Gemarkungsgrenze Köppern–Wehrheim sowie von **WP 4/2** bis zur Kapersburg auch die ehemalige hessen-nassauische Landesgrenze zusammen. Am Streckenbeginn bei der Lochmühle hat die mittelalterliche ‚Solmser Landwehr' durch zusätzlich ausgehobene Gräben den Pfahl allerdings stark verändert, zu dem nur der innere östliche Graben gehört. Schutthügel nahe am Limes bezeichnen die Steintürme **WP 4/1–2** offenbar ohne Holzvorgänger. Die Grenzsteine stehen bei **WP 4/2** direkt im römischen Graben. Das reichlich vermörtelte Quarzitmauerwerk von **WP 4/3** besaß einen Verputz. Als

Strecke 4: Vom Köpperner Tal bis Marköbel | III

Abb. 86: WP 4/4 Bei dem Grenzstein 15/194. Reste des Steinturmes.

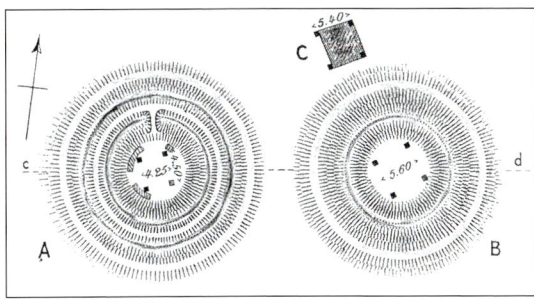

Abb. 87: WP 4/5 Auf der Nordseite des Grauen Berges. Turmstelle mit einem Stein- und zwei Holztürmen. Nach: ORL.

Lit.: J. Wahl/E. Schallmayer, Untersuchungen an Wp. 4/5 – Steinturm. Fundber. Hessen 15, 1975, 253 ff.

Turmstelle **WP 4/4** bei dem Grenzstein 15/194 in der Nähe eines Limesdurchlasses wird der mit 7,7 x 6,1 m Seitenlänge die übrigen Wachtposten deutlich überragende Bau gezählt, dessen Mauerwerk innen und außen verputzt worden war.

Am **WP 4/5** markierten Pfostenlöcher die Standorte von zwei Holztürmen. Den westlichen von ihnen sicherte ein Doppelgraben. Der ähnlich große Schutthügel vor dem östlichen Turm enthält vermutlich die Fundamente eines Nebengebäudes, das an seinen Ecken Aussparungen für Pfosten aufwies. Bei dem abgebrannten Steinturm 50 m nordöstlich davon – heute ein durchwühlter Steinhaufen – war die Fundamentstickung unter dem vermörtelten Aufgehenden trocken versetzt. Nach Keramikfunden bestand der Turm an der Wende vom 2. zum 3. Jahrhundert, während die Herkunft der germanischen Ware und eine Feuerstelle vor der Ostfassade des Turmes nicht erklärt werden können.

Die beiden Schutthügel der **WP 4/6–7** am gut erhaltenen Wall muss der Wanderweg wegen eines Sperrgebietes umgehen. Erst die **WP 4/7** vorausgehende Holzturmstelle **WP 4/8*** ist von der Kapersburg aus über einen Weg am heute von einem Sperrzaun bekrönten Limeswall entlang erreichbar. Hier zeigt sich nördlich von zwei Holztürmen mit dazwischenliegendem Bau eine polygonale Erdschanze mit einer Hütte, deren Umwehrung der Limes schneidet. An den Fundamenten von **WP 4/9** vorbei erreicht man Kastell Kapersburg, das den aus der Niddaebene über den Taunus in das Usinger Becken führenden Hühnerpfad überwachte und Sichtverbindung zum Feldberg wie zur Saalburg besaß. 1832 trug man die Mauerreste zum Bau von Kirche und Schule in Pfaffenwiesbach ab.

Abb. 88: WP 4/5 Auf der Nordseite des Grauen Berges. Ringgraben der Holzturmstelle.

Numeruskastell Kapersburg
Stadt Rosbach v. d. H.,
ST Ober-Rosbach,
Wetteraukreis

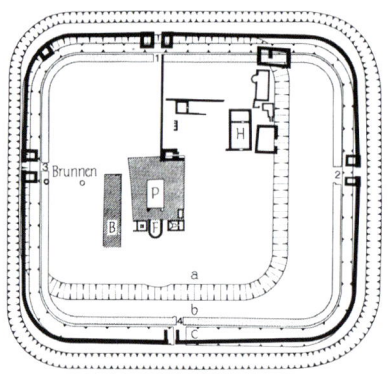

Abb. 89: Kastell Kapersburg. Grundriss nach RiH Abb. 307.

Das älteste Holz-Erde-Lager von 0,8 ha Fläche war erst um 130–140 n. Chr. für das aufgegebene Kleinkastell Ockstädter Wald in die bereits bestehende Kastellkette eingeschoben worden. Von ihm sind nur ein Spitzgraben und das Nordtor bekannt. Seine Ausrichtung nach Norden behielt man bis in das 3. Jahrhundert bei, auch wenn der Grundriss eine Orientierung nach Westen zum Limes hin andeutet. Bei dem – auf einen Brand des Holzkastells folgenden? – ersten Steinausbau vergrößerte man die Kastellfläche auf 1,3 ha ebenso durch das Verlegen nur der Ostfront wie bei der späteren Erweiterung auf 1,6 ha in der zweiten Hälfte des 2. Jahrhunderts. Deshalb bezeichnet die *via praetoria* heute nicht mehr die Mittelachse des Kastells. Vermutlich verhinderte das zwischen Lager und Pfahl an einer Quelle ergrabene Kastellbad den Ausbau der Westseite, das entgegen der bisher vertretenen Ansicht bereits zum ersten Holzkastell gehörte. Sein Betrieb wurde im zweiten Drittel des 3. Jahrhunderts eingeschränkt, bevor es schließlich als Unterkunft

Strecke 4: Vom Köpperner Tal bis Marköbel

oder Werkstatt diente. Aus dem Bad stammt mit einer 266 n. Chr. geprägten Münze der jüngste Fund von der Kapersburg.

Zum älteren Steinkastell gehört eine trocken aufgeführte Zweischalenmauer mit Holzzügen und zueinander versetzten Toren. Das jüngere Lager erhielt eine vermörtelte Steinmauer mit einem bekannten Eckturm in der Nordost-Ecke, deren unterschiedlich große Tore ungefähr denen des Vorgängers entsprachen. Dass die Mauern zu allen Eingängen hin leicht ausbiegen, mag mit den während der Bauarbeiten weitergenutzten älteren Toren zusammenhängen. Im Fahnenheiligtum der in Fachwerk und Stein errichteten *principia* mit einer Vorhalle fand sich eine Geniusstatue, und westlich von ihr wurde nur eine der zahlreichen Mannschaftsbaracken freigelegt. Ein Magazinbau im Vorderlager ist unter der Aufsicht von Aiacius Modestus zwischen 198 und 209 n. Chr. errichtet worden. Der nur für das späte 2. Jahrhundert hier nachgewiesene *numerus N...* mit einer angegliederten Reiterabteilung *(veredarii)* wird aber bereits

Abb. 90: Kastell Kapersburg. Westtor des im Wald gut erhaltenen Kastells.

Karte 4 (WP 4/11–4/41)

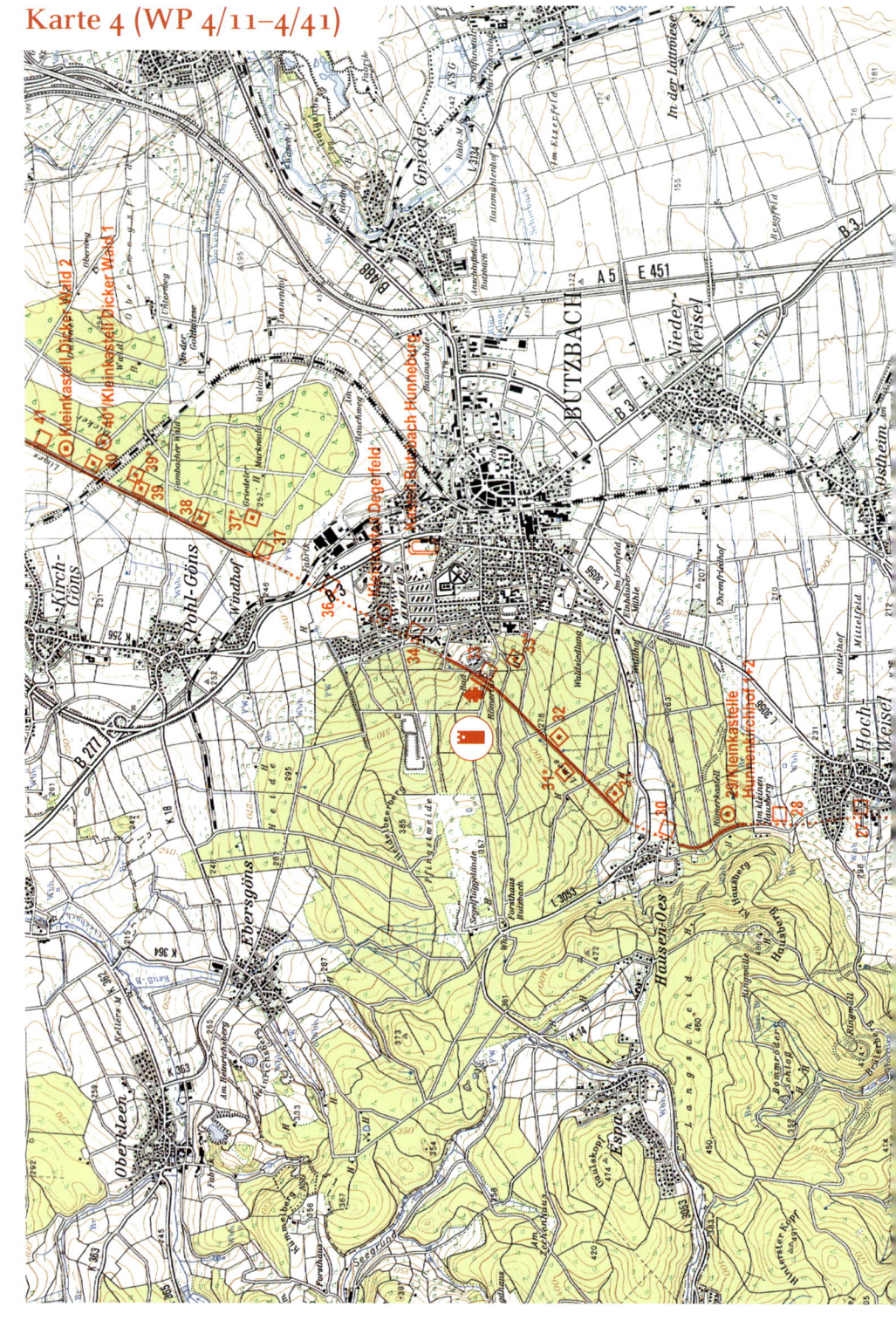

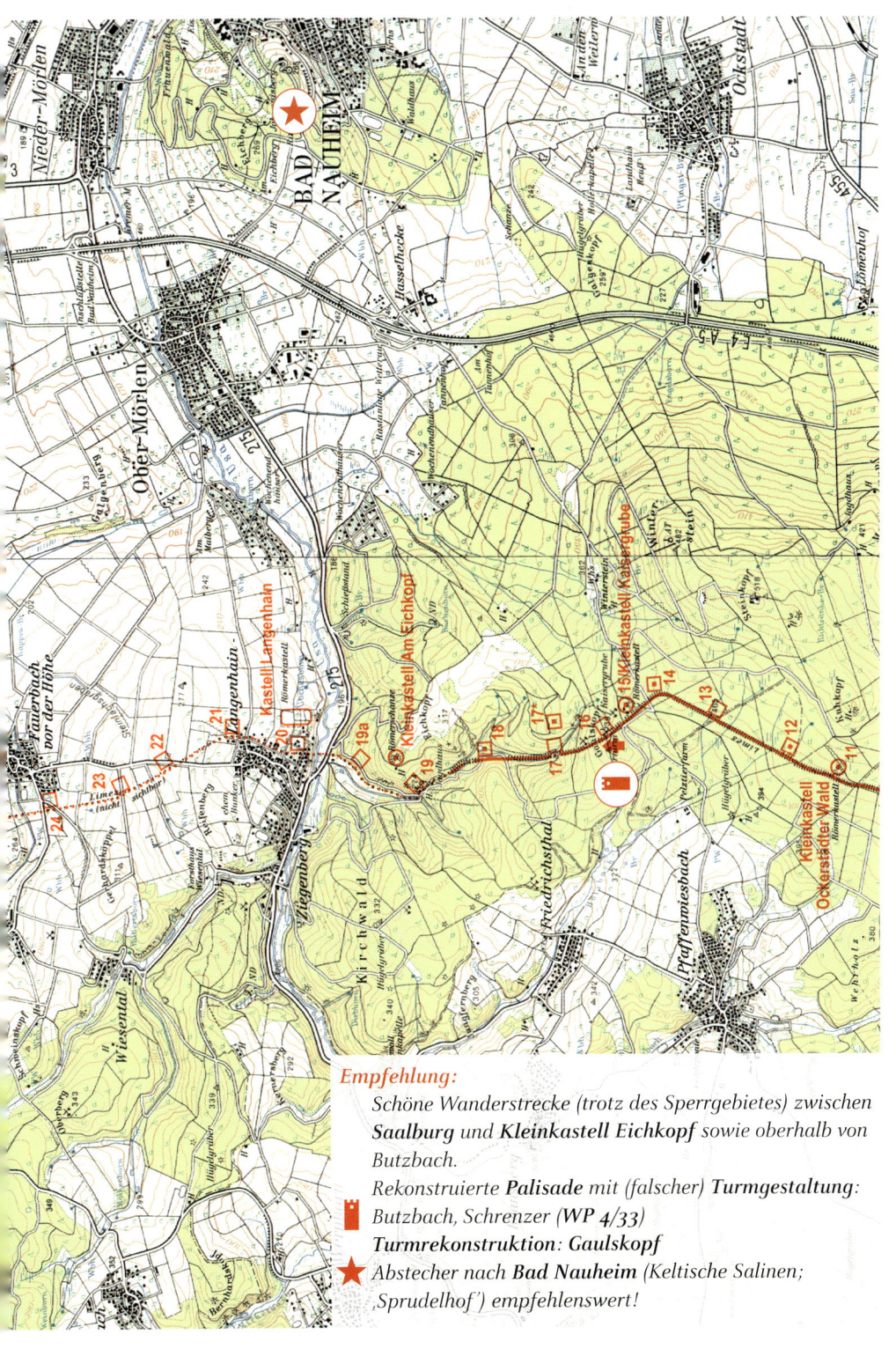

Empfehlung:

Schöne Wanderstrecke (trotz des Sperrgebietes) zwischen **Saalburg** und **Kleinkastell Eichkopf** sowie oberhalb von Butzbach.

Rekonstruierte **Palisade** mit (falscher) **Turmgestaltung**: Butzbach, Schrenzer (**WP 4/33**)

Turmrekonstruktion: Gaulskopf

Abstecher nach **Bad Nauheim** (Keltische Salinen; ‚Sprudelhof') empfehlenswert!

III STRECKENBESCHREIBUNG: DER LIMES IM OSTTAUNUS, DER WESTLICHEN UND NÖRDLICHEN WETTERAU

die Besatzung des älteren Steinkastells gestellt haben. Sein zu *Nidensium* ergänzter Name verweist wohl auf eine vor Ort in oder bei *Nida* rekrutierte Einheit. Im zweiten Drittel des 3. Jahrhunderts erfolgte der Rückzug einer deutlich verkleinerten Besatzung in eine festungsartig in das Nordostviertel eingebaute, aber nie fertiggestellte Anlage, die schließlich geräumt wurde. Bis dahin boten die weitergenutzten Schutzmauern des Kastells vielleicht der Zivilbevölkerung Zuflucht.

Von dem abseitig gelegenen und daher mit am besten erhaltenen Kastell sind hinter dem Wehrgraben die westliche und östliche Umfassungsmauer mit den Toren der jüngsten Steinbauphase konserviert worden. Im Innenraum liegen außer einem Brunnen und Resten des *horreum* von den *principia* das Fahnenheiligtum mit den anschließenden heizbaren Räumen frei.

→ *Funde: Wetterau-Museum Friedberg*

→ *Die Kapersburg gehört zum Stadtgebiet von Rosbach, Ortsteil Ober-Rosbach, ist aber nur zu Fuß zu erreichen. Mögliche Ausgangspunkte sind vor allem der Parkplatz an der Kirche in Wehrheim-Pfaffenwiesbach (3 km) oder der Parkplatz „Johanneshecke" an der neuen Autobahnbrücke bei Ober-Rosbach. Man kann die Kapersburg aber auch von Ober-Rosbach oder Friedberg-Ockstadt aus erreichen (4–6 km).*

Lit.: L. und H. Jacobi, Das Kastell Kapersburg. ORL Abt. B Nr. 12 (1906; Nachdr. mit Ergänzungen 1986). – P. Helmke, Das Praetorium der Kapersburg, in: Germania 8, 1924, 39 ff. – A. L. Busch, Die römerzeitlichen Schuh- und Lederfunde der Kastelle Saalburg, Zugmantel und Kleiner Feldberg. Saalburg-Jahrb. 22, 1965, 158 ff. - B. Beckmann, Das Limeskastell Kapersburg, in: Führer zu vor- und frühgesch. Denkmälern 21 (1972, Nachdruck 1980) 189 ff. – M. Scholz, Keramik und Geschichte des Kastells Kapersburg – eine Bestandsaufnahme, in: Saalburg-Jahrb. 52/53, 2002/2003, 9 ff. - E. Löhnig/E. Schallmayer, Neue Grabungen im Limeskastell Kapersburg. HessenArch. 2003 (2004), 106 ff. – Dies., Ausgrabungen 2004 in der Kapersburg. HessenArch. 2004 (2005), 89 ff. – A. Kreuz, Erste Hinweise zur Ernährung der römischen Soldaten und Arbeitstiere in der Kapersburg. HessenArch. 2005 (2006), 83 ff.

Das nur kurzfristig besetzte Kleinkastell Ockstädter Wald 700 m nördlich von der Kapersburg an einer gut erhaltenen Strecke (Handlauf am Wall) gehört in die frühe Phase des Limes und dürfte dem Fundmaterial nach ihr Vorgänger gewesen sein. Wahrscheinlich führte die hier schwierige Wasserversorgung zur Aufgabe der Garnison.

Kleinkastell Ockstädter Wald

Das Erdkastell von 50 x 58 m mit 0,2 ha findet man 60 m hinter dem Pfahlgraben auf einer kleinen Anhöhe. Der ursprünglich über 2 m tiefe Spitzgraben zeigt sich heute nur noch als flache Mulde. Hinweise auf die Innenbebauung fehlen. Das Kleinkastell, dessen Eingang auf der dem Limes abgewandten Seite lag, ersetzten später der in seiner Nordecke nachgewiesene **WP 4/11** mit einem Holz- und einem Steinturm, die als Schutthügel kenntlich sind. Die Datierung von einem sechseckigen Turm mitten im Kastell bleibt trotz einiger ähnlicher Bauten am Limes unklar.

→ *Funde: Römerkastell Saalburg – Archäologischer Park, Bad Homburg v. d. H.*

Lit.: Fundber. Hessen 21, 1981, 167. – B. BECKMANN, Das römische Kastell Kapersburg und das Kleinkastell Ockstadt im Taunus. Arch. Denkmäler Hessen 59 (1988).

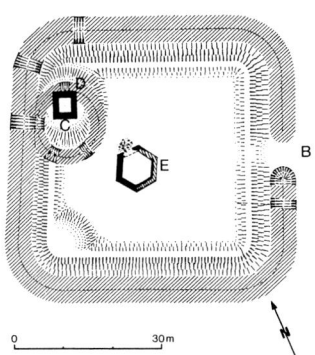

Abb. 91: Kleinkastell Ockstädter Wald/WP 4/11. Grundriss des Kastells mit nachfolgendem WP 4/11 und sechseckigem Turm. Nach: ORL.

Auf dem gesamten Abschnitt wurde vor allem bei Holzturmstellen mit einfachem Ringgraben als älteste Grenzmarkierung ein Flechtwerkzaun beobachtet, den Palisade und Pfahlgraben überlagerten. Die in den Grabungsunterlagen der RLK als „Kohlenester" bezeichneten Standspuren der Pfähle waren im Abstand von 0,65–0,80 m in einem 0,5–0,65 m tiefen Gräbchen mit Steinen verkeilt worden.

Der kaum beschädigte Limes zieht am vermuteten **WP 4/13** vorbei zunächst in nordöstliche Richtung. Im Wald lässt sich die Schuttstelle von **WP 4/12** ausmachen. Bei **WP 4/14** an einer Biegung des Pfahlgrabens überwachten zwei Holztürme mit einfachem bzw. doppeltem Ringgraben und später ein Steinturm die Strecke. Sein Bruchsteinmauerwerk in festem Mörtelverband war der Bauinschrift nach von Soldaten des *numerus Nidensium* errichtet worden, die unmittelbar neben der Baustelle eine Kalkgrube angelegt hatten.

250 m weiter nördlich erreicht man vor dem Aufstieg zum Gaulskopf über einen Pfad 22 m hinter dem Pfahl Kleinkastell Kaisergrube (Hinweisschild), das durch die früher in der Gegend betriebenen Blei- und Silberbergwerke stark gestört worden ist. Ihre Abraumhalden überlagern teilweise sogar den Limes.

III STRECKENBESCHREIBUNG: DER LIMES IM OSTTAUNUS, DER WESTLICHEN UND NÖRDLICHEN WETTERAU

Kleinkastell Kaisergrube
Gde. Ober-Mörlen, Wetteraukreis

Von dem 730 m² großen Posten zeichnet sich die Südseite mit vorgelagertem Graben deutlich ab. Eine Steinmauer ersetzte später die anfängliche Holzumwehrung, während im Innenraum nur Fachwerkbaracken nachgewiesen werden konnten.

Abb. 92: Kleinkastell Kaisergrube. Grundriss nach ORL.

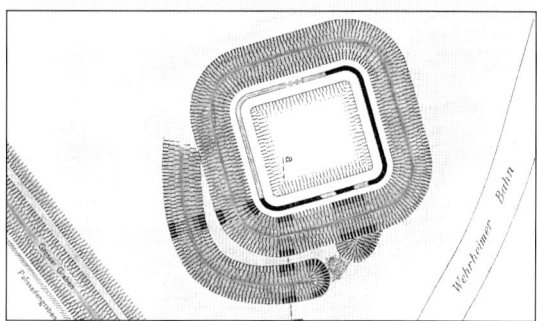

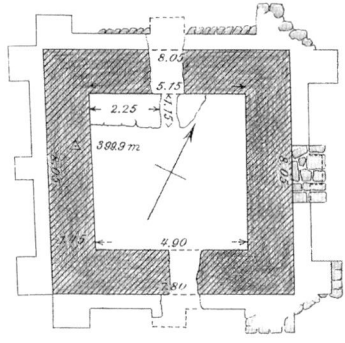

Abb. 93: WP 4/16 Gaulskopf. Grundriss des Turmes nach ORL.

Bis zum **WP 4/16** Gaulskopf folgt der Wanderweg auf weiteren 250 m dem Limes. Den massiven, zusätzlich mit Strebepfeilern verstärkten Fundamenten nach muss dieser Steinturm besonders mächtig gewesen sein. Das aus lagenhaft versetzten Quarzitbruchsteinen aufgeführte Mauerwerk war außen geglättet, innen dagegen rau belassen worden. Den zwischen der Nordecke und der Mitte der Nordwestseite unebenen Baugrund gleicht unter dem 0,5–0,7 m hohen Sockel eine bis zu 25 cm hohe Lage aus schräg gestellten Steinen aus. Der Fußboden des Turmes zeigte eine betonartige Verkleidung. Die 1926 neben dem Fundament errichtete Rekonstruktion ist mit ihrer fehlenden Galerie stark den Odenwald-Türmen verpflichtet, wegen des steinsichtigen Mauerwerks aber falsch, weil Steintürme einen Verputz trugen. Von seinem Obergeschoss aus bietet sich die weite Fernsicht bis zum Johannisberg bei Bad Nauheim, die schon die römische Wachmannschaft genoss.

Nach **WP 4/16** trennen sich jüngere und ältere Linie mit mehrfach angeschnittenem Zaungräbchen erneut. Die beiden Holzturmstellen **WP 4/17*** liegen an einer nur flüchtig erbauten und daher vielleicht nicht länger genutzten Trasse auf einem

Strecke 4: Vom Köpperner Tal bis Marköbel | III

flachen Vorsprung des vom Winterstein zum Eichkopf streichenden Höhenzug 250 m weiter östlich in einem unzugänglichen Truppenübungsgelände. Der jüngere Steinturm **WP 4/17** könnte an der Ostseite des Schwarzloches gestanden haben. Auch hier überhöhen die Ränder der tief eingeschnittenen Schlucht den auf der Talsohle kaum zerstörten Limes. Während der Pfahl weiterhin leicht verfolgbar direkt in das Vogeltal hinabzieht, wo sich bei **WP 4/18** auf einem die Schlucht beherrschenden Vorsprung das Mundstück eines Blasinstrumentes fand, umgeht der Wanderweg vom vermuteten **WP 4/19** an bis **4/28** die Strecke im Usatal, um nur kurzfristig zwischen den **WP 4/26** und **4/27** auf seine Trasse zu stoßen. Auch das nächste, durch einen hier betriebenen Steinbruch stark beschädigte Kleinkastell Am Eichkopf oberhalb des Vogeltales liegt abseits des Weges. Es gehörte zum älteren Limes.

Der für die 0,25 ha große Anlage gewählte Standort 300 m hinter und 80 m oberhalb der Trasse mit deutlich abfallendem Vorgelände entspricht der bereits mehrfach beobachteten Führung der älteren Limeslinie. Innerhalb der heute als flacher Erdwall kenntlichen Ummauerung 50 m östlich eines Bunkers lassen sich deutliche Grabungsspuren ausmachen.

Kleinkastell Am Eichkopf
Gde. Ober-Mörlen, Wetteraukreis

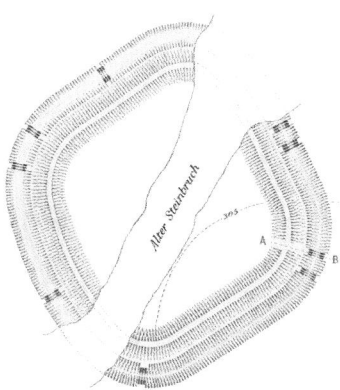

Abb. 94: Kleinkastell Am Eichkopf. Grundriss nach ORL.

Jenseits der Usa ist der Limes auf der welligen Hochfläche durch Ackerbau vollständig eingeebnet und wird erst nördlich von Hoch-Weisel am Waldrand wieder sichtbar. Den ganzen Abschnitt überhöhen Bergausläufer auf der Westseite stark. Hier verzichtete die RLK bereits 1936 aus Kostengründen auf intensive Forschungen, weil „die Ergebnisse nicht im Verhältnis zum Aufwand gestanden hätten" (Fabricius). Auch von dem bei Langenhain gelegenen, beherrschend zum Tal hin ausgerichteten Kastell 200 m nördlich der Usa am Ostrand des heutigen Ortes haben sich im Wiesengelände keine sichtbaren Reste erhalten, denn die Ruine diente als Steinbruch für die gotische Dorfkirche. Trotzdem folgt der Nauheimer Weg der Hauptstraße des vorderen Lagerbereiches.

Kastell Langenhain
Gde. Ober-Mörlen,
OT Langenhain-Ziegenberg, Wetteraukreis

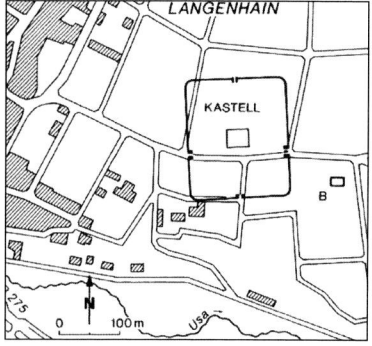

Abb. 95: Kastell Langenhain. Grundriss nach ORL.

Abb. 96: Langenhain. Beim Bau der gotischen Dorfkirche wurden auch Spolien aus dem römischen Kastell wie die Bauinschrift der 22. Legion Primigenia aus Mainz verwendet.

Das 3,2 ha große Steinkastell mit doppeltem Spitzgraben, das auf eine ältere, nur durch Luftbildprospektion erfasste Holz-Erde-Anlage folgte, entspricht von seinen Ausmaßen her fast genau dem um 100 n. Chr. erbauten Kastell Stockstadt. Seine Bauinschrift der 22. Legion ist heute im Turm der Dorfkirche vermauert. Während das rückwärtige Tor mit zwei begrenzenden Zungenmauern nur als Schlupfpforte ausgestaltet war, besaßen die übrigen Tore nicht nur Türme, sondern auf der Ostseite hatte sogar das Seitentor eine doppelte Durchfahrt, weil hier die Straße durch das Usatal nach Friedberg begann. Der stark zerstörten *principia* mit einer Langhalle auf der Ostseite und einer Reihe kleiner Räume auf der Nordseite fehlte wohl eine Vorhalle über der *via principalis*. Als Baumaterial dienten vom Eichkopf und dem Winterstein stammende Quarzite, Sandstein aus der Umgebung von Vilbel sowie poröse Basaltlava („Lungstein") aus der Gegend von Butzbach und vom Hausberg. Eine Quellmulde südöstlich des Kastells sicherte die Wasserversorgung.

Die vermutlich schon unter Domitian angelegte Garnison bezog die *cohors I Biturigum*, die nach dem in das Jahr 177 n. Chr. datierten, ursprünglich auf einem Lederband befestigten Bronzetäfelchen des Soldaten Masclionius Primus aus der *centuria* des Primitivus auch noch unter Kaiser Commodus (180–193 n. Chr.) die Besatzung stellte. Die 500 Mann starke, teils berittene Einheit hatte die Wege durch das Usatal in das Usinger Becken zu überwachen, die weiter in das Lahntal und den Raum von Weilburg bzw. das Limburger Becken führten.

Im Vicus westlich, nördlich und besonders im Osten des Lagers zeichnet sich ein großer Steinbau mit stark vermörtelten Schiefermauern ab, der trotz dort gefundener Ziegelstempel der 21. und 22. Legion sowie der 1. Biturigerkohorte kaum als Bad genutzt worden sein dürfte. Bekannt sind außerdem Töpferöfen und ein Gräberfeld. Das Depot eines Händlers, das im frühen 3. Jahrhundert zerstört wurde, enthielt neben einem breiten Sortiment von Gebrauchskeramik aller gängigen Formen ein vergleichsweise reiches Angebot an Terra Sigillata, die aus Rheinzabern geliefert worden war. Trotzdem kann sein Absatzgebiet nicht allzu ausgedehnt gewesen sein, denn in den benachbarten größeren Kastellvici lebten sicher ebenfalls Händler und Produzenten.

Lit.: BAATZ, Limes 150. – RiH 456 f. mit Abb. 425-426. – F. KOFLER, Das Kastell Langenhain. ORL Abt. B II, 2 Nr. 13 (1897). – P. WAGNER, Eine Bleistatuette der Göttin Minerva aus Langenhain, in: V. RUPP (Hrsg.), Archäologie der Wetterau. Aspekte der Forschung (1991), 265 ff. – H.-G. SIMON/H.-J. KÖHLER, Ein Geschirrdepot des 3. Jh. Grabungen im Lagerdorf des Kastells Langenhain. Mat. Röm.-Germ. Keramik 11 (1992).

Erst zwischen Hochweisel und Hausen wandert man wieder am Pfahl entlang. Unmittelbar neben der Trasse am Waldrand finden sich auf einem flachen, vorspringenden Bergrücken vor dem Hausener Tal dort die beiden Kleinkastelle Hunnenkirchhof, wo der einen leichten Bogen beschreibende Limes seinen höchsten Punkt erreicht, trotz vieler alter Hohlwege im Vorfeld der Grenze aber keinen Durchlass aufweist. Auch der latènezeitliche Ringwall auf dem Hausberg war in römischer Zeit schon lange verlassen.

Hunnenkirchhof 1: Die 0,6 ha große Erdschanze von 22 x 15–19 m Größe umgab ein 6 m breiter und 2,2 m tiefer Graben, der vor dem Zugang auf der Nordost-Seite aussetzt. Der markante Wall ist lediglich auf der Südwest-Seite bei der Anlage vom Pfahl gestört worden. Die Innenbebauung des Postens bleibt unbekannt.
Hunnenkirchhof 2: Das etwas weiter vom Limes entfernte, gut kenntliche Steinkastell von 0,12 ha löste in der Mitte des 2. Jahrhunderts die Schanze ab. Hinter einem Graben von etwa 7 m Breite ist die 1 m breite Umfassungsmauer mit einem Erd-

Kleinkastelle Hunnenkirchhof
Gde. Butzbach, Wetteraukreis

III STRECKENBESCHREIBUNG: DER LIMES IM OSTTAUNUS, DER WESTLICHEN UND NÖRDLICHEN WETTERAU

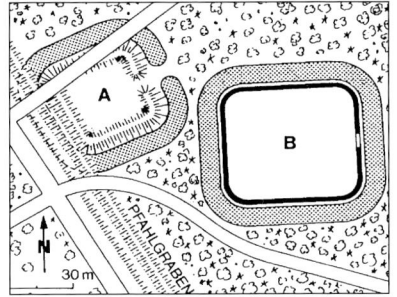

damm aus dem kaum als Baumaterial geeigneten Taunusschiefer über einer 1,25 m breiten Rollierung sorgfältig aufgeführt worden. Sie hatte sich auf einem 0,15 m breiten Sockel noch bis zu 0,9 m hoch erhalten. Der Zugang könnte nach einem Ecksockelstein auf der Ostseite gelegen haben. Den Innenraum füllte Barackenschutt.

Lit.: RiH 399 f. – ORL Abt. A Strecke 4, 78 f. Taf. 5,2.

Abb. 97: Kleinkastelle Hunnenkirchhof 1 und Hunnenkirchhof 2. Nach: RiH Abb. 351.

Bis zum Hausener Tal verläuft der Limes auf der Südost-Seite der Butzbacher Höhe im Wald und ist deshalb gut zu verfolgen, bevor sich seine Spuren in offenem Gelände verlieren. Etwa bei km 2,1 kreuzt die L 3053 Butzbach-Hausen die Limestrasse. Südlich dieser Stelle wird **WP 4/30** vermutet.

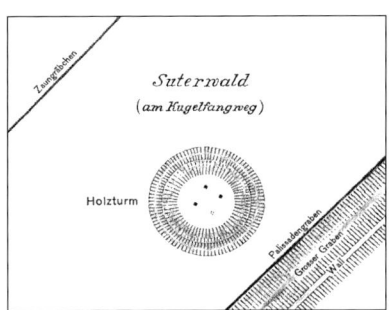

Abb. 98: WP 4/31* Am Kugelfangweg. Der hinter dem Zaungräbchen errichtete älteste Holzturm lag nach der Streckenbegradigung vor Palisade und Pfahlgraben. Grundriss nach ORL.

Nördlich des Hausener Tales zeichnet sich der Pfahl an einem steilen Hang erneut ab, bevor er zwischen den **WP 4/34** und **4/37** abgegangen ist. Auf der Höhe weisen zwei Metallschilder auf den sichtbaren Ringgraben des Holzturmes und die südwestlich davon etwas tiefer gelegene Schuttstelle des Steinturmes **WP 4/31** hin. Der leicht erkennbare Ringgraben von **WP 4/31*** findet sich vor Palisadengräbchen und Pfahl, aber hinter dem Flechtwerkzaun der älteren Trasse, weil der begradigte Limes hier ausnahmsweise um 500 m zurückgenommen wurde. Bei **WP 4/32** mit nur einem Steinturm haben sich ältere und jüngere Limestrasse gekreuzt, denn **WP 4/33*** liegt wieder südlich von **WP 4/33** auf dem vom Kisselberg nach Osten streichenden und nach Butzbach hin steil abfallenden Schrenzer. Dieser markante Punkt diente wohl beim Fluchten der im 2. Jahrhundert zum leichteren Überwachen auf 10 km bis zum **WP 4/49** begradigten Strecke, die nur bei **WP 4/37** leicht abknickt. Den älteren Posten **WP 4/33*** (Hinweisschild), dessen Ecktürme innerhalb eines doppelten Kreisgrabens erfasst werden konnten, schneidet ein polygonales Erdwerk von rund 27 m Durchmesser. Sein Graben, den ein Gräbchen an der tiefsten Stelle entwässert, setzt für den Zugang auf der Nordwest-Seite 3 m weit aus. Im Osten sind Spuren des Walls erhalten. Während sich die Reste des Holzturmes **WP 4/33**, von dem innerhalb des konzentrischen Grabens vier Eckpfosten aufgedeckt wurden, unter einer wenig geglückten Fachwerk-Rekonstruktion verbergen, ist das Steinturmfundament mit einem Umfassungsgraben von 10 m Durchmesser südwestlich davon konserviert.

Den Einfallweg in die Wetterau kontrollierte bereits während der Herrschaft von Domitian (81–96 n. Chr.) Kastell Butzbach dort, wo der Wetterauer Landrücken nördlich des Ortes die Senkungszone der Beckenlandschaft gegen das Terrassensystem des Lahntales abgrenzt und zugleich die Einzugsgebiete von Main und Lahn voneinander trennt. Das im Volksmund ‚Hunneburg' genannte Kastell ist heute weitgehend überbaut.

Kohorten- und Alenkastell Butzbach ‚Hunneburg'
Stadt Butzbach, Wetteraukreis

Das älteste Lager in Butzbach, ein mit 4 ha extrem großes Holz-Erde-Kastell mit Rasensodenmauer, bezog außer der zuvor in Wiesbaden stationierten *cohors II Raetorum civium Romanorum* vermutlich eine zweite, unbekannte Einheit. Als diese Truppe auf die Saalburg verlegt wurde, kam die aus Heidelberg-Neuenheim abkommandierte *cohors II Augustiana Cyrenaica equitata* nach Butzbach, auf die wohl die inschriftlich belegte *ala Moesica felix torquata* folgte. Ziegelstempel dieser Einheit wurden in der Villa rustica ‚Im Brückfeld' in Münzenberg-Gambach (Wetteraukr.) gefunden. Mit dem mehrfachen Truppenwechsel könnten die wiederholten Umbauten des Kastells zusammenhängen, denn das um 135 n. Chr. errichtete, 2,8 ha große ‚Ältere Steinkastell' erweiterte wohl die *ala Moesica* um 150 n. Chr. nach Süden wieder auf 3,5 ha, weil eine berittene Truppe zusätzliche Stallungen benötigte. Da bei dieser Maßnahme aber lediglich die Südmauer verschoben wurde, erscheint die Retentura des Butzbacher Kastells ungewöhnlich groß. Auch

III STRECKENBESCHREIBUNG: DER LIMES IM OSTTAUNUS, DER WESTLICHEN UND NÖRDLICHEN WETTERAU

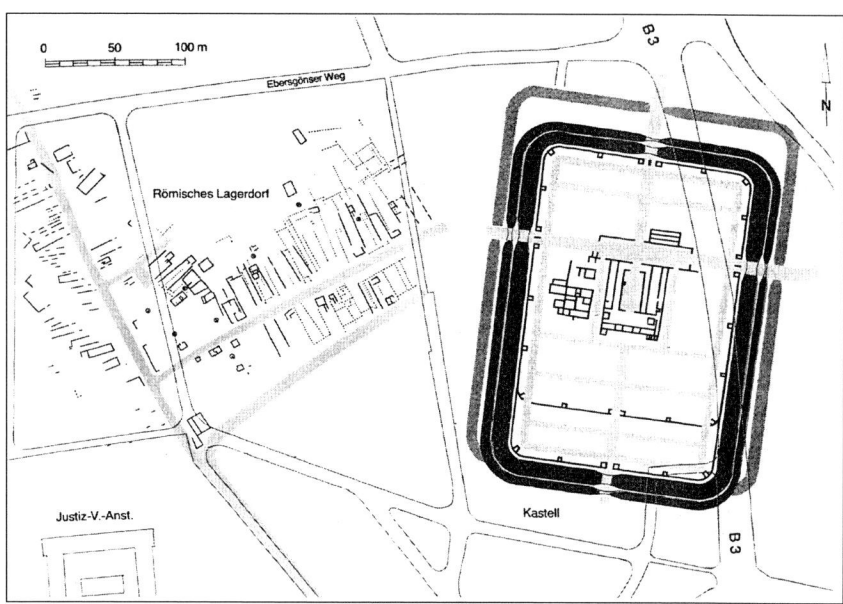

Abb. 99: Kastell Butzbach mit angrenzendem *vicus*. Übersichtsplan. Nach: RiH Abb. 173.

die drei Doppeltore sowie die Eck- und Zwischentürme blieben bestehen, während die rückwärtige Front beider Anlagen lediglich eine einfache, von zwei Türmen gerahmte Pforte besaß. Allerdings scheint man die späteren Bauten mit deutlich schlechterem Mauerwerk auch weniger tief fundamentiert zu haben.

Die Hauptstraßen des Kastells und zwei das vordere und rückwärtige Lagerareal zusätzlich erschließende Parallelstraßen waren über einer Stickung aus schweren Basalt- und Lungsteinen mit kleingeschlagenem Quarzit und Sand befestigt. Von den Innenbauten der Steinkastelle sind die *principia* mit einer über der *via principalis* errichteten Vorhalle bekannt. Das in der südlichen Raumzeile nicht über die Gebäudeflucht vorspringende Fahnenheiligtum scheint im frühen 3. Jahrhundert umgebaut worden zu sein, denn im Kellergelass fand sich ein einzementierter Denar des Severus

Alexander. Das 2 x 1 m große Postament aus eisenverklammerten Sandsteinplatten im Hof trug sicher eine Kaiserstatue. Östlich der *principia* will der Ausgräber einen befestigten Platz mit nicht näher bestimmten Steinbauten entdeckt haben, zu dem sich drei Durchlässe öffneten. Das *praetorium* mit bemaltem Wandverputz und einer Herdeinrichtung westlich der *principia* scheint später um eine Badeanlage erweitert worden zu sein. Auch die Fachwerkbaracken, deren Strohlehmauskleidung noch Holzabdrücke zeigte, besaßen farbigen Wandverputz sowie Glasfenster.

Das Kastell bestand trotz mehrerer Zerstörungen – vermutlich durch die Chatten in der Mitte des 2. Jahrhunderts sowie bei dem Alamanneneinfall 233 n. Chr. – bis in die Mitte des 3. Jahrhunderts, was für die Bedeutung des Limesüberganges an einer wichtigen Magistralen spricht.

Der sich besonders nach Westen zum Pfahl hin entwickelnde Kastellvicus zeigt wohl vor allem wegen des großen Verkehrs mit einer tiefgestaffelten Bebauung trotz der typischen Vicushäuser mit Haupt- und Seitenstraßen ein städtischeres Aussehen als viele andere Kastelldörfer.

→ *Funde: Museum der Stadt Butzbach im ‚Solms-Braunfelder Hof', Färbgasse 16. Hier ist u. a. auch ein Modell des Kastells zu sehen.*

Lit.: F. KOFLER, Kastell Butzbach. ORL Abt. B II, 2, Nr. 14 (1894). – G. MÜLLER, Kastell Butzbach. Limesforsch. 2 (1962). – DERS., Das Lagerdorf des Kastells Butzbach. Limesforsch. 5 (1968). – H. SCHÖNBERGER, Zur Größe des Erdkastells in Butzbach. Saalburg-Jahrb. 22 (1965), 17 ff. – D. BAATZ, in: Wetterauer Geschichtsbl. 20, 1971, 1 ff. – Hunnenburg: G. SCHUNK-LARRABEE/ W. SCHUNK, Beginn der römischen Offensive rechts des Rheins bis zur Gründung der Provinz Obergermanien. HessenArch. 2001 (2002), 118 f. – DIES., Siedler waren Alamannen – Ergebnisse einer archäologischen Baubegleitung in der Stadt Butzbach. HessenArch. 2004 (2005), 122 f. – DIES., Standort des römischen Steinturms (WP 4/37) am Griedeler Wald bei Butzbach. HessenArch. 2006 (2007,) 85 f.

13 m hinter dem Limes sicherte das parallel zum Pfahl errichtete Kleinkastell Degerfeld den Durchgang, dessen Standort die Hochhäuser am Nordrand der Stadt bezeichnen. Es war mit Kastell Butzbach durch eine Straße verbunden. Der Limesgraben war hier ohne Rücksicht auf den bestehenden Übergang zu Beginn des 3. Jahrhunderts ausgeschachtet und später zusammen mit dem Palisadengräbchen um 1 m nach Norden verlegt worden. Ob dabei diese Passierstelle geschlossen oder anderweitig neu eingerichtet wurde, bleibt unklar.

Kastell Degerfeld
Gde. Butzbach,
Wetteraukreis

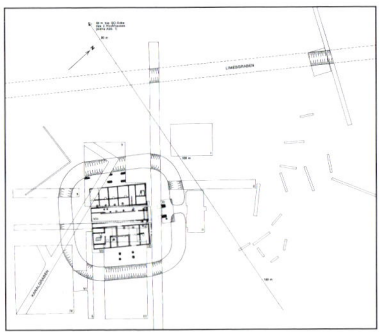

Abb. 100 a/b: Kleinkastell Butzbach-Degerfeld, Bauphase I des an einer Passierstelle gelegenen Postens. Grundriss und zeichnerische Rekonstruktion. Nach: Meier-Arendt, in: Saalburg-Jahrb. 24, 1967, Beil. 1 und Rabold/Schallmayer/Thiel, Der Limes, S. 46.

Bereits um 100 n. Chr. bestand ein kleines Holzkastell von 0,1 ha mit U-förmig um einen Hof gelegenen Innenbauten. Der 6 m breite und etwa 2 m tiefe Graben setzte auf der Ostseite für das einzige Tor aus. Den einfachen Durchlass überbrückte der Wehrgang der Holz-Erde-Mauer. Außerdem sicherten zwei in der Mitte der Nord- und Südmauer aufsitzende Türme die Anlage. Wegen des knappen Raumes hinter der Umfassungsmauer kann es statt einer *via sagularis* nur einen unbefestigten oder gekiesten Weg gegeben haben. Die zwei sich gegen-überliegenden Wohnbaracken – Fachwerkbauten in Ständertechnik – verband ein Kopfbau, in dem der Ausgräber das Fahnenheiligtum des Kastells vermutete. Während die Mannschaftsunterkünfte hinter einer *porticus* aus zwei Räumen bestanden, scheint der Truppenführer etwas komfortabler rechts des Stirnbaues untergekommen zu sein. Mehrfache Umbauten wie das Erneuern des Vorbaues oder verlegte Herdstellen innerhalb der Mannschaftsräume datieren dem Fundmaterial nach in hadrianische Zeit. An gleicher Stelle löste nach der Mitte des 2. Jahrhunderts – vermutlich zwischen 160 und 175 n. Chr. – ein Steinkastell diesen Posten ab. Äußerlich glich das 0,3 ha große Steinkastell dem in seiner Mitte liegenden, einplanierten Vorgänger. Wiederum nur von einem 5–6 m breiten und etwa 2 m tiefen Graben geschützt, besaß die bis zum frühen 3. Jahrhundert genutzte Anlage ebenfalls nur ein Tor, das nun allerdings zwei Türme flankierten. Auch bei diesem Posten ersetzte je ein Zwischenturm an der Nord- und Südseite die sonst üblichen Ecktürme. Ihre Bauweise vielleicht mit Pfosten muss das Begehen der hinter der 1 m breiten Mauer ohne Erdrampe durchlaufenden *via sagularis* ermöglicht haben. Eine Latrinengrube befand sich in der Südostecke.

Strecke 4: Vom Köpperner Tal bis Marköbel | III

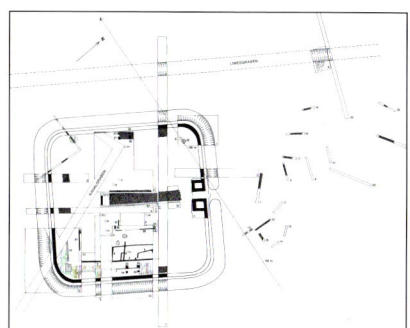

Weil sich die nun auf Sockelmauern vielleicht mit einer Steinfront an der Hofseite errichteten Innenbauten beiderseits eines geschotterten Weges stark an der Vorgängeranlage orientieren, müssen deren Reste beim Errichten noch sichtbar gewesen sein. Das Areal zwischen Baracken und Umwehrung nahmen langgestreckte, unregelmäßig unterteilte Gebäude ein. Dieses Kastell wurde bereits in den ersten Jahrzehnten des 3. Jahrhunderts vermutlich um 233 n. Chr. lange vor dem Rückzug vom Limes aufgegeben.

→ Funde: u. a. Hessisches Landesmuseum Darmstadt.

→ Das Museum der Stadt Butzbach im Solms-Braunfelser Hof, Färbgasse 16, informiert nicht nur über die Kastelle von Butzbach und Degerfeld, sondern gibt zugleich einen guten Überblick über die Entwicklung der gesamten Region während der Römerzeit. Vor dem Museum steht die Kopie einer Iupitersäule. Das Museum soll in den kommenden Jahren zu einem regionalen Informationszentrum „Limes" für die westliche Wetterau erweitert werden.

Abb. 101: Kleinkastell Butzbach-Degerfeld, Bauphase 2 des bei seinem Neubau wenig veränderten Postens. Grundriss und zeichnerische Rekonstruktion. Nach: Meier-Arendt, in: Saalburg-Jahrb. 24, 1967, Beil. 2, und Rabold/Schallmayer/Thiel, Der Limes, S. 47.

Lit.: W. Jorns/W. Meier-Arendt, Das Kleinkastell Degerfeld in Butzbach, Kr. Friedberg (Hessen). Saalburg-Jahrb. 24, 1967, 12 ff. – H.-G. Simon, Das Kleinkastell Degerfeld in Butzbach, Kr. Friedberg (Hessen). Datierung und Funde. Saalburg-Jahrb. 25, 1968, 5 ff.

III STRECKENBESCHREIBUNG: DER LIMES IM OSTTAUNUS, DER WESTLICHEN UND NÖRDLICHEN WETTERAU

Karte 5

Der Verlauf der älteren, vielfach gebogenen Grenzlinie ließ sich nördlich von Butzbach nur am Beginn etwa 100 m östlich der jüngeren Trasse anhand der **WP 4/39*** und **4/40*** festlegen. Die beiden Holztürme **WP 4/37*** mit Kreisgräben und Eckpfosten boten eine nur beschränkte Fernsicht. Grabungsschnitte bezeichnen **WP 4/39*** mit einem vielleicht eingezäunten Turm und einem barackenartigen, offensichtlich länger genutzten Holzgebäude. Von den beiden Holztürmen bei **WP 4/40*** besaß der südliche zwei Gräben. Bei beiden Posten wurde auch das Zaungräbchen festgestellt. Ein kleines, vom Forstweg gestörtes Erdwerk südlich von **WP 4/40*** mit Barackenresten wurde nie planmäßig untersucht, könnte als Kleinkastell Dicker Wald 1 aber der Vorgänger des später direkt am Limes gelegenen Kleinkastells Dicker Wald 2 gewesen sein.

Der auf weiten Abschnitten gut erhaltene Pfahlgraben zieht dagegen über 12 km gerade von Butzbach bis zum Limesknick bei **WP 4/49** auf dem Sandberg. Hier folgt der Wanderweg auf einem flachen, die Wasserscheide Wetter-Lahn bezeichnenden Höhenzug unmittelbar dem Limes. Dabei passiert man den gesicherten **WP 4/37** auf einem Vorsprung des Griedeler Waldes, dessen Aussicht zu den Lahnbergen, nach Butzbach, zum Johannisturm bei Bad Nauheim und vielleicht sogar bis zum Gaulskopf reichte. Er lag nördlich des großen Grabens der mittelalterlichen ‚Solmser Landwehr', und

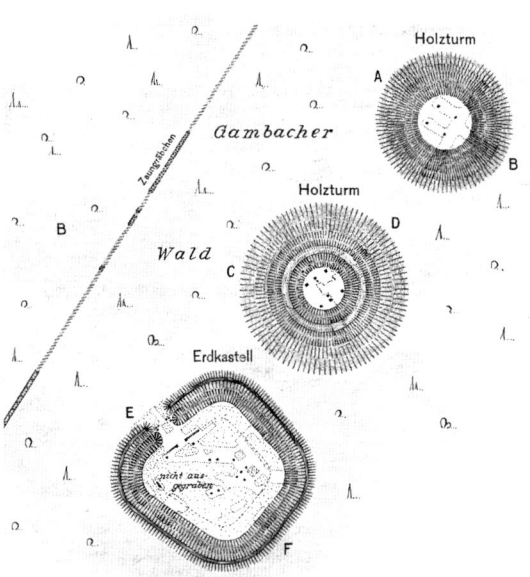

Abb. 102: WP 4/40* hinter dem Zaungräbchen an der älteren Linie mit Resten von zwei Holztürmen und der Erdschanze ‚Dicker Wald 1'. Nach: ORL.

seine Steine dienten wohl zum Bau des ‚Stumpfer Turm' genannten Wartturmes. Diese Landwehr oder –hege begleitet am Waldrand des Griedeler Markwaldes den bis zu 2 m hohen, markanten Wall, den sie wiederholt besonders am Beginn stellenweise aber auch stark verändert hat. Während **WP 4/41** und der vielleicht durch die hier zahlreichen Eisengruben zerstörte **WP 4/46** vermutet werden, sind an der Westseite des Höhenzuges im Hochwald meist auf deutlichen Geländevorsprüngen folgende Turmstellen gesichert:

> **WP 4/38**: Mauerwerk mit Sockelzone, heute eingezäunt;
> **WP 4/39**: zwei vom Weg gestörte Hügel nördlich der von der RLK lokalisierten Stelle mit einem wohl mittelalterlichen Kalkofen;
> **WP 4/40** dicht an der Eisenbahnstrecke (Brücke 400 m südlich des Limes): 1 m hoher Schutthügel von 13,5 m Durchmesser eines 5 x 4 m großen Steinturmes mit einem Estrichboden über einer Rollierung;
> **WP 4/42**: Ost-Mauer des von einem Weg geschnittenen Turmes an einem durch die Landwehr stark veränderten Abschnitt;
> **WP 4/43**: 4 x 4 m großes Fundament in diagonaler Lage zum Limes; 0,95 m starkes, sorgfältig gesetztes Mauerwerk aus schlechtem Basalt mit quadriertem Verputz;
> **WP 4/44**: gut erhaltene Steinturmstelle 150 m südlich der Autobahn, vom Weg geschnitten; oberhalb des Postens sollen beim Bau der hier die Limestrasse schneidenden A 45 Annäherungshindernisse in der Form von *lilia* (Fallgruben) beobachtet worden sein;
> **WP 4/45**: unzureichend untersuchte Gruppe von vier Hügeln, darunter auch Grabhügel und Turmstelle der Landhege; als höchste Erhebung der nordwestlichen Wetterau sicher Fluchtpunkt für die jüngere, gerade Limesstrasse.

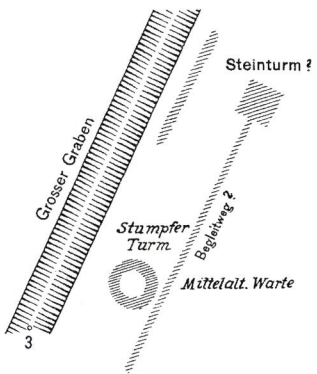

Abb. 103: WP 4/37 nördlich von Butzbach. Dieser Abschnitt des Pfahlgrabens ist im Mittelalter beim Bau der ‚Solmser Landwehr' stark verändert worden. Grundriss nach ORL.

Die Endpunkte dieses Streckenabschnittes sicherten Kleinkastelle. Das südliche von ihnen – Kleinkastell Dicker Wald 2 – befindet sich zwischen den **WP 4/40** und **4/41** oberhalb von Butzbach.

Kleinkastell Dicker Wald 2
Gde. Münzenberg, Wetteraukreis

Die anfangs 380 m² große Anlage zeigte wie das benachbarte Kleinkastell Holzheimer Unterwald im Gegensatz zu den meisten anderen Anlagen scharfe Ecken. Der 1 m breite und 0,7 m tiefe Graben setzte vor dem Eingang an der zum Limes gerichteten Westseite aus. Das später 20 x 19,10 m große Steinkastell mit einer 1,1–1,4 m breiten Umfassungsmauer aus Bruchsteinen über einer Rollschicht schützte ein flacher Graben.

Das zwischen den **WP 4/46** und **4/47** gelegene Kleinkastell Holzheimer Unterwald überwachte im Norden von einem gute Fernsicht bietenden Punkt aus das umliegende Terrain. Da sich vor allem an den Turmstellen in der Nähe des Kleinkastells nur wenige Reparaturen feststellen lassen, scheint dieser Abschnitt deutlich kürzer als z. B. die Taunusstrecke gehalten worden zu sein. Dafür spricht auch die Baugeschichte des östlich der A 45/E 41 gelegenen Kleinkastells selbst. Die 1879 noch bis zu 1 m hoch erhaltene Ruine, die mit knapp 290 m² zu den kleinsten Beispielen dieses Bautyps gehört, ist vor wenigen Jahren vollständig untersucht und restauriert worden.

Kleinkastell Holzheimer Unterwald
Gde. Pohlheim, Landkreis Gießen

Die fast quadratische Anlage mit 19 m langen und 1 m starken Zweischalenmauern aus Basaltsteinen und kantigen Ecken ohne Erdwall und Berme sichert ein 2 m breiter und 1 m tiefer Spitzgraben. Den 2,5 m breiten Eingang hinter dem Limes überragte ein nach innen gezogener Torbau wohl mit einem Turm, während auf der gegenüberliegenden Seite nur ein schmaler Durchlass bestand.

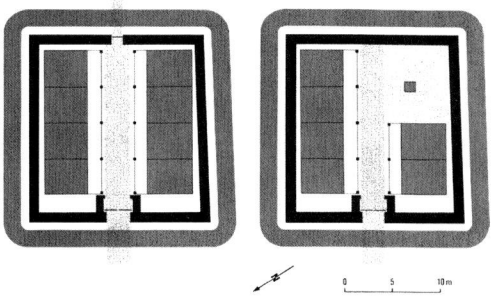

Abb. 104: Kleinkastell Holzheimer Unterwald. Grundriss der zweiphasigen Anlage nach Arch. Denkm. Hessen 133.

Strecke 4: Vom Köpperner Tal bis Marköbel | III

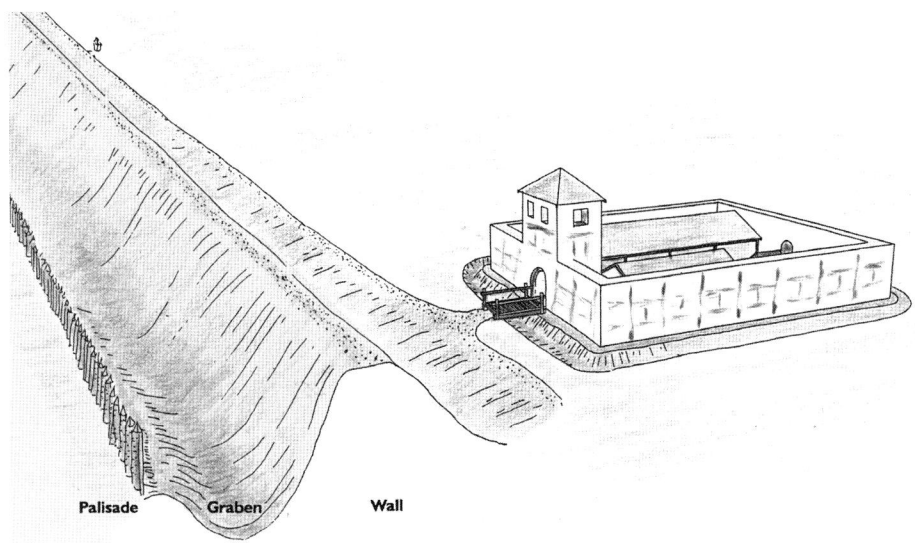

Abb. 105: Kleinkastell Holzheimer Unterwald. Die Rekonstruktionszeichnung zeigt, wie wenig Raum zwischen Pfahlgraben und Kastelleingang blieb. Blick von Südwesten. Nach: Arch. Denkm. Hessen 133.

Beiderseits des Verbindungsweges lagen zwei in vier Räume unterteilte, 13 m lange Fachwerkbaracken mit einer *porticus* und wohl einem Schindeldach. Sofern alle der z. T. mit mehrfach erneuerten Herdstellen ausgestatteten Räume von vier Mann bewohnt wurden und nicht zu anderen Zwecken wie dem Aufstallen von Tieren dienten, ist eine Besatzung von 20–30 Mann zu veranschlagen, unter denen sich einem eindeutig germanischen Schildbuckel nach auch Germanen befunden haben müssen. Das umfangreiche Keramikmaterial enthielt Mühlsteine und Amphoren. Ein kleiner, in einer Lücke der Kastellmauer versteckter Münzhort aus 34 Denaren, die zwischen 69 n. Chr. und 176 n. Chr. geprägt worden sind, dürften wohl in den unruhigen Jahren des Maternus-Aufstandes 180 n. Chr. verborgen worden sein (→ Abb. 11).

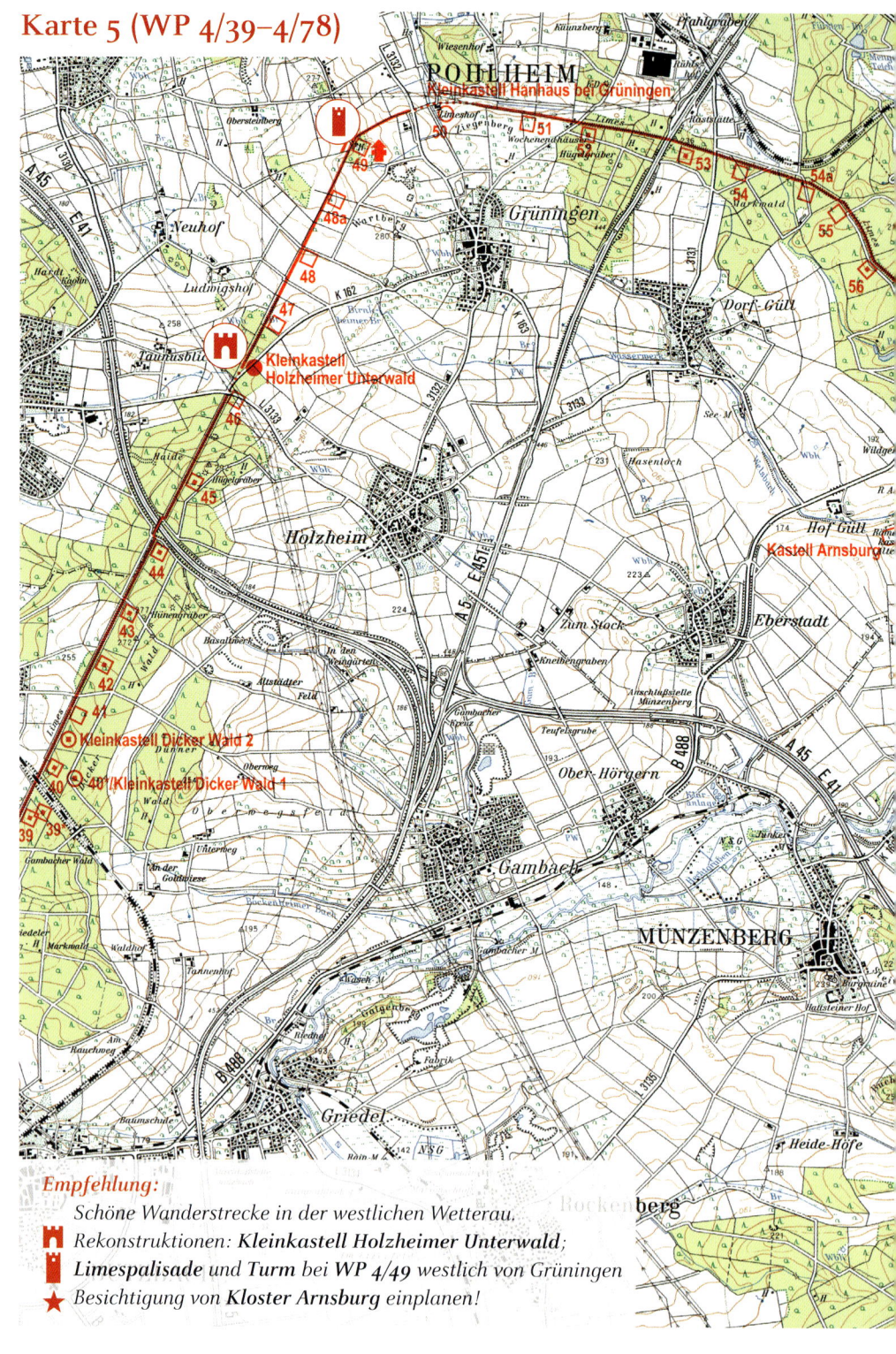

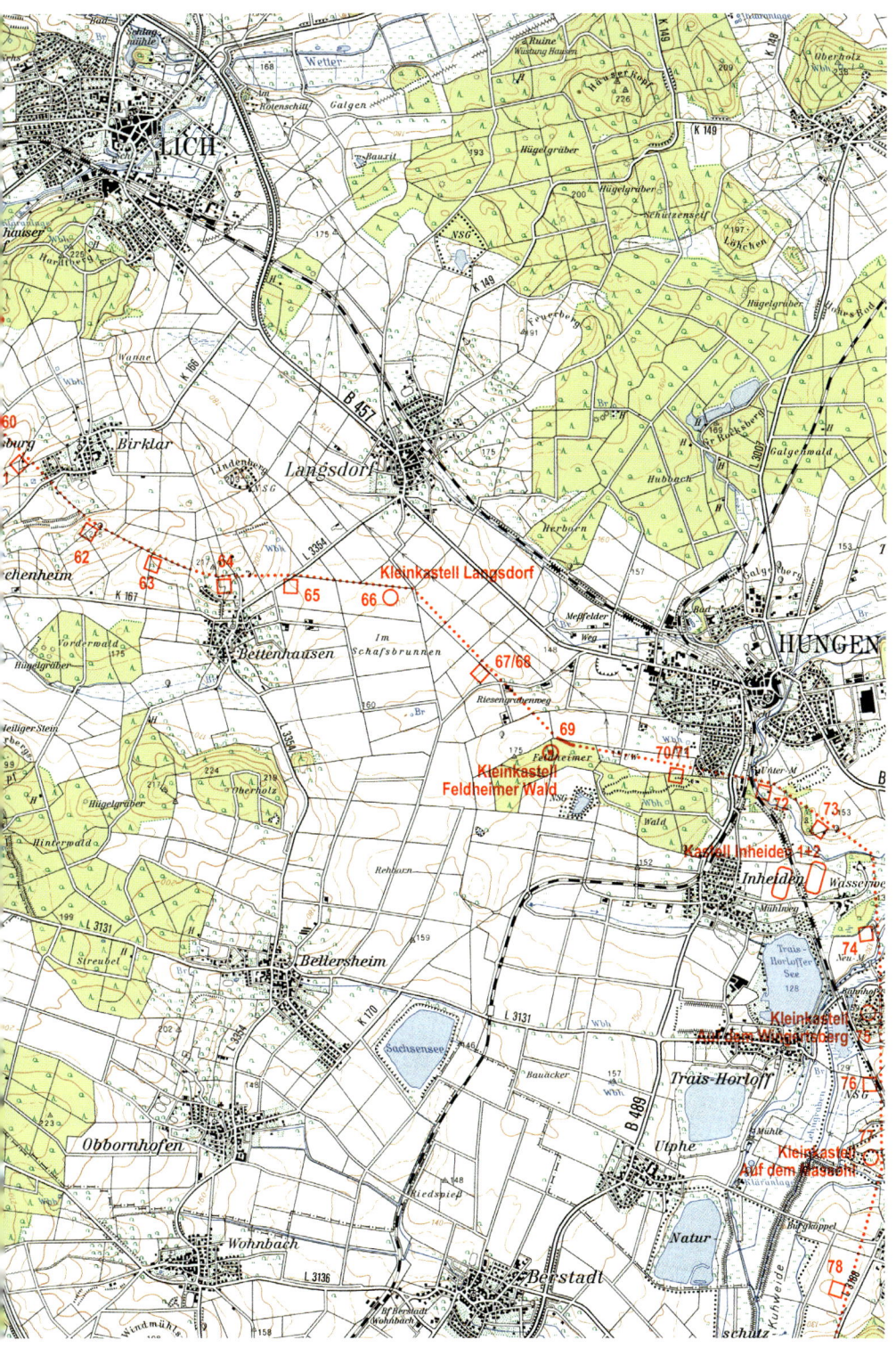

III STRECKENBESCHREIBUNG: DER LIMES IM OSTTAUNUS, DER WESTLICHEN UND NÖRDLICHEN WETTERAU

Lit.: RiH 404 mit Abb. 353–354. – J. Ph. Dieffenbach, Zur Urgeschichte der Wetterau, zugleich als Beitrag zur Alterthumskunde. Archiv Hess. Gesch. Altkde. 4, 1845, 147. – C. Gareis, in: Jahresber. Oberhess. Ver. Localgesch. 2, 1880-1881, 1881, 127 f. – Ders., Römisches und Germanisches in Oberhessen. Ebd. 3, 1882–1883, 1883, 53 ff. – G. Seitz, Neues zum Kastell Holzheimer Unterwald, Kr. Gießen. AiD 1989/4, 37 f. – Dies., Pohlheim-Holzheim (Kreis Gießen). Limeskastell Holzheimer Unterwald. Denkmalpfl. in Hessen 1989/1, 11. – F.-R. Herrmann/G. Seitz, Von der Urzeit zum Mittelalter. Archäologische Ausflüge in der Wetterau. Arch. Denkmäler Hessen 84 (²1993). – G. Seitz, Neue Forschungen am nördlichen Wetterau-Limes, in: V. Rupp (Hrsg.), Archäologie der Wetterau. Aspekte der Forschung (1991), 235 ff. – Dies., Das Kastell Holzheimer Unterwald. Ein Kleinkastell am nördlichen Wetteraulimes bei Pohlheim-Holzheim, Kreis Gießen. Arch. Denkm. Hessen 149 (1999). – N. Fischer, Sonderfall: Die Ausgrabung von Brunnen. Denkmalpfl. in Hessen 1992/1, 39 ff. s. v. Brunnenschacht mit vergangener Holzverschalung, 41 f. – V. Rupp/H. Birley, Wanderungen am Wetteraulimes. Archäologische Wanderungen am Limes vom Köpperner Tal im Taunus bis zur Drususeiche bei Limeshain. Führer hess. Vor- und Frühgessch. 6 (2000), Wanderstrecke 7.

Das Kleinkastell wurde im frühen 2. Jahrhundert hart am Patrouillenweg errichtet. Seine wohl von einem benachbarten Lager abkommandierte Besatzung muss verringert worden sein, als man den Durchlass schloss, zwei Räume aufgab und dort stattdessen eine 9,5 m tiefe Zisterne anlegte. Es hat den Funden nach bis mindestens 230 n. Chr. bestanden. Dieser Zeitpunkt ist auch für die Datierung des Pfahles wichtig, denn bei seinem Bau verblieb zwischen dem hier nicht unterbrochenen Wall und Graben und dem Tor des Kleinkastells ein kaum mehr nutzbarer, 4 m breiter Weg, so dass der Posten vielleicht nur noch zeitweilig besetzt war. Dafür könnte auch die im Gesamtmaterial verschwindend geringe Zahl später Funde sprechen.

→ *Zugangsmöglichkeiten: Parkplatz 200 m westlich der Kreuzung der L 3133 (Holzheim–Langgöns) und der K 162 von Grüningen. Der Parkplatz ist auch von der A 5/Ausfahrt Butzbach bzw. der A 45/Ausfahrt Münzenberg aus anzufahren.*

Der vom Holzheimer Unterwald bis zum Waldrand gut erhaltene Limes setzt sich im offenen Ackergelände als Wall oder heckenbestandener Feldrain fort. Aber erst bei **WP 4/49** findet man am Ende der gerade geführten Trasse nach den **WP 4/47** (anhand umherliegender Steine im Ackergelände vermutet), **WP 4/48** (mit römischen Funden und hufeisenförmig eingefasstem, vielleicht durch mittelalterliche Landwehr verändertem Rundturm) und **WP 4/48a** (durch römische Scherben 1896 in Wiese entdeckt) auf dem Sandberg direkt neben dem Fundament des ergrabenen Postens erneut eine Turmrekonstruktion.

Dieser Bau weist mit einem Ziegeldach, dem steinsichtigen Mauerwerk und einem fehlenden Geschoss jedoch entscheidende Fehler auf. Der davor angelegte Pfahl

Strecke 4: Vom Köpperner Tal bis Marköbel | III

zeigt mit Wall und Graben hinter der Palisade ohne die mehrfach beobachteten Querriegel, wie die Grenze um 200 n. Chr. ausgesehen haben mag. Die Stelle mit einem möglichen Holzvorgänger bietet bis heute eine gute Sicht in das Gießener Becken bis zum Schiffenberg und über die weitere Limesstrasse, während der Blick nach Süden und Westen durch den Oberstein und den Wartberg eingeschränkt wird. Den Gedenkstein auf der Wallkrone ließ ein Gießener Professor aufstellen. (Übersetzung: Robert Sommer und Ehefrau. Der Barbar in Erinnerung an die Römer im Jahr 1912. Limes des Römischen Reiches.)

⋯⋯▷ *Parkmöglichkeit: Rastplatz unmittelbar an der Turmrekonstruktion. Zufahrt von der Landstraße Pohlheim–Grüningen aus, wo man hinter einer Gehöftgruppe dem Hinweisschild zum Limesturm folgt.*

Nordwestlich von Grüningen bleibt die Trasse auf einer dicht bewaldeten, nach Südosten zur Wetter ziehenden Höhe, deren Tal sie an der engsten Stelle schneidet. Der hier nahezu vollständig erhaltene Pfahl beeinflusste auch Gemarkungsgrenzen, so dass er sogar an heute fehlenden Stellen noch lange über die Zeit der römischen Herrschaft hinaus sichtbar geblieben sein muss. Der mit einem scharfen Knick nach Nordosten abbiegende, weiterhin gut kenntliche Limes liegt auf dem Abschnitt bis zum Kleinkastell Hainhaus am Aussiedlerhof ‚Limeshof' zunächst unter einem Feldrain, später unter einem Weg. Im Wiesengrund östlich von **WP 4/49**, wo Wall und Graben fehlen, scheint die Palisade nur eingerammt worden zu sein.

Kleinkastell Hainhaus
Gde. Pohlheim, Lkr. Gießen

Das anstelle von **WP 4/50** errichtete Kleinkastell am nördlichsten Punkt des Wetteraulimes bleibt weitgehend unbekannt. Seine Größe von 0,3 ha wurde anhand von Luftbildern errechnet, und Funde wie in domitianische Zeit datierende Terra Sigillata deuten auf einen Holzvorgänger. Lediglich der 1,6–1,7 m tiefe Graben von 5,7–6 m Breite konnte 1936 auf der Ostseite erfasst werden. Ein geschotterter Weg führte zu dem Osttor mit 4 m langen Zungenmauern, hinter dem er nach Süden abbog.
Der Steinbau von 20 × 20 m vor der südöstlichen Kastellecke mit Bruchsteinmauerwerk, gepflasterten Böden und einem offenbar späteren Anbau, dem sog. Hainhaus, ähnelt von seinem durch Luftbilder bekannten Grundriss her zwar einem Bad,

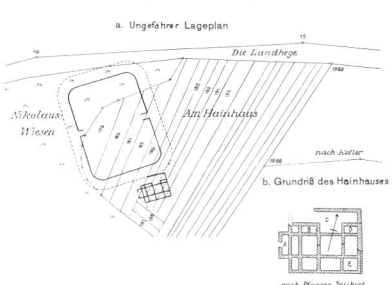

Abb. 106: Kleinkastell Hainhaus. Der im ORL publizierte Grundriss umfasst auch das Steingebäude südlich des Lagers.

III STRECKENBESCHREIBUNG: DER LIMES IM OSTTAUNUS, DER WESTLICHEN UND NÖRDLICHEN WETTERAU

Lit.: DEICHERT, Archiv für hess. Gesch. 3, 1844 XIII 6. – DERS., 1. Jahresber. des oberhess. Vereins für Lokalgesch. 1879, 15 ff.; – F. KOFLER, Limesbl. Sp. 765. – DERS., Arch.Anz. 1896, 201 ff. – DERS., Arch.Anz. 1898, 23.

könnte als offizieller Bau aber auch eine andere Funktion erfüllt und beispielsweise als *mansio* gedient haben. Es scheint dem Brandschutt nach durch Feuer zerstört worden zu sein.

→ *Funde: Museum Gießen*

Abb. 107: WP 4/48a Auf dem Sandberg am nördlichsten Punkt des Wetterau-Limes. Der (rekonstruierte) Pfahlgraben ist vor dem Turm gut auszumachen.

Abb. 108: WP 4/48a Auf dem Sandberg. Die Turmrekonstruktion bleibt nicht nur um ein Geschoss zu niedrig, sondern ohne Verputz und mit einem Ziegeldach auch falsch. Dennoch bietet sie einen guten Blick in das Gießener Becken.

Zwischen den Kleinkastellen Hainhaus und Inheiden trennte der Limes nicht nur die römische Provinz Obergermanien von der Germania Magna, sondern geografisch zugleich die Wetterau und die Gießener Senke. Da sie in den Oberrheingraben übergeht und damit den Einfall- und Transitweg nach Süden fortsetzt, wurde der Limes hier vermutlich bereits nach dem Chattenkrieg Domitians 83/84 n. Chr. angelegt. Dieser nie begradigte Streckenabschnitt, an dem ältere Holz- und jüngere Steintürme immer beieinanderliegen, folgt hier dem Gelände stärker als in anderen Bereichen der Wetterau. Der intensive Ackerbau hat östlich der B 488 auf der Höhe zwischen Wetter und Horloff die Grenzanlagen allerdings weitgehend eingeebnet, so dass man selten direkt am Pfahlgraben entlangwandert.

Als besonders gut erhaltener Abschnitt sei die Strecke zwischen den **WP 4/52–57** empfohlen. „... auf lange Strecken stellen Wall und Graben sich in einem seit dem Altertum von Menschenhänden unberührten Zustand dar, und es ist zu wünschen, daß diese Stücke, insbesondere im Arnsburger Wald zwischen **WP 55** und **57**, als Musterbeispiel des Römerbaus vor Beschädigungen möglichst bewahrt bleiben", hatte Fabricius schon 1936 geäußert. Auch die Trasse Altenstadt–Marköbel mit den **WP 4/102–4/105** lohnt einen Besuch.

Östlich von Kleinkastell Hainhaus lässt sich der Limes nach dem Passieren des nicht gesicherten **WP 4/51** erst im Wald 1,5 km östlich der Straße Grüningen–Pohlheim–Garbenteich wieder erkennen. Das unter dem westlichen Wallfuß erhaltene Zaungräbchen wies in dem bröckeligen Basalt bei **WP 4/52** einen ziemlich unregelmäßigen Verlauf auf. Hier folgte ein Steinturm (5,2 x 5,6 m) mit Kreisgraben auf zwei Holztürme mit einfachem bzw. doppeltem Ringgraben, von denen der äußere zum Tal hin tiefer ausgehoben worden war. Ein geschotterter Pfad führte zum Limes. Östlich der A 5/E 451 (Unterführung 200 m südlich des Limes) wurde bei **WP 4/53**, am alten Grabungsaushub kenntlich, außer dem Begleitweg ein Ensemble von vier Holztürmen und einem Steinturm ergraben, deren Einfassungen sich teilweise überschnitten. Zwei Holzturmstellen besaßen runde, die beiden anderen rechteckige Gräben. Nach dem Passieren der L 3131 führt der stärker beschädigte, seit **WP 4/52** vom Vorgelände etwas überhöhte Pfahl am Waldrand weiter zum ver-

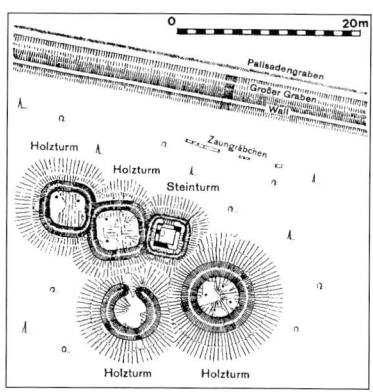

Abb. 109: WP 4/53 Im Grüningen-Dorf Güller Markwald Ost. Lageplan der Holz- und Steinturmstellen. Nach: ORL.

muteten **WP 4/55**. An einer leichten Biegung des bald wieder deutlicheren Limes findet man **WP 4/56**, wo südlich der stark zerwühlten Holzturmstelle, deren angeziegelter Lehm die Abdrücke von Rundhölzern konserviert hatte, das 0,65 m hoch erhaltene, 6 x 6 m große Fundament des Steinturmes mit einem Fundamentsockel offenliegt.

Die folgenden Wachtposten im nördlichen Vorfeld des Kastells Arnsburg sind ebenso wie der Limes kaum sichtbar, obwohl im Wettertal bei **WP 4/57** westlich der B 488 (Parkplatz) aufgrund der Topografie ein frequentierter Limesdurchgang gelegen haben muss. Der großen Fundstreuung nach könnte es sich dabei wie bei den Vorposten von Butzbach und Echzell sogar um ein Kleinkastell gehandelt haben. Vermutlich bauten die Römer hier einen bereits älteren Fernweg Richtung Kolnhäuser Hof–Lich–oberes Wettertal aus. Nach dem Abstieg in das Wettertal zieht der Pfahl – seine Spuren sind nur auf dem Weinberg bei Birklar und am Kratzert südlich des Ortes erhalten – den steilen Osthang zum Wald hinauf, wo er sich ebenso abzeichnet wie der mächtige Schutthügel des Steinturmes **WP 4/59**, der das Hardtfeld weithin kontrollierte. Das bis zu drei Schichten hoch erhaltene Mauerwerk mit 5,5 m langen Seiten aus sorgfältig zugerichteten Basaltsteinen in einem festen Mörtelverband sprang innen über dem Sockel um 0,20 m zurück.

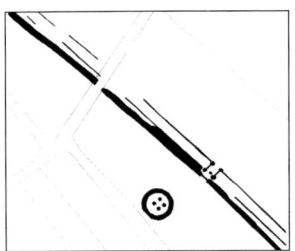

Abb. 110: WP 4/61 am westlichen Ortsrand von Birklar. Luftbildumzeichnung mit Holzturm, Doppelpalisade und Limesdurchlass. Nach: St. Bender, in: Saalburg-Schr. 6, S. 51, Abb. 4.

Während **WP 4/60** nur nach topografischen Erwägungen lokalisiert wird (Fabricius begründete 1936: „Das Kastell Alteberg lag, von hier gesehen, wie auf dem Präsentierteller!"), konnte durch Luftbildprospektion der Standort von **WP 4/61** etwas nordwestlich der vermuteten Stelle nachgewiesen werden. Auf ihnen zeichnet sich vor Wall und Graben eine bislang in Obergermanien singuläre, 5 m breite Doppelpalisade ab, die im Nordwesten offenbar an dem tief eingeschnittenen Wettertal beginnt – nördlich davon haben geomagnetische Untersuchungen lediglich schwache Hinweise auf ein Palisadengräbchen ergeben – , während das südliche Ende vermutlich ebenfalls an einer markanten Geländestelle derzeit nicht eindeutig festgelegt werden kann. Vor dem Turm weisen Standspuren an den Grabenenden auf einen Limesdurchlass, der nach der wohl von einem Holzpfosten stammenden Verfärbung in der Mitte der Erdbrücke vielleicht sogar zu verschließen war. Bis zum **WP 4/62** mit Holz- und Steinturm fehlen Reste des Pfahles.

Strecke 4: Vom Köpperner Tal bis Marköbel | III

Hinter diesem Streckenabschnitt sicherte das schon im dritten Viertel des 1. Jahrhunderts noch unter Domitian angelegte Kastell Arnsburg nicht nur den nördlichen Wetteraubogen, sondern auch den Wetterübergang und die zum Vogelsberg führende Straße. Es wurde schon seit dem 17. Jahrhundert hier vermutet, aber erst 1842 vom solms-laubachischen Rentamtmann Fabricius nach den sich im trockenen Sommer in einem Kleefeld abzeichnenden Gebäudegrundrissen eindeutig lokalisiert.

Das Kastell liegt in einem seit den Drususfeldzügen für die Römer strategisch wichtigen Aufmarschgebiet dort, wo sich ein vorzüglicher Blick über das Wettertal und die nach dem Fluss benannte Beckenlandschaft bietet. Entsprechend war es, durch natürliche Steilabfälle zur Wetter und zum Welsbachtal an Nord- und Ostseite geschützt, mit seiner Hauptfront nach Osten zum Tal hin orientiert. Später führten von diesem wichtigen Verkehrsknotenpunkt aus Straßen nach Echzell und Butzbach sowie vor allem nach Friedberg. Gerade diese Verbindung ist südlich des Kastells über weite Strecke im Gelände zu verfolgen.

Obwohl bis jetzt trotz zwei Spitzgrabenprofilen vor der Südostecke des Kastells kein frühkaiserzeitliches Lager ergraben werden konnte, müssen nach Lesefunden bereits in augusteisch-tiberischer Zeit römische Truppen hier gestanden haben. Zwei aufeinander folgende, spätestens 16 n. Chr. geräumte Posten von bis zu 5,6 ha Fläche, die Raum für 1000 Soldaten boten, sind neuerdings auch wenig nördlich von Arnsburg in Lich-Muschenheim nachgewiesen.

Das im ausgehenden 1. Jahrhundert als Holz-Erde-Bau angelegte Kohortenkastell wurde im frühen 2. Jahrhundert beim Ausbau in Stein auf 3 ha erweitert. Im Gelände sind Reste der besonders sorgfältig aufgeführten Nordfront mit Nordwest-Ecke und Kastelltor erkennbar. Für die äußeren Mauerschalen mit einem nach außen abgeschrägten So-

Kohortenkastell Arnsburg
Stadt Lich, ST Muschenheim, Lkr. Gießen

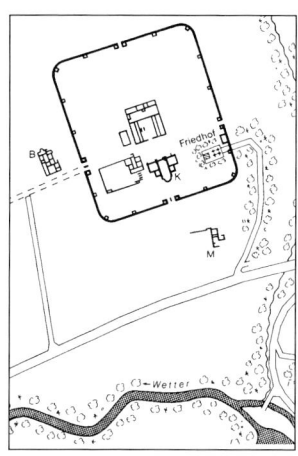

Abb. 111: Kastell Arnsburg. Grundriss nach RiH Abb. 153.

ckel waren behauene Quader benutzt worden, für das Gussmauerwerk dagegen vulkanische, lokal anstehende Bruchsteine. Nur die *porta praetoria* und die *porta principalis sinistra* besaßen doppelte Durchfahrten, wobei am nach Osten weisenden Haupttor wohl aus repräsentativen Gründen sonst seltene Sandsteine Verwendung fanden. Außer Eck- und Zwischentürmen wird der kleine Anbau neben dem Nordtor als Geschützbastion gedeutet. Der auf der ungesicherten Westseite 12 m breit und 3 m tief angelegte Spitzgraben bleibt auf Nord- und Ostseite, wo er über weite Strecken in den Felsen gehauen werden musste, mit nur 5–7 m Breite deutlich schmäler und zugleich flacher.

Die *principia* – wohl ohne Vorhalle, Apsis und Tresorraum – lagen westlich der Linde, die heute den Standort der mittelalterlichen Klosterkirche markiert. Von der trotzdem prächtigen Ausgestaltung zeugen Wandverputzreste sowie Bruchstücke einer Statuenbasis aus weißen Sandsteinplatten. Der neben den *principia* festgestellte Bau diente nach dem Fund eines Handmühlsteines wohl als *horreum*, während Barackenbauten z. T. mit Estrichböden die Praetentura eingenommen haben.

Kastell Arnsburg gehört zu den bis 259/60 n. Chr. durchgehend besetzten Garnisonen. Die zu Beginn des 2. Jahrhunderts hier nachgewiesene *cohors I*

Abb. 112: Kastell Arnsburg. Die Bewuchsmerkmale lassen sich bei der Infrarot-Aufnahme besonders deutlich erkennen.

Strecke 4: Vom Köpperner Tal bis Marköbel | III

Aquitanorum equitata veterana wurde später von der *cohors II Aquitanorum equitata civium Romanorum* abgelöst. Beide Einheiten verfügten über die an einer möglichen Einfallpforte zur Vorfeldkontrolle wichtigen Reiterabteilungen. Welche Einheit später die Besatzung stellte, bleibt unbekannt. Vor allem am südlichen Lagertor entwickelte sich entlang der in die zentrale Wetterau und weiter nach Mainz führenden Magistrale das Lagerdorf, das sich aber auch vor der West- und Ostseite ausdehnte. Dort lagen ein Bad und ein großes Gräberfeld. Ein vermutlich offizielles Gebäude – vielleicht ein Bad oder eine *mansio* – ist durch Luftbilder vor dem Haupttor lokalisiert, südöstlich davon an der Peripherie des Lagerdorfes ein nicht ganz regelmäßiges Amphitheater von 31–32 m, das von zwei Seiten aus zugänglich war. Nur wenig nördlich des Kastells zeichnet sich auf Luftbildern ein Gebäudekomplex ab, dessen Grundriss einer *villa rustica* ähnelt.

→ *Die Reste des Kastells liegen hinter dem Friedhof des Hofes Güll. Parkmöglichkeit: Parkplatz hinter dem Wetterbach, dem man von der B 488 Butzbach-Lich, Richtung Muschenheim, aus erreicht, wenn man nach links zum Kloster Arnsburg abbiegt.*

Lit.: RiH 228 ff. – E. Fabricius, Hess. Archiv III, 2, 8 (1842). – F. Kofler, Kastell Arnsburg. ORL Abt. B II, Nr. 16 (1902). – W. Kröll/H. Schönberger, Untersuchungen am Limes bei Kastell Arnsburg. Saalburg-Jahrb. 22, 1965, 10 ff. – B. Steidl, Frühkaiserzeitliche Funde vom Gelände und Vicus ‚Alteburg' bei Lich-Kloster Arnsburg, Kr. Gießen. Saalburg-Jahrb. 47, 1994, 65 ff. – St. Bender, Schon wieder römische Lager. HessenArch. 2001 (2002), 72 ff. – Ders., Ein Amphitheater im Lagerdorf des Kastells Arnsburg – Wiederentdeckung und Deutung einer Entdeckung. HessenArch. 2004 (2005), 100 ff.

Ab Arnsburg durchzieht der Pfahl das flache Hügelland zwischen Wetter- und Horlofftal, bevor er bei Inheiden nach Süden abknickt und die Grenze gegen den Vogelsberg bildet. Auf der folgenden Strecke finden sich zumeist dort Kleinkastelle, wo völlig gerade geführte Teilabschnitte der Limesstrasse aufeinandertreffen und ihre Richtung leicht ändern. Weil hier die Turmabstände zugleich wesentlich größer sind als im Taunus, scheint das Militär die Kontrolle dieses offenbar weniger gefährdeten Gebietes von Anfang an anders organisiert zu haben.

Östlich von **WP 4/62** mit sehr schlecht erhaltener Holz- und Steinturmstelle erreicht der Limes nach einer Biegung und drei nicht gesicherten Posten **WP 4/63–4/65** das gleichzeitig als **WP 4/66** gezählte Kleinkastell Langsdorf.

III STRECKENBESCHREIBUNG: DER LIMES IM OSTTAUNUS, DER WESTLICHEN UND NÖRDLICHEN WETTERAU

Kleinkastell Langsdorf
Gde. Lich,
Landkreis Gießen

Die heute am Boden nicht mehr erkennbare Anlage mit 0,1 ha Innenfläche umgab eine 2,25 m breite, solide erbaute Mauer mit abgerundeten Ecken, die auf einem 0,5 m tiefen Fundament aufsaß. Ein Graben wird nur vermutet.

→ Funde: Museum Gießen

Abb. 113: Kleinkastell Langsdorf.
Lage des Kastells nach ORL.

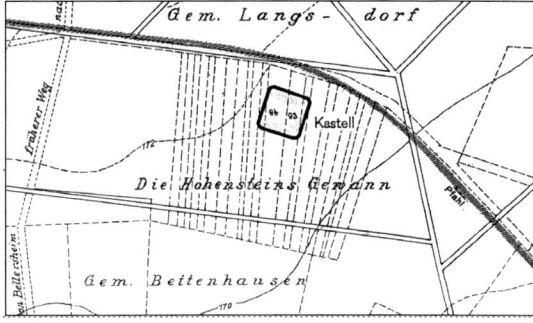

Lit.: DEICHERT, Archiv für hess. Gesch. 3, 1844 XIII 6. – DERS., 1. Jahresber. des oberhess. Vereins für Lokalgesch. 1879, 15 ff.; – F. KOFLER, Limesbl. Sp. 765; – DERS., Arch.Anz. 1896, 201 ff. – DERS., Arch.Anz. 1898, 23.

Die durch eine Niederung gerade nach Südosten zum Kleinkastell Feldheimer Wald geführte Trasse überwachte von der Mitte aus lediglich **WP 4/67** und **68**. Hier ersetzte ein Steinturm mit heute verackerten Fundamenten den älteren Holzturm. In der äußeren Böschung seines Schutzgrabens wurde eine Feuerstelle nachgewiesen. Auch bei dem 0,1 ha großen Kleinkastell Feldheimer Wald **WP 4/69** verschob sich die Trassenführung erneut.

Kleinkastell Feldheimer Wald
Gde. Hungen,
Landkreis Gießen

Die Umwehrung der 35 x 25,5 m großen Garnison findet man im Wald hinter dem hier ein Stück weit sichtbaren Pfahlgraben. Sie bestand 1844 noch als 0,25 m hoher Damm. Das Tor der stark vermörtelten Mauer mit abgerundeten Ecken lag auf der Südost-Seite. Von der nach starkem Brandschutt wohl gewaltsam zerstörten Innenbebauung sind keine Spuren bekannt.

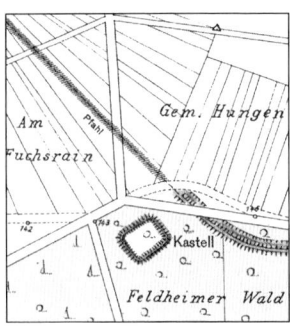

Lit.: J. PH. DIEFFENBACH, Zur Urgeschichte der Wetterau, zugleich als Beitrag zur Alterthumskunde. Archiv Hess. Gesch. Altkde. 4, 1845, 226, Anm. 386; 308 f. – A. V. COHAUSEN, Der römische Grenzwall in Deutschland (1884), 71, 6.

Abb. 114: Kleinkastell Feldheimer Wald. Lageplan nach ORL.

Bis zum Kastell Inheiden wurde am größtenteils abgegangenen Limes statt zwei von der RLK vermuteten Türmen nur ein als **WP 4/70/71** gezählter Posten erfasst. Dort folgte auf einen Holzbau ein Steinturm mit flachem, wohl eher der Drainage dienenden Gräbchen, das in der Südostecke eine Abfallgrube störte. Im Abstand von 2 bzw. 6,5m zeichneten sich vor dem Graben zwei Palisadengräbchen ab. Da keines von ihnen Holzreste enthielt – die Pfähle hatte man offenbar vorsätzlich entfernt –, lassen sie sich nicht mehr datieren. Bei **WP 4/72** an einer Pfahlbiegung nach Südosten stand außer einem Steinturm mit zugehöriger Kochstelle ein älterer Holzbau. Der Begleitweg scheint hier sehr schmal gewesen zu sein und trennte sich am Abstieg zur Horloff vom nie verschobenen Pfahlgraben. Südlich von Hungen schützt von einem flachen, zungenartigen Vorsprung aus das nur unvollständig untersuchte Kastell Inheiden einen scharfen Knick des Limes nach Süden.

Numeruskastell Inheiden
Stadt Hungen,
ST Inheiden, Lkr. Gießen

Das vielleicht schon unter Traian gegründete, bis 260 n. Chr. besetzte Lager erreicht mit 1,1 ha Fläche nicht ganz die Größe eines Numeruskastells. Es folgte auf ein Holz-Erde-Kastell von 0,7 ha mit einem Graben und wurde offenbar wie Altenstadt mehrfach erweitert und ausgebaut, ohne dass die hier stationierte Truppe bekannt wäre. Der 2,25 m breiten Zweischalenmauer hinter einem Doppelgraben aus vermörtelten, aber sorgfältig behauenen Lungsteinen und einem Gussmauerkern fehlte wohl ein Erdwall.

Auf Luftbildern sind westlich des Steinkastells zwei ältere Holz-Erde-Schanzen zu erkennen. Eine von ihnen liegt, von zwei Gräben geschützt, direkt vor der Westfront des Steinkastells, die andere mit einem Graben 300 m davon entfernt. Das Lagerdorf weist vor allem im Süden, wo sich auch ein Gräberfeld befindet, erstaunlich große Steinbauten auf.

→ *Ein regionales Limes-Informationszentrum speziell für den Landkreis Gießen könnte in Hungen im Hof Graß eingerichtet werden. An dem dortigen Parkplatz soll ein Limesrundweg beginnen, der u. a. zum Kastell Inheiden und **WP 4/73** führt.*

Abb. 115: Kastell Inheiden. Auf dem Luftbild lässt sich außer dem Kastellgrundriss auch die z. T. recht dichte Bebauung in seiner Umgebung erkennen.

Lit.: RiH 362 f. – E. Anthes, Kastell Inheiden. ORL Abt. B II Nr. 17 (1911). – H. Schönberger, Neue Grabungen am Limes um Kastell Inheiden. Saalburg-Jahrb. 14, 1955, 33 f. - M. Blechschmidt/W. Strack, Neue Terra Sigillata-, Münz- und Ziegelfunde vom Limeskastell Inheiden (Ldkr. Offenbach). Saalburg-Jahrb. 28, 1971, 14 ff.

Etwas östlich des Kastells schneidet der Limes die Horloff, deren 800–1000 m breite Niederung die nordöstliche Wetterau vom Vogelsberg und damit eine wenig reliefierte Lössfläche von hügeligen Vulkanausläufern mit schweren, heute noch bewaldeten Basaltverwitterungsböden trennt. Die von dem natürlich geschützten West-ufer des Horloffriedes auf die Ostseite des Tales vorgeschobene Limesstrasse, die die Nidder an der schmalsten Stelle schneidet, quert in ihrem weiteren Verlauf durch dieses bis zum Main reichende Altsiedelland zahlreiche nordöstlich-südwestlich streichende Höhen, deren zungenartig vorspringende Basaltkuppen (Grasser Berg, Wingertsberg, Massohl, Unter-Widdersheim, Rotkopf und Lochberg) Kleinkastelle einnahmen. Das unterscheidet die Trasse von der Strecke zwischen Rhein und Horloff, an der sich der Limes bevorzugt an Kammhöhen, flachen Höhenrücken oder lokalen Wasserscheiden orientierte.

Karte 6

Südlich des nach Funden vermuteten **WP 4/73** durchzieht der Limes ein sumpfiges Wasserschutzgebiet, das der Wanderer umgehen muss. Erst bei **WP 4/75** Kleinkastell Auf dem Wingertsberg trifft der Weg dort auf den gesicherten, aber zerstörten Limes, wo heute Wochenendhäuser stehen. Schon vor der Untersuchung der RLK hatte ein Steinbruch das an drei Seiten von der Horloffniederung geschützte Kastell zerstört, so dass der Wehrbau außer einer 15 m langen Mauerecke weitgehend unbekannt bleibt. Sicher überwachte er das von hier aus überschaubare Vorgelände zwischen Echzell und dem Feldheimer Wald.

Weder von dem als **WP 4/77** gezählten Kleinkastell Massohl, einer durch einen Steinbruch zerstörten Anlage unbekannter Größe mit gerundeten Ecken, noch von Unter-Widdersheim Die Burg **WP 4/79** – trotz eines unklaren Befundes zweifellos ein Kleinkastell – sowie den dazwischen vermuteten **WP 4/76** und **4/78** blieben sichtbare Reste erhalten.

An den größtenteils vermuteten Turmstellen **WP 4/80–84** vorbei führt der Weg bei **WP 4/85** zurück an die Limesstrasse. Hier lag, 1,3 km vom Limes auf der Ostseite der Horloff entfernt, das Kleinkastell Haselhecke, das sich nicht nur durch seine Tallage, sondern auch durch seine ungewöhnliche Größe, ein eigenes Bad und vor allem seinen Vicus von 0,4 ha von anderen Kleinkastellen unterscheidet.

Strecke 4: Vom Köpperner Tal bis Marköbel | III

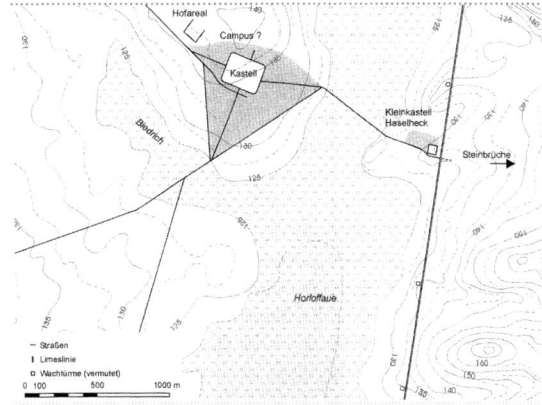

Kleinkastell Haselhecke
Gde. Echzell, Wetteraukreis

Abb. 116: Ein Limeskastell und sein Vorfeld. Der Übersichtsplan über Kastell Echzell und seinen Vorposten, Kleinkastell Haselhecke, sowie die in seiner Umgebung nachgewiesene Bebauung zeigt, wie stark die Lager auch ihr Umfeld prägten. Nach: Steidl, in: Saalburg-Schr. 6 (2004), S. 117, Abb. 1.

Das Echzell vorgelagerte Kleinkastell Haselhecke ersetzte einen älteren Holzturm und ist möglicherweise erst unter Hadrian um 110/120 n. Chr. als Kontrollposten an einem Limesdurchgang ausgebaut worden. Die vermutlich wie Degerfeld mehrfach veränderte Innenfläche von 65 x 61 m wurde von einer 2 m breiten Bruchsteinmauer im Mörtelverband und einem 4,5 m breiten und 1 m tiefen Graben geschützt. Das Bad 20 m nördlich des Kleinkastells umfasste alle benötigten Räume.
Das vor dem Kleinkastell recht krumm angelegte Zaungräbchen zeichnete sich direkt hinter dem inneren Grabenrand des Pfahles ab, so dass es der Wallfuß überdeckt haben wird.

Lit.: A. v. COHAUSEN, Der römische Grenzwall in Deutschland (1884), 61, 4. – F. KOFLER, Quartalsbl. 1886, 26. 204 m. Beil. – DERS., Arch. Anz. 1900, 88. – B. STEIDL, Kastell Echzell – Kleinkastell Haselhecke – Limeslinie. Fallstudie zur Gesamtausdehnung eines Kastellplatzes am Limes, in: E. SCHALLMAYER (Hrsg.), Limes Imperii Romani. Beiträge zum Fachkolloqium ‚Weltkulturerbe Limes'. November 2001 in Lich-Arnsburg. Saalburg-Schr. 6 (2004), 115 ff.

1,3 km westlich dieses Limesdurchgangs findet sich an einer Horloff-Furt auf der vorgeschobenen, das Tal auf 500 m verengenden Basaltkuppe ‚Preulen' Kastell Echzell, mit den Ausmaßen 248 x 208 m eines der größten Lager am gesamten obergermanischen Limes. Die Berstädter Gasse bezeichnet noch heute den Verlauf der *via principalis*. Das Kastell sicherte die altgenutzte Furt, die in römischer Zeit auf einem über eingeschlagene Eichenpfähle geführten Steindamm sowie einer Brücke bequem passierbar war. Eine am nördlichen Ortsrand nachgewiesene germanische Siedlung der ersten Hälfte des 1. Jahrhunderts, deren Bewohner Kontakte mit den Römern unterhalten haben müssen, war zur Zeit der Kastellgründung schon verlassen.

Karte 6 (WP 4/67–4/94a)

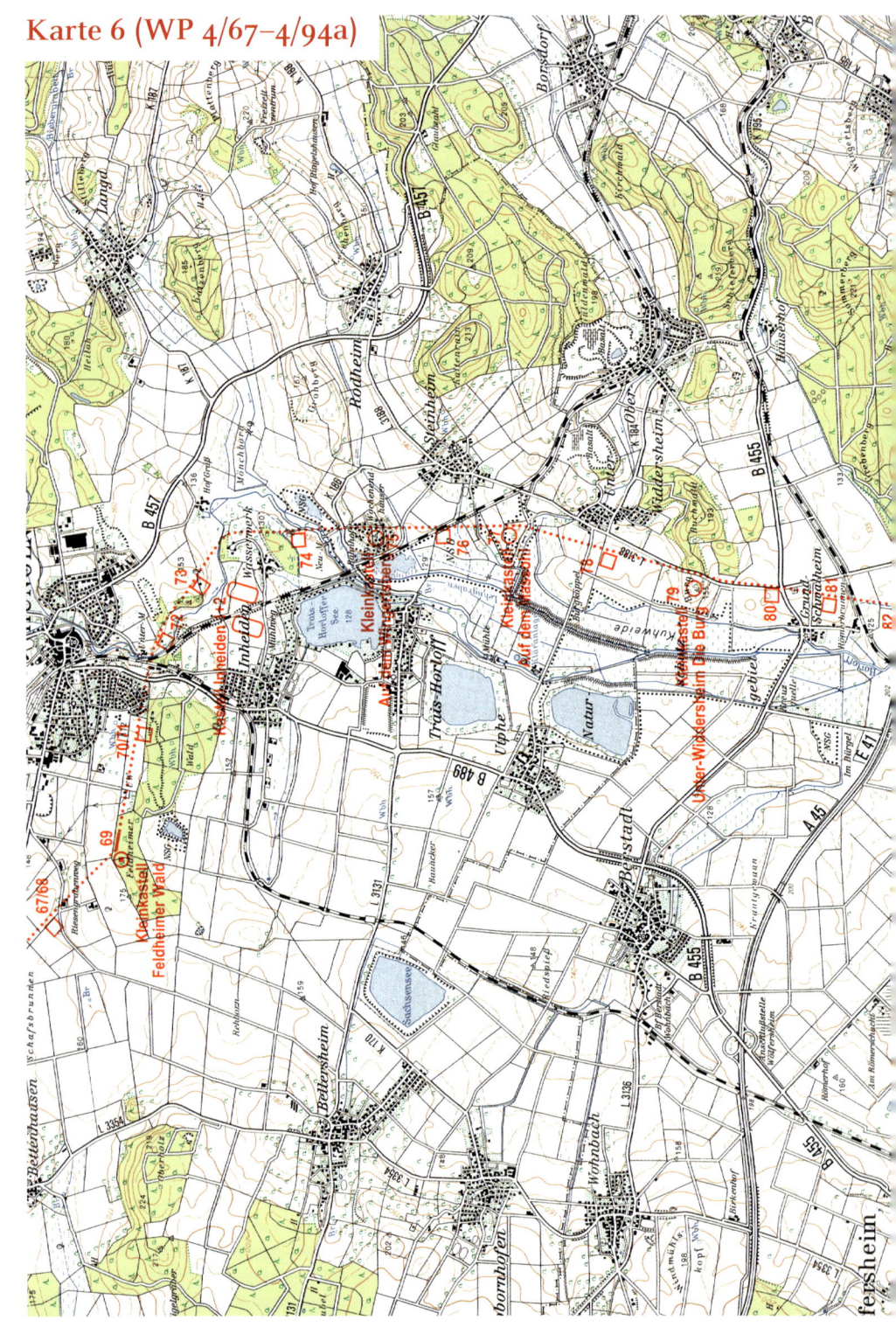

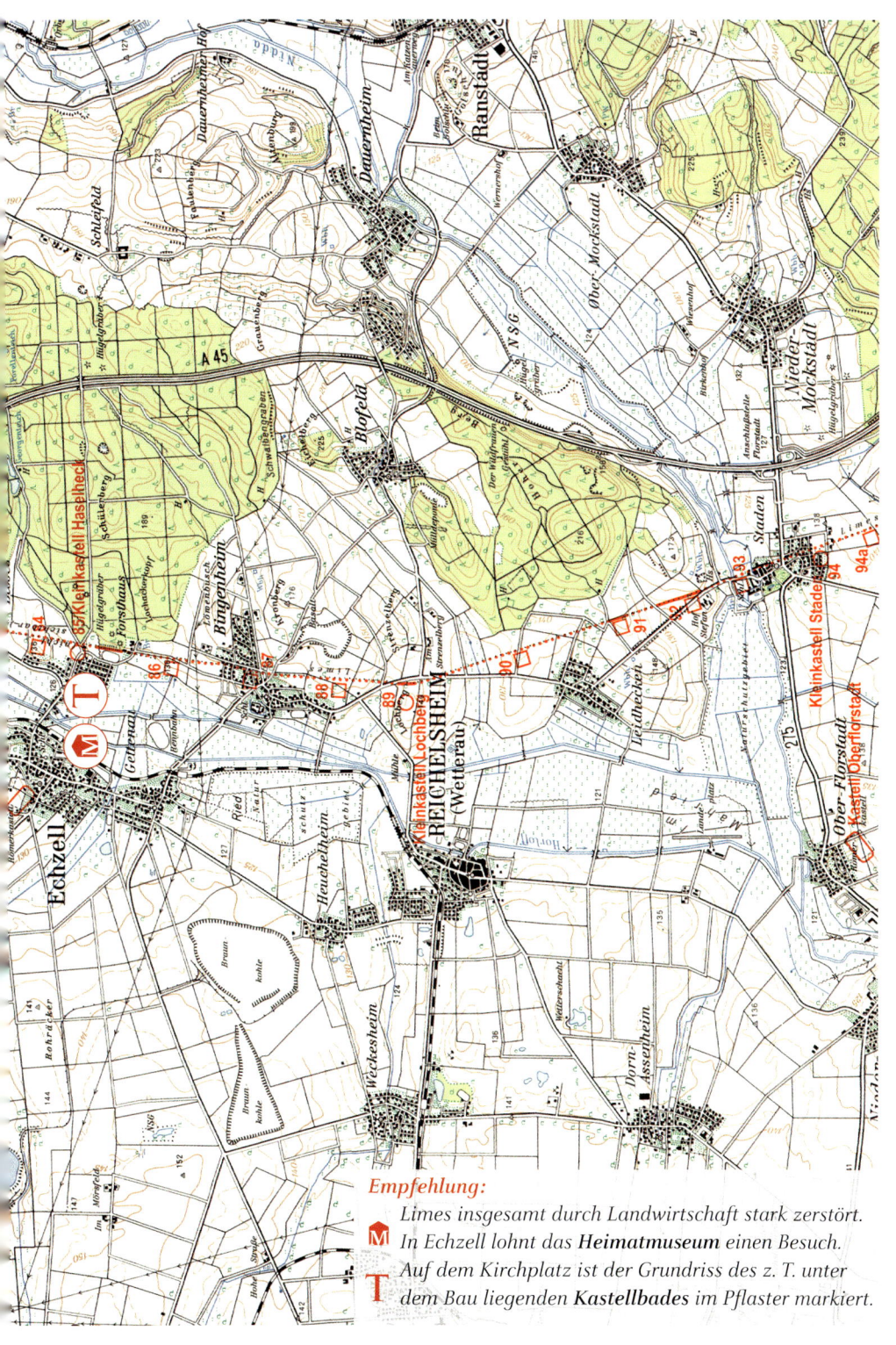

III STRECKENBESCHREIBUNG: DER LIMES IM OSTTAUNUS, DER WESTLICHEN UND NÖRDLICHEN WETTERAU

Alenkastell Echzell
Gde. Echzell,
Wetteraukreis

Noch in den letzten Regierungsjahren von Domitian wurde um 90 n. Chr. ein 5,2 ha großes Holzkastell mit einem Graben, einem gegen eine hölzerne Palisade aufgeschütteten Erdwall und Fachwerkbauten errichtet. Bei den Türmen dürfte es sich den Standspuren von sechs Pfosten nach um offene Gerüstbauten gehandelt haben. Das Lager erhielt bereits unter Hadrian eine Mauer aus rohen Basaltsteinen mit abgeschrägtem Sockel, Tor-, Eck- und Zwischentürmen. Nur die Tore, von denen lediglich die *porta decumana* eine einfache Durchfahrt besaß, waren mit weißem Sandstein verkleidet. Ein zweiter Graben scheint nicht durchgängig angelegt worden zu sein. Trotz mehrfacher Zerstörungen bei Germaneneinfällen in den 60er- und 70er-Jahren des 2. Jahrhunderts sowie dem Alamanneneinfall 253 n. Chr. bestand das wieder aufgebaute Kastell bis zum Limesende.

Die Innenbebauung ist nur zum Teil bekannt. Mehrfache Veränderungen an den *principia* betrafen kaum den Grundriss, sondern die Bautechnik, denn das Holzfachwerk wurde durch Stein ersetzt. Das Fahnenheiligtum ohne Apsis besaß einen Tresorraum. Die mit 67 m Länge besonders geräumigen Baracken in Ständerbauweise zeigten über den Mannschaftsbereich vorspringende Kopf- und Schlussbauten für die höheren Chargen. Dort in einer Grube geborgene qualitätvolle Wandmalereireste mit mythologischen Szenen aus der Mitte des 2. Jahrhunderts belegen nicht nur unerwarteten Wohnkomfort, sondern auch einen überraschend hohen Bildungsstand des militärischen Führungspersonals. Pfostenstandspuren an allen Kastellstraßen, die über Basalt einen 0,12–0,22 m gewölbten Belag aus kleingeschlagenen Steinen und feinem Kies aufwiesen, gehörten zu einer *porticus*.

Von dem mit 50 m Länge ungewöhnlich großen Militärbad liegen Fundamentreste unter dem Lang-

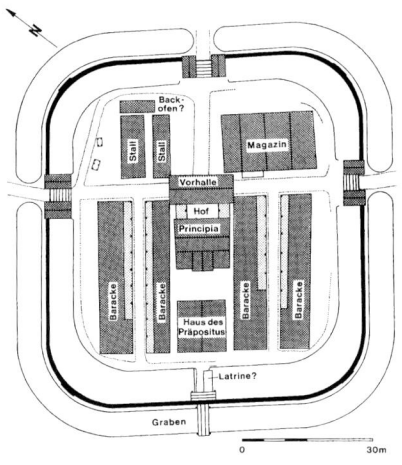

Abb. 117: Kastell Echzell. Übersichtsplan. Der Grundriss des um 100 n. Chr. unter Kaiser Domitian angelegten Kastells entspricht mit seiner rechteckigen Form und der klaren Innengliederung dem klassischen Lagerbau der hohen Kaiserzeit. Nach: Baatz, in: Saalburg-Jahrb. 22, 1965, Beil. 2.

Strecke 4: Vom Köpperner Tal bis Marköbel

Abb. 118: Kastell Echzell. Über dem Kastellbad errichtete evang. Pfarrkirche. Die nicht überbauten Teile sind im Pflaster farbig ausgelegt.

haus der ev. Kirche. Sein Grundriss wurde in der Pflasterung des Kirchhofes markiert. Ein benachbartes Gebäude könnte als *mansio* gedient haben. Die Besatzung wurde wohl von einer *ala quingenaria* – spätestens seit dem Ende des 2./Beginn des 3. Jahrhunderts muss die *ala Indiana Galliarum pia fidelis [Antoniniana]* nach Echzell disloziert gewesen sein – und einer 500 Mann starken Kohorte mit angegliederter Reiterabteilung gestellt. Da das feuchte Horloffried zwischen Kastell und dem 1,4 km weit von ihm entfernten Limes einen natürlichen, wohl nur an wenigen Stellen passierbaren Schutz bot und auch der Vogelsberg ein weiteres Hindernis bildet, war die Ala wohl kaum in den Wachtdienst an der Grenze eingebunden, sondern hatte spezielle Aufgaben zu übernehmen. Ein zum Training der Reiter benötigter *campus* könnte nördlich des Lagers auf einer ebenen Fläche zu lokalisieren sein, die zahlreiche Militaria erbrachte. Die Nutzung eines hofartigen Areals westlich der Garnison bleibt ungewiss.

III STRECKENBESCHREIBUNG: DER LIMES IM OSTTAUNUS, DER WESTLICHEN UND NÖRDLICHEN WETTERAU

Lit.: RiH 261 ff. – F. KOFLER, Kastell Echzell. ORL Abt. B II Nr. 18 (1903). – D. BAATZ, Die Grabungen im Kastell Echzell, in: Saalburg-Jahrb. 21, 1963/64, 32 ff. – DERS., Die gestempelten Ziegel aus dem Bad des Limeskastells Echzell. Saalburg-Jahrb. 22, 1965, 118 ff. – DERS., Limeskastell Echzell, Kurzbericht über die Grabungen 1963 und 1964. Saalburg-Jahrb. 22, 1965, 139 ff. – DERS., Römische Wandmalereien aus dem Limeskastell Echzell Kr. Büdingen (Hessen). Germania 46, 1968, 40 ff. – DERS., Wetterauer Geschichtsbl. 18, 1969, 1 ff. – H. SCHNORR/D. BAATZ, Eine Töpferei für römische Gebrauchskeramik im Vicus des Limeskastells Echzell. Saalburg-Jahrb. 24, 1967, 33 ff. – H. KLUMBACH/D. BAATZ, Eine römische Paradegesichtsmaske aus dem Kastell Echzell Kr. Büdingen (Hessen), Saalburg-Jahrb. 27, 1970, 73 ff. – M. SCHLEIERMACHER, Die römischen Wand- und Deckenmalereien aus dem Limeskastell Echzell (Wetteraukr). Saalburg-Jahrb. 46, 1991, 96 ff. – J. LINDENTHAL/V. RUPP/A. BIRLEY, Eine neue Veraneninschrift aus der Wetterau, in: S. HANSEN/V. PINGEL (Hrsg.), Archäologie in Hessen. Neue Funde und Befunde. Festschr. F.-R. Herrmann. Internationale Archäologie. Studia honoria 13 (2001), 199 ff. – B. STEIDL, Frühkaiserzeitliche germanische Besiedlung in der Wetterau, in: V. RUPP, Archäologie in der Wetterau. Aspekte der Forschung (1991), 217 ff. – DERS., Die Wetterau vom 3.–5. Jahrhundert n. Chr. Mat. Vor- und Frühgesch. Hessen 22 (2000), 108 ff. – J. LINDENTHAL, Von den Kelten bis zu den Alamannen – Archäologische Untersuchungen im Zuge der Erweiterung des Gewerbegebietes ‚Mühlbad' in der Gemeinde Echzell 2002. HessenArch. 2002 (2003), 130 ff. – DERS., Rekonstruierte Jupitersäule von Echzell feierlich enthüllt. HessenArch. 2002 (2003), 121 ff.

In dem sehr ausgedehnten Lagerdorf vor West- und Ost-, besonders aber der Südfront an den teilweise noch heute genutzten Straßen nach Friedberg in die Wetterau und Ober-Florstadt finden sich die üblichen Streifenhäuser, aber auch Gewerbebetriebe wie Töpfereien, die mit der sog. Echzeller Ware ein gutes Gebrauchsgeschirr produzierten. Der früher 3 m hohe Grünberg vor dem Westtor entstand aus dem antiken Abfallhaufen. Das Gräberfeld erstreckt sich im Süden.

Die Kopie der von dem indigenen Veteranen Lucius Quintionius Servianus der *ala Indiana* errichteten Iupitergigantensäule steht vor dem Museum. Sie stammt aus der 3,5 km entfernten *villa rustica* in Melbach, wo sich der Veteran wohl nahe bei seiner früheren Einheit niedergelassen hatte.

→ *Das in der Zehntscheuer eingerichtete Heimatmuseum Echzell, Lindenstraße 3, zeigt in der Schausammlung umfangreiches Fundmaterial aus dem Kastellbereich, dem Vicus sowie den Gräbern und wurde als regionales Informationszentrum „Limes" für die östliche Wetterau mit einer Übersichtskarte, Texten und Exponaten zum Limes im Kreis erweitert. Vor dem Museum findet man die Kopie der von Quintionius Servianus gestifteten Iupitersäule. Einige Funde aus Echzell sind auch im Museum im Rathaus in Büdingen zu finden. Die Fundamentreste des Bades sind im Keller der Echzeller Kirche zu besichtigen.*

Strecke 4: Vom Köpperner Tal bis Marköbel | III

Die Straße nach Echzell, die kurz hinter der Autobahnbrücke von der B 489 abzweigt, folgt zwischen dem Ort und Alteburg/Arnsburg der Römertrasse. Östlich der Horloff findet man ein kurzes Limesstück nördlich des Forsthauses (= Internat) bei Echzell am Waldrand. Die Turmstellen **WP 4/86–88** werden nur vermutet. Bei dem von einem Forstweg geschnittenen **WP 4/89** Kleinkastell Lochberg auf einer an drei Seiten zur Horloff abfallenden Kuppe soll im Innenraum der 21 x 19 m großen Anlage ein Steinbau von 5 m Länge mit gerundeten Ecken angeschnitten worden sein. Hier verlässt der Pfahlgraben die Flussniederung und verläuft über waldreiche Vorgebirge in südöstliche Richtung geradlinig nach Marköbel. Obwohl er auf dem gesamten Abschnitt von 17 km Länge stark verackert wurde, ist die Trasse – zwar nur schwach – an folgenden Stellen kenntlich:

> Südlich von Leidhecken liegt ein Feldweg über dem Wall, der sich dort, wo sich beide trennen, gut 30 m weit in einem Gartengelände fortsetzt;
> östlich der L 3188 Staden–Leidhecken bezeichnet in landwirtschaftlich genutztem Gebiet ein 1 m breiter, meist nach Westen deutlich abgeböschter Wall die Limesstrasse;
> in Staden, wo der Limes am nördlichen Ortsrand spitzwinklig auf die heutige Straße trifft, markiert der Landwehrweg auf gut 150 m Länge die frühere Grenztrasse.

Der Wanderweg umgeht diesen Abschnitt weiträumig und führt nur auf dem Stück zwischen **WP 4/92** und **4/93** bis Staden dicht am Limes entlang, wo ein Kleinkastell 500 m südlich des Ortes heute nicht sichtbar in einer Wiese liegt.

Karte 7 (WP 4/94a–5/7)

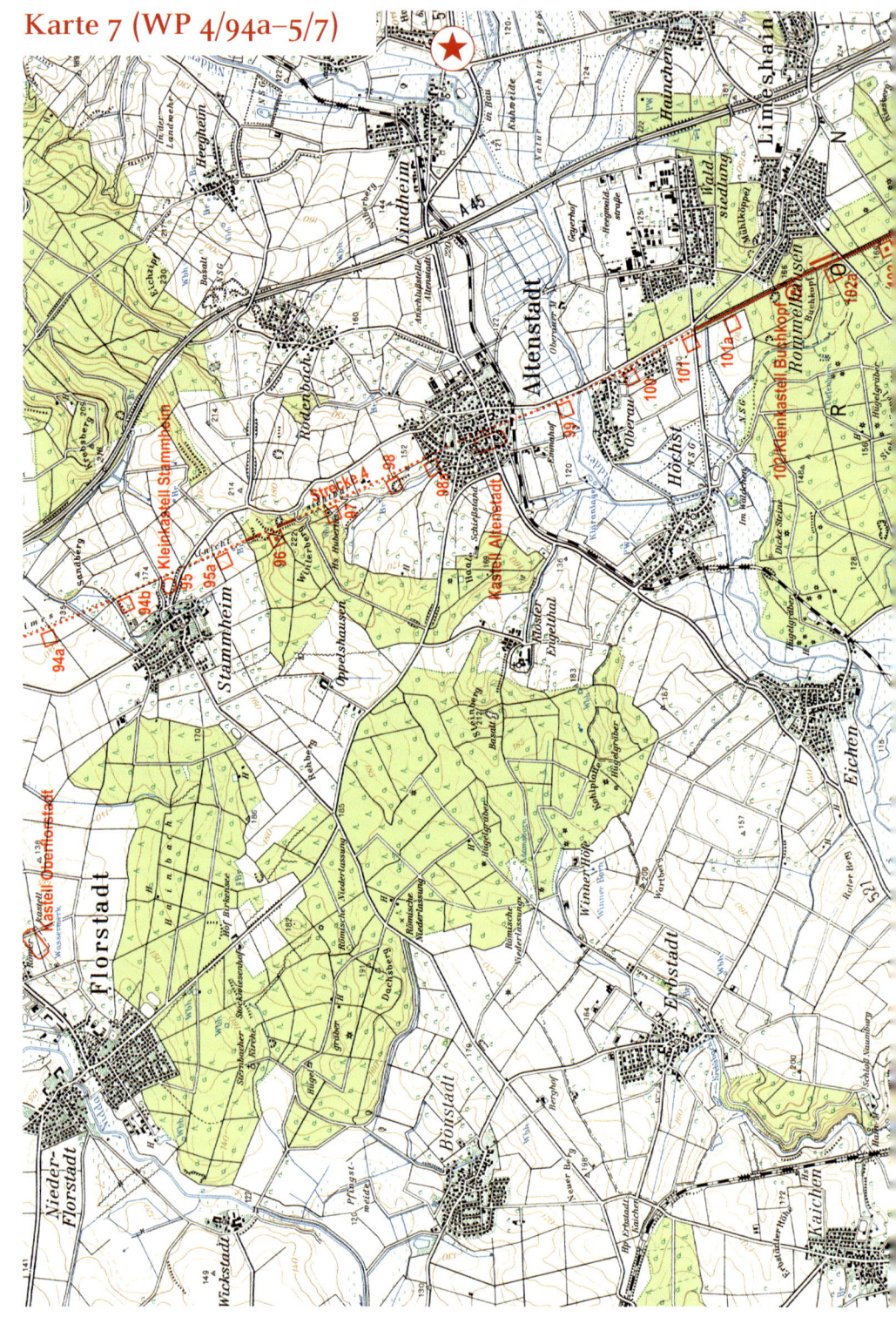

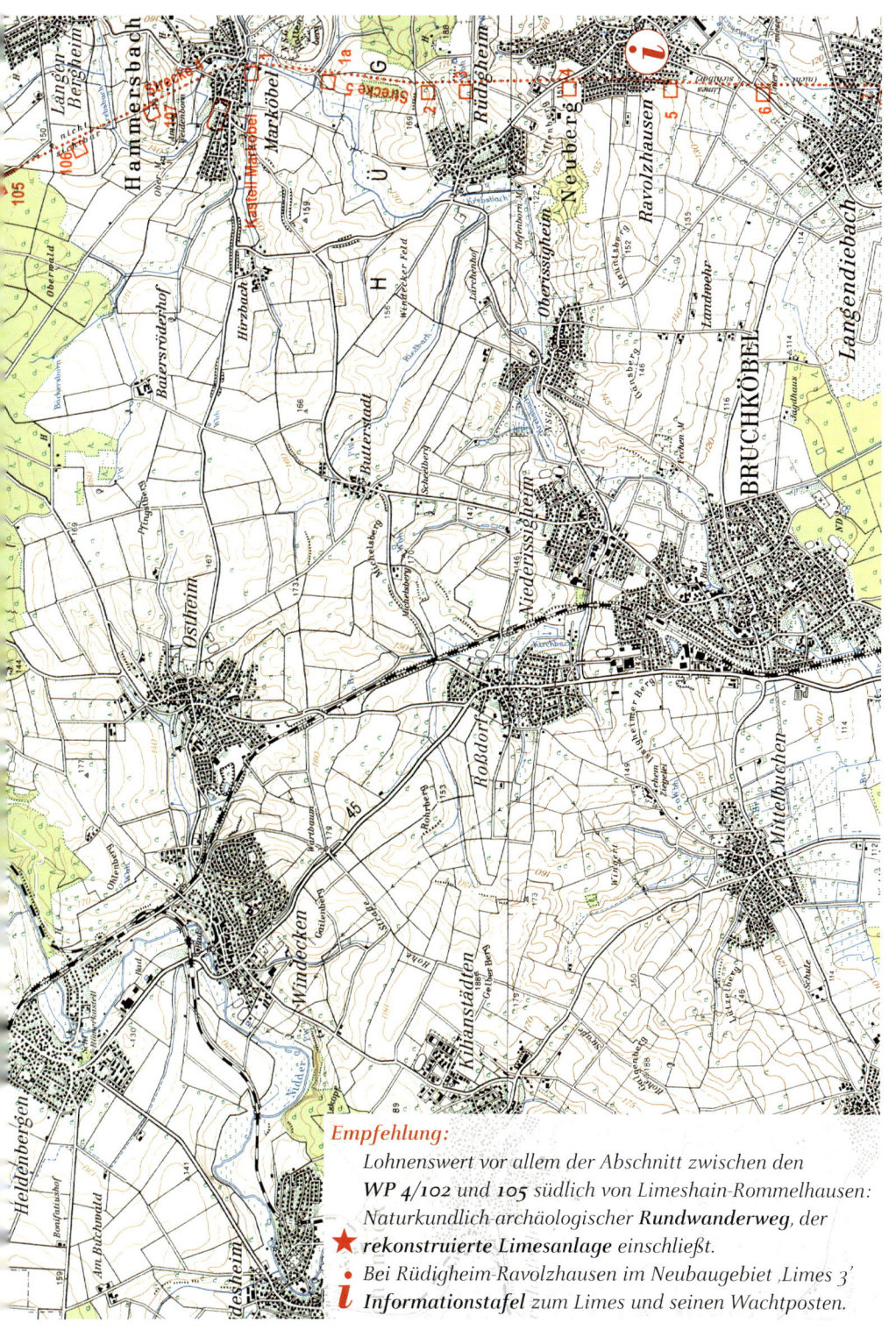

Empfehlung:

Lohnenswert vor allem der Abschnitt zwischen den **WP 4/102** und **105** südlich von Limeshain-Rommelhausen: Naturkundlich-archäologischer **Rundwanderweg**, der ★ **rekonstruierte Limesanlage** einschließt.

i Bei Rüdigheim-Ravolzhausen im Neubaugebiet ‚Limes 3' **Informationstafel** zum Limes und seinen Wachtposten.

III STRECKENBESCHREIBUNG: DER LIMES IM OSTTAUNUS, DER WESTLICHEN UND NÖRDLICHEN WETTERAU

Karte 7

Kleinkastell Staden/ WP 4/94
Gde. Florstadt, Wetteraukreis

Das quadratische Kleinkastell (0,4 ha) mit 56 m Seitenlänge, einer 2,25 m breiten Mauer aus örtlich anstehendem weißen Sandstein sowie einem 5 m breiten und 1 m tiefen Graben ohne Hinweise auf ein Tor kontrollierte als Vorposten des Kastells Ober-Florstadt mit guter Fernsicht die Stelle, an der der Limes die Nidda querte. Einige Spuren weisen auf eine vorausgehende Holz-Erde-Anlage. Ausgedehnte Ascheschichten lassen die Zerstörung der Fachwerk-Innenbauten während der Alamanneneinfälle im 3. Jahrhundert vermuten.

Lit.: ORL Abt. A II, 1, 141. – Quartalsbl. 1887, 64.

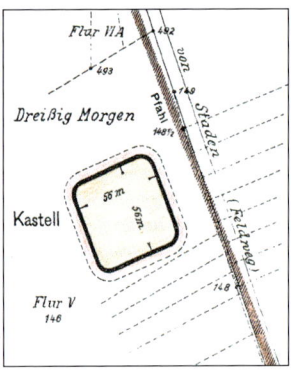

Abb. 119: Kleinkastell Staden/ WP 4/94. Lageplan nach ORL.

2,5 km westlich dieses überdurchschnittlich großen Vorpostens befindet sich auf einer flachen Randhöhe südlich der Nidda Kastell Ober-Florstadt, von dem aus sich nicht nur der Blick bis zum Limes bei Staden bot, sondern auch Horloff- und Niddatal weit eingesehen werden konnten. Möglicherweise geht die recht große Distanz zum Limes auf eine ältere, weiter westlich über Hanau verlaufende Pfahltrasse bereits des späten 1. Jahrhunderts zurück. Leider war die großflächig untersuchte Anlage stark zerstört.

Kohortenkastell Ober-Florstadt
Gde. Florstadt, Wetteraukreis

Ob unter dem späteren Kastell bereits vor dem Limesbau ein Posten bestand, zu dem ein 80 m vor der rückwärtigen Kastellfront verlaufender Graben mit Toranlage gehören könnte, muss noch geklärt werden. Auch ein älteres, 1 ha großes Holz-Erde-Kastell mit einem einfachen Graben unter der Steinanlage ist derzeit nur durch Luftbilder bekannt. Es scheint nach spätflavisch datierendem Fundmaterial noch unter Domitian entstanden zu sein. Vielleicht lag hier anfangs die *cohors V Delmatarum*, die schon um 100 n. Chr. durch die *cohors XXXII voluntariorum civium Romanorum* aus *Nida* abgelöst wurde. Diese Einheit verblieb bis zum Rückzug vom Limes 259/60 n. Chr. vor Ort.

Bei dem jüngeren, von einem Doppelgraben umgebenen Steinkastell von 2,8 ha war die Berme dort mit Steinen befestigt worden, wo sie nicht auf Fels verlief. Eck- und Zwischentürme fehlen, und die z. T. mit profilierten hellen Sandsteinen verkleideten Tortürme flankierten lediglich einfache Durchfahrten. Ansonsten bestand das Zweischalenmauerwerk aus wenig bearbeiteten Sandsteinen, Quarziten und Basalt. Die Wallanschüttung hinter der Mauer stützte am rechten Seitentor ein kleines Mäuerchen.

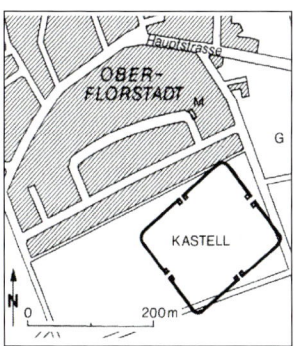

Abb. 120: Kastell Ober-Florstadt. Mit Mithräum (M) und Badegebäude (G). Grundriss nach RiH Abb. 205.

Die den Luftbildern nach sehr dichte Innenbebauung ist nur zum Teil bekannt. Bei den *principia* fehlte offenbar eine Vorhalle. Zwei westlich von ihr angeschnittene Gebäude dürften als *praetorium* und *horreum* genutzt worden sein. Dazwischen lag ein merkwürdig geführter Kanal aus Sandsteinen. Altmetallfunde sowie Asche und Kohle an der Kreuzung von *via praetoria* und *principalis* lassen hier eine *fabrica* vermuten. Die ausschließlich in der Praetentura angeschnittenen Mannschaftsbaracken z. T. mit Fensterglas und bemaltem Verputz waren mit Steinfundamenten bautechnisch qualitätvoller als sonst errichtet worden. Dafür wurde allerdings wie bei den Gebäuden in der Retentura, wo das Aufgehende aus sorgfältig behauenen Sandsteinen bestand, nur minderwertiger Lungstein verwendet. Zu den Ziegelstempeln aus dem Vorderlager zählen solche der 8. und 22. Legion auch aus Nied sowie der 32. Voluntarierkohorte.

Abb. 121: Kastell Ober-Florstadt. Im Luftbild zeichnet sich die dichte Innenbebauung deutlich erkennbar ab.

Außer der recht breiten und teilweise gepflasterten Ringstraße und den 6,5 m breiten Hauptwegen, mit einer mehrlagigen Schotterung aus Kleinschlag und Kies, erschlossen Parallelwege die Prae- und Retentura. Vor der *porta decumana* begann eine 5 m breite, Richtung Nieder-Florstadt führende Straße. Das stark zerstörte, aus rotem und weißem Sandstein errichtete Bad weist mit gedoppelten Baderäumen einen eigenartigen Grundriss auf, der

Abb. 122: Ober-Florstadt. Münzschatz im Wetterau-Museum in Friedberg.

möglicherweise durch zwei hier liegende Einheiten bedingt war. Ein Annexbau scheint später angesetzt worden zu sein.

Für die Zerstörung des Kastells gibt die Schlussmünze eines Schatzfundes von 1136 Denaren den *terminus post quem* 232/233 n. Chr. Da er mehr als das 1½-fache des Jahressoldes eines Soldaten darstellt, nach dem hohen Anteil von Münzen des Alexander Severus in einem nur kurzen Zeitraum gebildet wurde und sich in einer Baracke fand, dürfte es sich um die Ersparnisse von einem oder mehreren Soldaten handeln, die im unruhigen frühen 3. Jahrhundert unter dem Bretterboden eines *contubernium* versteckt worden waren und nicht mehr geborgen werden konnten. Zusammen mit ähnlichen Befunden in Echzell, Altenstadt und der zivilen Ansiedlung von Heldenbergen erhellt er schlaglichtartig die instabile Situation an der Grenze im frühen 3. Jahrhundert.

Aus dem heute weitgehend überbauten Vicus, der zwischen Kastell und Niddatal von einem eigenen Schutzgraben umgeben gewesen zu sein scheint, liegen nur punktuelle Aufschlüsse vor. Zahlreiche Steingebäude, darunter das Bad, finden sich vor der Hauptfront im Nordosten des Kastells. An einer hier dem Graben folgenden Straße gliederten sich die 4–5 m breiten und 45–50 m tiefen Vicusparzellen mit dicht an die Straße heranreichenden Bauten wie üblich in Wohntrakt, Hofbereich und Gartenteil. Kurz vor dem Westtor zweigte ein von einer Wasserleitung begleiteter Weg nach Nordosten ab. Die Vicusbebauung setzte nach den zahlreichen Funden vom Ende des 1./ersten Viertel des 2. Jahrhunderts offenbar flächig zeitgleich mit der domitianischen Kastellgründung ein. Nach einem Höhepunkt in der ersten Hälfte/Mitte des 2. Jahrhunderts ging sie in der zweiten Hälfte des 2. Jahrhunderts deutlich zurück. Dabei folgten die jüngeren Steinbauten auf zwei unterschiedliche Holzbauphasen, bei der die anfangs als rasche Pioniertechnik bevorzugte Pfostenständerbauweise von Schwellenbauten abgelöst wurde. Entsprechend umfangreich ist das Fundmaterial dieses Zeitraumes, während solches aus dem 3. Jahrhundert fast völlig fehlt. Ein großflächiges Schadensfeuer soll im dritten Viertel des 3. Jahrhunderts den nördlichen Vicus von Ober-Florstadt zerstört haben. Für die Spätzeit ist die Präsenz von Germanen gesichert. Hinweise auf die Lage eines Gräberfelds fehlen.

Aus dem nordwestlichen Lagerdorf ist ein Mithräum mit den typischen Podien beiderseits eines Mittelganges bekannt, in dem sich auch Stempel der 8. Legion fanden. Trotz seiner insgesamt recht unsorgfältig, oftmals nicht bündig errichteten Mauern war der nachlässig aufgebrachte Verputz mit nur geringer Haltbarkeit an Wänden und Decken prachtvoll bemalt und mit Skulpturen der Dadophoren reich ausgestaltet.

→ *Funde: Wetterau-Museum Friedberg (u. a. der Münzschatz); Landesmuseum Darmstadt*

Lit.: RiH 274 f. – L. Kofler, Kastell Ober-Florstadt. ORL Abt. B II Nr. 19 (1903). – P. Wagner, Der Nordwestvicus des Kastells Ober-Florstadt, in: V. Rupp (Hrsg.), Archäologie in der Wetterau (1991), 245 ff. – Ders., Zum Kastellvicus des Kastells Ober-Florstadt. Studien zu den Militärgrenzen Roms III. Forsch. u. Ber. Vor- und Frühgesch. Baden-Württemberg 20 (1986), 281 f. – Ders., Der Nordwestvicus des Kastells Ober-Florstadt. Wetterauer Geschichtsbl. 40 (1991), 245 ff. – H. Schubert, Der Denarschatz von Oberflorstadt. Ein römischer Münzschatz aus dem Kohortenkastell am östlichen Wetterau-Limes. Arch. Denkm. Hessen 118 (1994). – A. Heising/J. Lindenthal/A. Reis, In Nachbarschaft des Mithräums – Einblicke in die Struktur des Lagerdorfes von Florstadt-Ober-Florstadt (Wetteraukr.). HessenArch. 2006 (2007), 79 ff.

III STRECKENBESCHREIBUNG: DER LIMES IM OSTTAUNUS, DER WESTLICHEN UND NÖRDLICHEN WETTERAU

Der Wanderweg erreicht den Limes erst wieder bei **WP 4/96** Am Winterberg. Er umgeht dabei außer dem vermuteten **WP 4/94** auch Kleinkastell Stammheimer Wald (**WP 4/95**), das östlich von Stammheim zwischen dem Ortsrand und zwei Aussiedlerhöfen liegt und von der K 236 aus über eine Stichstraße zu erreichen ist. Die einschließlich der 3 m breiten Mauer 360 m² große Anlage hat durch Landwirtschaft und einen unbefestigten Feldweg stark gelitten.

Südlich von Stammheim sind auf dem Wingertsberg, der als markante Höhe der östlichen Wetterau sicher zum Fluchten der Limestrasse benutzt wurde, Wall und Graben auf 150 m gut erhalten. Ihre Spuren enden vor einem Steinbruch, der auch die Reste des 1919 im Hochwald noch sichtbaren Holz- und Steinturmes **WP 4/96** stark beeinträchtigt hat. Dass der Limes östlich dieser Stelle durch eine tiefe Mulde zieht, zeigt, welchen Wert man einer gerade geführten Trasse beimaß. An markanten topografischen Punkten mit den vermuteten **WP 4/97–4/98a** vorbei geht es durch wieder offenes Gelände in das Niddertal nach Altenstadt hinab. Das Kohortenkastell an einer Furt direkt an der Pfahltrasse besaß zwar nur eine lokal begrenzte Sperrfunktion für den Weg im Flusstal zum Glauberg und durch den Vogelsberg Richtung Fulda, muss aber trotzdem ein wichtiger Stützpunkt des Limes in der östlichen Wetterau gewesen sein, denn es bestand bis in die Mitte des 3. Jahrhunderts. Sofern der Limes hier nicht unterbrochen war, verblieben zwischen beiden Anlagen nur 40 m.

Numeruskastell Altenstadt
Gde. Altenstadt, Wetteraukreis

Die komplizierte Abfolge von insgesamt sechs Bauphasen konnte trotz des vollständig überbauten Kastellareals und nur kleinflächigen Aufschlüssen gesichert werden:

- Domitianisches Kleinkastell von 0,3 ha in Holzbauweise: Holz-Erde-Mauer, deren Bohlen in Pfostengruben eingelassen waren; Turm in Nord-West-Ecke;
- Ausbau unter Traian (98–117 n. Chr.) zu einem Numeruskastell von 0,9 ha mit einem Graben vor einer Holz-Erde-Mauer, deren Palisade in Pfostengräbchen stand; Standspuren von Ecktürmen und Mannschaftsbaracken;
- Erweiterung auf 0,8 ha Innenfläche durch einen im Süden angesetzten Annexbau; dort nach Ziegelstempeln noch unter Traian Anlage eines Bades;

- um 135 n. Chr. Bau eines Numeruskastells von mehr als 1 ha Größe; 3,6 m breite Rasensodenmauer, Ecktürme; Reste von *principia*, Mannschaftsbaracken, *praetorium* (anstelle des Bades) und Speicher;
- in der Mitte des 2. Jahrhunderts vollständige Einplanierung des Numeruskastells; auf 1,3 ha Innenfläche vergrößerter Neubau in Stein; Doppelgraben; steinerne Umfassungsmauer mit Zinnendeckeln, Eck- und Zwischentürmen; Hinweise auf *principia*, Mannschaftsbaracken, *praetorium* (?), Wasserbassin im nordwestlichen Lagerareal;
- Reparaturen an der nordwestlichen Umfassungsmauer sowie an Türmen.

Trotz zwei Zerstörungshorizonten aus der zweiten Hälfte des 2. Jahrhunderts und 233 n. Chr. war das Lager einer Inschrift nach 242 n. Chr. noch besetzt, das ein nie planmäßig untersuchtes Lagerdorf mit einem Gräberfeld im Norden auf allen Seiten umgab.

→ *Funde: Büdingen, Museum im Rathaus; Hessisches Landesmuseum Darmstadt (Matronenstein)*

→ *Von Altenstadt ist ein Abstecher zum 5 km entfernten Glauberg möglich, der vor einigen Jahren durch den Fund einer Statue für Schlagzeilen sorgte. Seine Hochfläche wird von eindrucksvoll erhaltenen Ringwällen vorgeschichtlicher Zeit geschützt.*

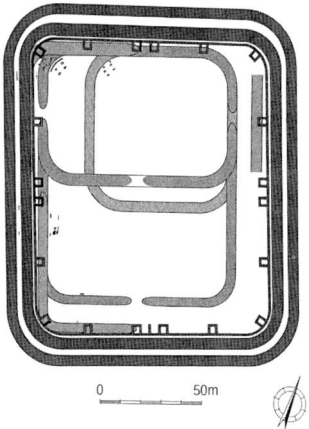

Abb. 123: Kastell Altenstadt. Grundriss des Numeruskastells mit den verschiedenen Bauperioden der Umwehrung. Nach: RiH Abb. 152.

Lit.: RiH 227 f. mit Abb. 152. – E. Anthes, Das Kastell Altenstadt. ORL Abt. B. Nr. 20 (1912). – K.-H. Habermehl/H. Badawi, Osteologische Untersuchungen an Tierknochenresten des Römerkastells Altenstadt. Saalburg-Jahrb. 24, 1967, 79 ff. – H. Schönberger/H.-G. Simon, Die Kastelle in Altenstadt. Limesforsch. 22 (1983).

Südlich von Altenstadt, wo auf einer flachen Erhebung die Trassen von Limes und der K 236 zusammenfallen, durchschneidet die Grenze das Niddertal. Hinweise auf eine Brücke fehlen. Nördlich der Kreuzung der Kreisstraßen K 236/K 232 ist der nach Steinen dort bereits vermutete **WP 4/101** durch Luftbilder im Ackergelände nachgewiesen worden. Der Wanderweg führt am zunehmend besser erkennbaren Limes entlang zum Buchkopf hinauf, an dessen Südabhang er besonders stattlich erscheint. **WP 4/102/Kleinkastell Auf dem Buchkopf** zeigt sich als markanter,

III STRECKENBESCHREIBUNG: DER LIMES IM OSTTAUNUS, DER WESTLICHEN UND NÖRDLICHEN WETTERAU

Abb. 124: Limeshain-Rommelhausen, Wetteraukr. Rekonstruierte Limesanlage am Beginn des Rundwanderweges.

1,5 m hoher Schutthügel hinter dem Limes im Buchenwald. Außerdem setzen Wall und Graben etwas südlich der Anlage hinter der durchlaufenden Palisade aus. Der etwa 10 x 12 m große Bau mit 2,3 m breiter Mauer und abgerundeten Ecken ist an der Ostseite ganz, an der Südseite z. T. ausgebrochen. **WP 4/102a** auf einem niedrigen Bergvorsprung wird nach Untersuchungen mit einem Sondiereisen vermutet.

Der folgende, von einem Rundwanderweg begleitete Abschnitt führt südlich der L 3347 zu einer Limesrekonstruktion und dem im Hochwald kaum zerstörten Pfahl mit **WP 4/103** (Holzturm mit einem Graben; Steinturm von 5,9 x 5,9 m aus vermörtelten Basaltsteinen, von flachem Graben mit Übergang auf Pfahlseite umgeben; Zaungräbchen mit Steinverkeilung hinter dem Wall). Nach dem vermuteten **WP 4/104** wird am Ende des sichtbaren Walles **WP 4/105** erreicht. An diesem erhöht am Waldrand liegenden Wachtposten folgte auf einen Holz- und Steinturm (Herdstelle; geschotterter Zugang zum Begleitweg) ein mindestens dreiphasiges Holzgebäude mit nachträglich rechteckig überformten Kreisgräben. In ein schmales Gräbchen wurde später eine Holzwand eingesetzt. Der auf 15 m beobachtete Flechtwerkzaun liegt westlich des Wall-Graben-Systems. 600 m weiter südlich bezeichnet ein Denkstein die Stelle, an der 1911 bei der Langen-Bergheimer Feldbereinigung der gesamte Baubestand abgeschlagen und dabei auf 260 m der hier ‚Schweins'- oder ‚Hoher Graben' genannte Limeswall einplaniert wurde.

Obwohl der Weg in weitem Bogen nach Marköbel führt, sollte man **WP 4/107** auf dem Mühl- oder Wingertsberg aufsuchen: Dort finden sich zwar weder Reste vom Steinturm (5,5 m Seitenlänge, vermörteltes Basaltmauerwerk) oder dem am Südhang des Berges aus dem anstehenden Basalt ausgehauenen Palisadengraben, aber die Stelle bietet eine vorzügliche Fernsicht über die römische Limestrasse bis zum Buchenkopf, das offene Krebsbachtal bei Marköbel und Rüdigheim. Auf dem Bergkamm trennte der Limes im 18. Jahrhundert auch Hessen und Preußen.

> *Am Sportplatz von Rommelhausen beginnt ein 1996 angelegter Archäologisch-Naturkundlicher Lehrpfad von 6,2 bzw. 2,7 km Länge, der die gut sichtbare Strecke bis **WP 4/105** erschließt, von dem aus man aber auch den nicht eingeschlossenen **WP 4/102** bequem erwandern kann. Die Limesrekonstruktion südlich der L 334 veranschaulicht den Ausbauzustand der Grenze um 200 n. Chr.*

Der Limes im Main-Kinzig-Kreis

Übersicht

Auf der Höhe von Kastell Marköbel biegt der Limes mit stumpfem Winkel nach Süden ab und verläuft durch ein sich nach Süden allmählich abdachendes, seit prähistorischer Zeit besiedeltes Hügelland 16 km geradlinig bis nach Großkrotzenburg zum Main. Im nördlichen Streckenteil, dem offenen Ronneburger Hügelland, haben sich die Spuren des Limes weitgehend verloren, zumal nord-südlich verlaufende Formationen fehlen, denen die Trasse hätte folgen können. Südlich des Mains, wo vor allem der Streckenabschnitt zwischen den **WP 5/12–15** einen Besuch lohnt, schützte eine ebene, teilweise aber auch sumpfige Waldlandschaft den Limes mit den Bauten aller Phasen besser.

Die unterschiedliche Topografie erklärt die verschiedenartige Streckenüberwachung. Während für den nördlichen Abschnitt zwei Kastelle (Echzell; Ober-Florstadt), ein Numeruskastell (Inheiden), Kleinkastelle sowie Turmstellen mit großen Abständen ausreichten, hatten im Süden die Lager Altenstadt, Marköbel und Rückingen die Flusstäler von Nidder, Krebsbach und Kinzig zu decken.

Strecke 5:
Von Marköbel bis zum Main

Karte 8

Kastell Marköbel sicherte eine empfindliche Stelle des Wetterau-Limes, an der die alte, seit dem Mittelalter urkundlich nachweisbare „Hohe Straße" auf der Wasserscheide zwischen Nidda/Nidder und Main von Bergen über Marköbel in den Vogelsberg und die germanischen Siedlungsgebiete bei Fulda führte. Wahrscheinlich bauten die Römer dort streckenweise einen älteren Verkehrsweg aus.

Karte 8 (WP 5/5–5/16)

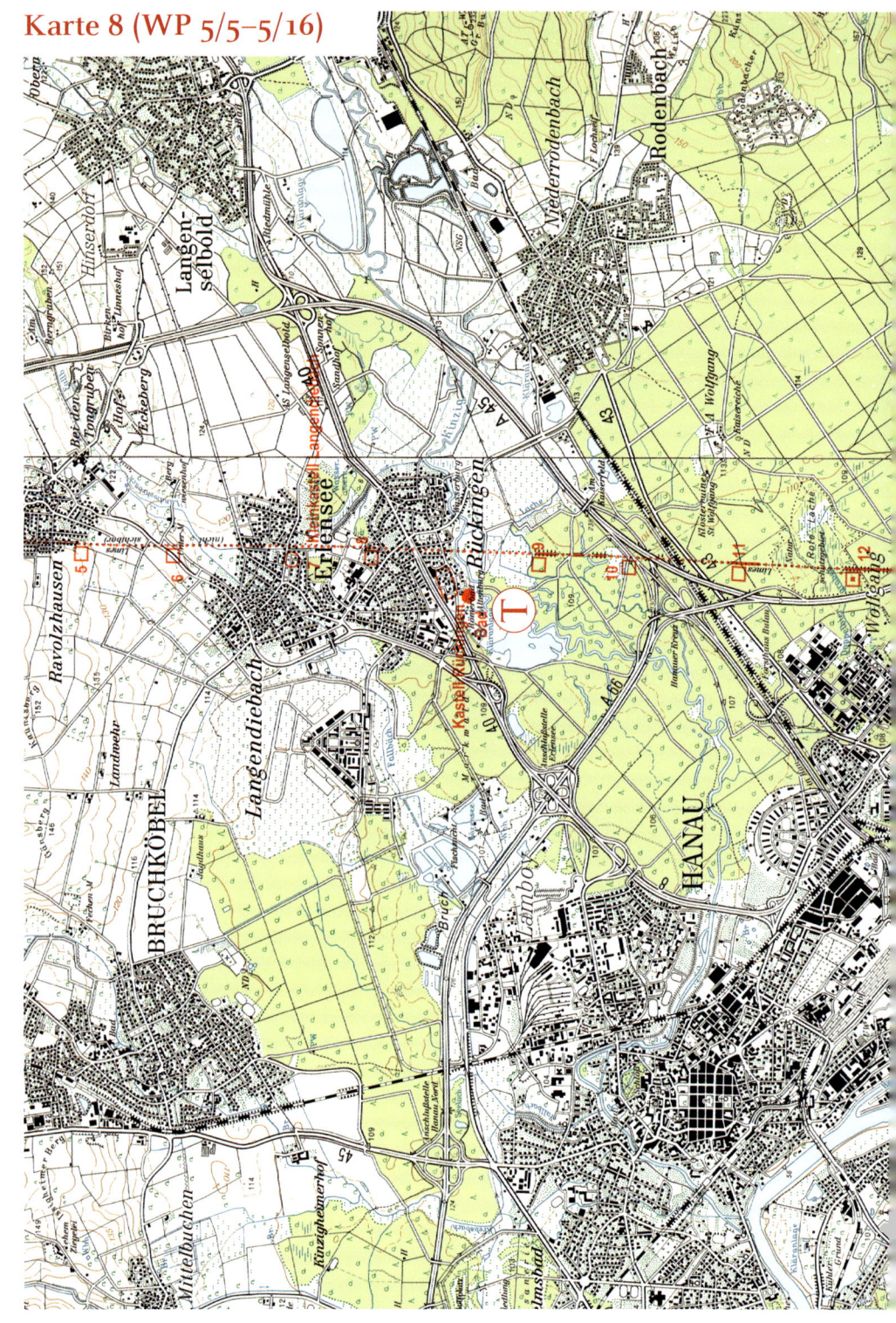

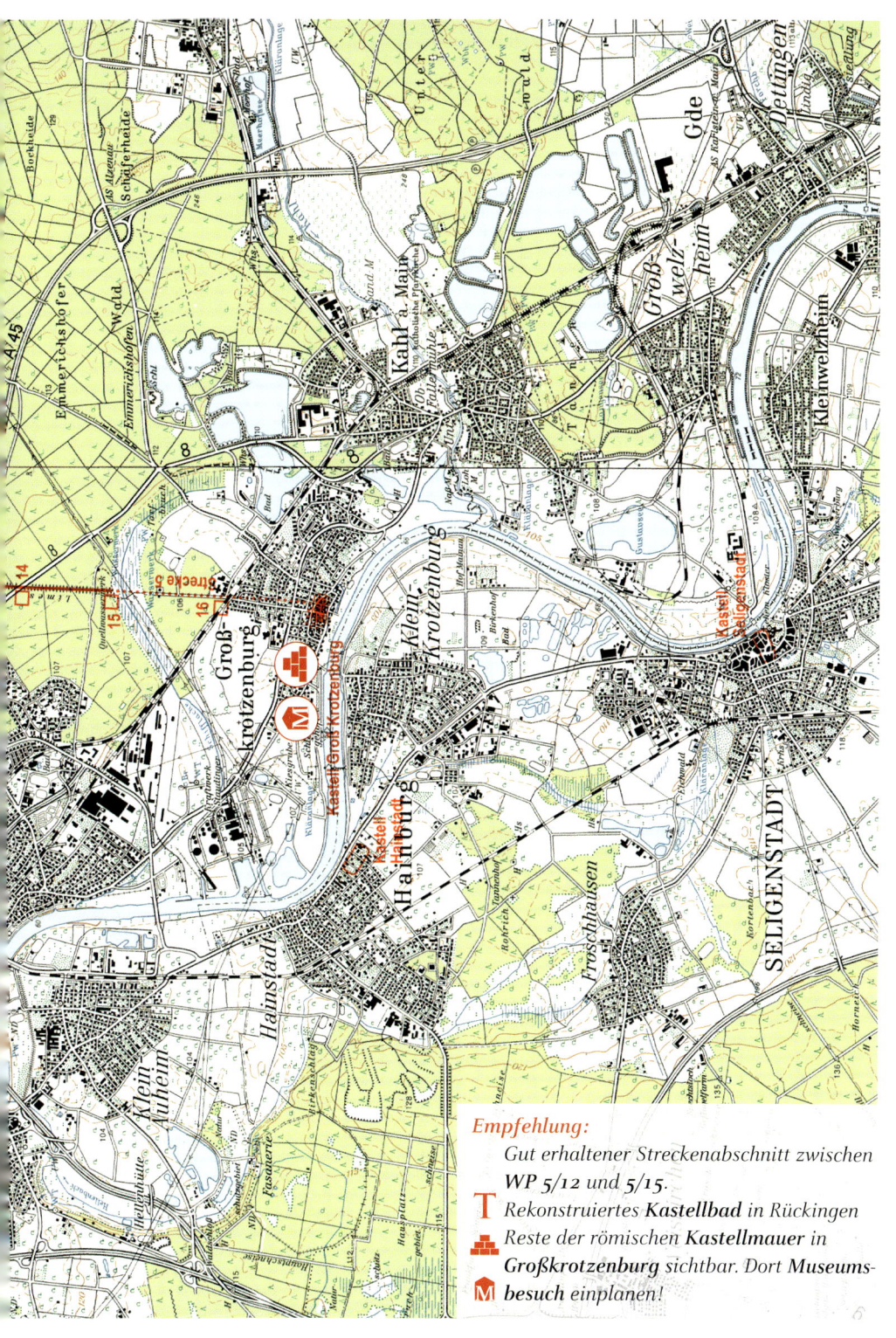

Empfehlung:
Gut erhaltener Streckenabschnitt zwischen **WP 5/12** und **5/15**.
T Rekonstruiertes **Kastellbad** in Rückingen
Reste der römischen **Kastellmauer** in **Großkrotzenburg** sichtbar. Dort **Museums-**
M **besuch** einplanen!

Kohortenkastell Marköbel
Gde. Hammersbach, Main-Kinzig-Kreis

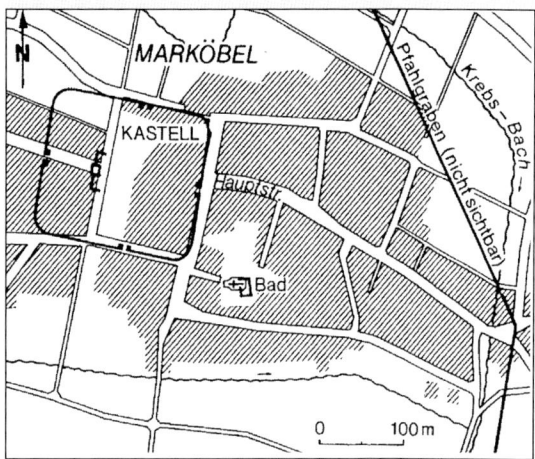

Abb. 125: Kastell Marköbel. Die wichtigsten Lagerstraßen prägen bis heute deutlich erkennbar den Ortskern. RiH Abb. 391.

Marköbel ersetzte wohl die 8,5 km östlich gelegenen domitianischen Kastelle von Heldenbergen. Das heute nicht mehr sichtbare Steinkastell von 198 x 164 m (3,3 ha) mit zwei Gräben prägt den Ortskern, denn die Westseite der Mittelgasse liegt über der zum Limes orientierten Kastellfront, während die Hauptstraße dem alten Weg vom Lager zu einem Limesdurchlass folgt. Trotzdem bleibt die wohl von einer *cohors equitata* oder einer *ala* gestellte Besatzung dieser Garnison sowie eines Holz-Erde-Vorgängers gleicher Größe unbekannt. Von den Innenbauten wurde nur der westliche Teil der *principia* mit dem Fahnenheiligtum und sich beiderseits anschließenden Räumen aus Gussmauerwerk mit einem Ziegel- oder Schieferdach ergraben. Ein vermutlich erst nachträglich in das Fahnenheiligtum eingebauter Keller bestand aus trocken gestellten Sandsteinplatten, von denen eine die grob eingeschlagene Bezeichnung P F X X I I trug. Der überlebensgroße Zeigefinger dürfte von einer bronzenen Kaiserstatue stammen, die vor dem *sacellum* auf einem der unterschiedlich großen Sockel gestanden haben wird.

Von den vier Toren ist lediglich das linke Seitentor mit einfacher Durchfahrt bekannt, wo die Türme tiefer fundamentiert waren als die Kastellmauer. Zinnendeckel aus Sandstein bekrönten die Mauer aus vermörtelten Basaltquadern. Ein ebenfalls aus Basalt erbauter, aber mit weißen, grobkörnigen Sandsteinen abgedeckter Kanal verlief unter dem Tor. Es scheint Ecktürme gegeben zu haben, während Zwischentürme fraglich bleiben. Reste des Kastellbades im gewohnten Reihentyp konnten neben der heutigen Kirche sowie in ihrem Chor ergraben werden. Im Kirchhof ist durch Pflastersteine die Lage des Bades gekennzeichnet.

In den stark verwühlten Bauten des Vicus östlich, südlich und westlich das Lagers sind auf dem Plateau hinter der *porta decumana* Töpferöfen und weiter entfernt auch Ziegelöfen nachgewiesen worden, obwohl u. a. auch Iulius Primus solche aus Nied lieferte. Ein Gräberfeld lag im Westen.

Bei Kastell Marköbel zeichnet sich der ‚Wirtschaftsraum' einer römischen Grenzgarnison deutlicher ab als sonst. Die Wasserversorgung vor allem des Bades erfolgte offenbar durch eine Tonleitung, die eine Quelle am Westhang des 2 km vor der Grenze liegenden Steinkopfes speiste. Außer lokal anstehendem Basalt ist auch Buntsandstein aus der Gegend von Büdingen und Gelnhausen verbaut worden, und der von Töpfereien und Ziegeleien benötigte Ton stammt vermutlich vom Hattenberg außerhalb des Limes.

Lit.: RiH 429 f. – G. Wolff, Kastell Marköbel. ORL Abt. B Nr. 21 (1896). – K. Dielmann/D. Baatz, Das römische Kastellbad von Marköbel. Hanauer Geschbl. 20, 1965, 9 ff. – St. Bender/B. Schroth/Th. Westphal, Der Kaiser in Rom hat auch am Krebsbach 'dicht gemacht' – Palisadengraben am Limes bei Hammersbach-Marköbel. Hessen-Arch. 2002, 108 ff.

Die ersten gesicherten Turmstellen **WP 5/1** (in der Nähe des vermuteten Limesdurchgangs) und **WP 5/1a** sind in größtenteils offenem Gelände verackert worden. Zwischen dem Ortsrand von Hammersbach und dem Krebsbach hatten sich in feuchtem Gelände sechs Pfahlstümpfe von 0,27–0,37 m Durchmesser der Palisade erhalten, die hier im Abstand von 1,4 km parallel zum Graben verlief. Sie weisen in dem 0,4 m breiten Gräbchen mit 0,25–0,35 m einen vergleichsweise großen Abstand auf. Auch die bei den Bauarbeiten anfallenden Holzreste waren in dem Gräbchen entsorgt worden.

Die folgende Turmstelle **WP 5/2** mit weitem Blick auf das Krebsbachtal und nach Norden über Marköbel hinaus bis zum **WP 4/107** erbrachte den Umfassungsgraben eines Holzturmes mit Fundmaterial des frühen 2. Jahrhunderts. Den aus topografischen Gründen dahinter erbauten jüngeren Turm hatte ein Steinbruchbetrieb gestört. Ein unglücklich angebrachtes Hinweisschild markiert bald darauf die Stelle, an der ein Feldweg auf 465 m dem Limes folgt.

Abb. 126: WP 5/4 An der alten Rüdigheimer Hohle bei Ravolzhausen, Gde. Neuberg. Schematische Rekonstruktion der Ofenstelle 4.

Nach **WP 5/3** mit guter Fernsicht bereits nach Rückingen wurde kürzlich bei **WP 5/4** Neuberg-Ravolzhausen im Neubaugebiet „Limes 3" südlich der L 3195 Rüdigheim-Ravolzhausen nicht nur der Limesverlauf korrigiert, sondern außer zwei Holztürmen (Holzturm 1: 110–135 n. Chr.; Holzturm 2: ca. 135 – Mitte 2. Jh. n. Chr.) auch ein Steinturm (Mitte 2. Jh. – erstes Jahrzehnt des 3. Jh.) erfasst. Erdkeller und zahlreiche von Bedienungsgruben in das umliegende Erdreich getriebene Backöfen erhellen die Lebensbedingungen der Turmbesatzung.

WP 5/4 Neuberg-Ravolzhausen: Holzturm B und Steinturmstelle bleiben ebenso wie der Limes in einer Grünanlage erhalten. Erläuterungen auf einer Infotafel.

Lit.: E. SCHALLMAYER, Soldatenleben an einem Wachtposten am östlichen Wetteraulimes. HessenArch. 2004 (2005), 103 ff. – A. KREUZ, puls und panis militaris!? – Zur Ernährung der Wachsoldaten des WP 5/4 Neuberg am Limes. Ebd. 108 ff.

Zwischen den Kastellen Marköbel im Norden und Rückingen im Süden könnten die **WP 5/5–6** und **5/8** eine erhöhte, querliegende Geländewelle eingenommen haben. Als **WP 5/7** sicherte nur Kleinkastell Langendiebach (Hinweisschild) eine offenbar alte Verbindung aus dem Frankfurter Gebiet über Hochstadt, Mittelbuchen und Bruchköbel weit über den Limes hinaus nach Osten.

Aufgrund seiner Lage wird für das unter dem Alten Friedhof (Friedenstraße) gelegene, mit seiner 1 m breiten Schutzmauer 71,5 x 56,5 m messende und zum Limes orientierte Kastell von 0,4 ha ein Holzvorgänger vermutet. Von den beiden Gräben (4 und 5 m breit, 1,7–2,2 m tief) setzt der innere vor dem Westtor für einen geschotterten Erddamm aus. Vor allem an den Seitenwangen der Tore, deren Baumaterial außerhalb der Provinz gebrochen worden war, zeigten sich rote Ausfugungen. Hinter der Umfassungsmauer war ein 5 m breiter Erdwall angeschüttet. Während in der Retentura barackenartige Wohnräume erfasst werden konnten, zeigten sich in der Praetentura trotz Ziegelstempeln der 23. Legion und Fensterglas keine Bauspuren. Vor allem im Westen könnte ähnlich wie bei Kleinkastell Haselhecke vor Echzell ein Lagerdorf bestanden haben.

Kleinkastell Langendiebach
Gde. Erlensee, Main-Kinzig-Kreis

Abb. 127: Kleinkastell Langendiebach. Grundriss des Lagers nach ORL.

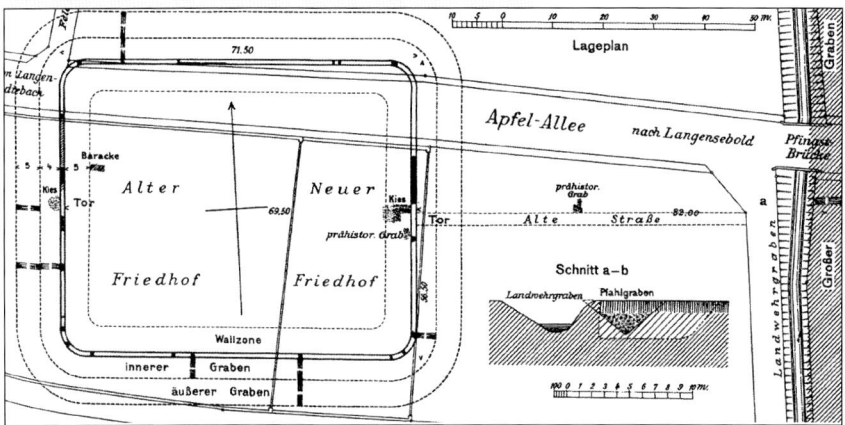

→ Funde: Hanau, Historisches Museum im Schloss Philippsruhe
→ Auf die heute überbaute Anlage unter dem Friedhof weist am Eingang eine Tafel hin.

Lit.: F. Hettner, Arch.Anz. 1894, 16. – Ders., Limesbl. Sp. 245 ff. und 293 ff. – H. Ricken, Die Bilderschüsseln der Kastelle Saalburg und Zugmantel. Saalburg-Jahrb. 8, 1934, 155.

Obwohl der Limes weiterhin schlecht erkennbar bleibt und zwischen Marköbel und Rückingen auch keine Palisade beobachtet werden konnte, folgen in Langendiebach der Landwehr-Bach und der Limesweg ebenso wie der Wanderweg auf 285 m dem Verlauf der alten Grenze. Auch in Rückingen bezeichnet die Dammstraße auf 125 m den Limes.

Zwischen den nur vermuteten **WP 5/8** und **WP 5/9** auf einer Düne sicherte vor den älteren Militärplätzen bei Hanau die nach Osten zum Limes hin orientierte Garnison Rückingen die Mitte des 16 km langen Abschnittes zwischen Marköbel und Großkrotzenburg. Einige wenige Funde lassen das Bestehen eines zunächst eher abseits gelegenen Kontrollpostens in Holzbauweise als Vorgänger des Kohortenkastells vermuten, das mit der Kinzig einen in der Römerzeit für Transporte wichtigen Wasserweg schützte, während die seit vorgeschichtlicher Zeit genutzte Straße 1,5 km weiter nördlich bei Langendiebach den Limes passierte. Ungefähr 50 m unterhalb der Stelle, wo der Pfahl den Fluss durchzieht, konnten 1883 Reste einer wohl römerzeitlichen Brücke für den Begleitweg des Pfahlgrabens nachgewiesen werden. Die heute durch einen Hochhauskomplex vollständig überbaute Anlage liegt am Ortsrand unter einer leichten Linkskurve der Leipziger Straße/ B 8/L 3193 auf der Höhe der Kastellstraße. Nur die Grundmauern des Kastellbades sind noch zu sehen.

Kohortenkastell Rückingen
Gde. Erlensee, Main-Kinzig-Kreis

Das 2,5 ha große Limeskastell mit zwei wohl wegen des eindringenden Grundwassers nur flachen Gräben wurde erst spät zwischen 110 und 125 n. Chr. erbaut und nach Ziegelstempeln anschließend von der ursprünglich in Dalmatien ausgehobenen *cohors III Dalmatarum pia fidelis* bezogen. Die Einheit hatte zuvor in Oberscheidental am Odenwaldlimes gelegen.

In der über einem 1,8 m tiefen Basaltfundament 1,5 m breiten Mörtelmauer waren im Aufgehenden der unterschiedlich großen Tortürme mit Ziegeldächern und Ziegelestrichböden Sandsteine versetzt worden. Die Tordurchfahrten wiesen ebenso wie die übrigen Lagerstraßen eine 0,2 m starke Kiesdecke auf. Den hinteren Teil der Retentura erschloss ein zusätzlicher Querweg. An der nordwestlichen Lagerecke könnten Backöfen gestanden haben.

Bei den *principia* deuten schmale Trockenmauern

auf einen Fachwerkbau mit estrichartigen Böden, dem über der sich hier deutlich verbreiternden *via principalis* eine Vorhalle nicht gefehlt haben wird. Vermutlich war im *sacellum* ein Keller vorhanden, und Statuensockel vor dem schmalen, nördlich ansetzenden Gebäudeflügel belegen ebenso wie Inschriftenfragmente und Statuenreste eine reiche Ausstattung. Das *praetorium* könnte nach Hypokaustresten in der rechten Praetentura gelegen haben, wo Ziegelstempel der 22. Legion sowie der 3. Vindelikerkohorte zutage kamen, während schiefergedeckte Baracken den übrigen Bereich einnahmen. Ausgedehnter Brandschutt weist auf die Zerstörung der Anlage um 260 n. Chr. hin.

Das Kastellbad wurde auf Wunsch von Karl Fürst von Isenburg-Birstein bereits 1802–1804 untersucht und seither mehrfach (nach)konserviert. Bei der in Obergermanien häufigen Anlage vom Reihentyp schließen sich an das Frigidarium (Kaltbaderaum) mit Piscina (Becken) und Schwitzbad zwei mäßig beheizte Tepidarien (Warmbaderäume) an. Die Raumfolge endet mit dem von einem Praefurnium (Heizstelle) aus beheizbaren Caldarium, dessen mächtige Zungenmauern das Warmwasserbecken trugen. Das Apodyterium in Fachwerktechnik konnte mit den damaligen Grabungsmethoden noch nicht erfasst werden, ist nach Parallelbeispielen aber zu ergänzen.

Im Lagerdorf nördlich, westlich und südlich des Kastells konnten ein Mithräum, eine Ziegelei und ein Bad nachgewiesen werden. Ein Brunnen nordwestlich des Kastells enthielt eines der nur aus Obergermanien bekannten drehbaren Mithras-Kultbilder mit der Darstellung von Stiertötung und Kultmahl. Im Westen des Kastells sind zwei Gräberfelder bekannt.

→ *Funde: Hanau, Schloss Philippsruhe (die Funde sind z. Zt. nicht ausgestellt)*

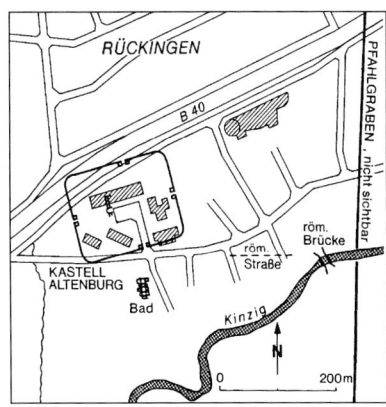

Abb. 128: Kastell Rückingen. Grundriss nach RiH Abb. 439.

Lit.: G. Wolff, Kastell Rückingen. ORL Abt. B Nr. 22 (1913). – H. Birkner, Die Denkmäler des Mithraskultes in Rückingen. Germania 30, 1952, 349 ff. – K. Dielmann, Römische Kultkeramik von Rückingen. Hanauer Geschbl. 18, 1962, 7 ff. – RiH 466 ff. – Der römische Limes in Deutschland. Sonderh. der Zeitschr. AiD (2000), 101 mit Abb. 95.

Abb. 129: Kastell Rückingen. Blick auf das in der Kinzigniederung gelegene Kastellbad, das seit seiner Freilegung mehrfach nachrestauriert wurde: Frigidarium und Kaltwasserwanne im Vordergrund, dahinter die beiden Apsiden der Tepidarien.

Bis zum **WP 5/13** umgeht der Wanderweg großräumig den in versumpftem Gelände besser erhaltenen Limes. Neben dem bis zu 1,5 m hohen Wall zeichnet sich der Graben zunächst nur als flache Mulde, kurz vor der A 45 aber mit 0,5 m Tiefe deutlicher ab. An der vom vermuteten **WP 5/9** gerade nach Süden verlaufenden Linie ist **WP 5/10** mit wenigstens einem Steinturm beim Bau des Hanauer Kreuzes der A 45 und 66 zerstört worden. Südlich der A 45 führt der Weg bis nach Großkrotzenburg über die 1 m hohe Wallkrone, an deren Ostseite sich der Graben immer als flache Mulde zeigt.

Der Standort des aus Kalksteinen errichteten Steinturmes **WP 5/11** auf einer Düne nördlich des Doppelbiersumpfes ist an alten Grabungsspuren erkennbar. Außer einem talwärts verlaufenden Sickergräbchen fanden sich zahlreiche Feuerstellen und im Brandschutt des Turmes vielleicht sogar Dachziegel. Ein Weg führte von hier zu dem mit Holzbohlen belegten Durchgang im Wall-Graben-System. Zwischen **WP 5/11** und **5/12** verzichtete man in dem bis heute schwer zugänglichen Doppelbiersumpf auf das Anlegen aller Sperren. Hier markierte lediglich ein Holzzaun vor einem mit 7,5 m Breite offenbar dem lebhaften Verkehr angepassten Knüppeldamm die Grenze. Die mit dem Abstand von 3 m recht locker gesetzten Pfosten aus Erlen- und Birken-, seltener dagegen aus Eichenstämmen banden an beiden Enden an die einziehenden Palisaden- bzw. Wall- und Grabenköpfe an. Bei **WP 5/12** am Südende des Doppelbiersumpfes führt der bald auf der Wallkrone, bald auf der Innenseite des Pfahlgrabens liegende Weg zwischen den Schutthügeln von Stein- und vorausgehendem Holzturm durch. Das quadratische Fundament des Steinturmes mit Seitenlängen von 5,9 m ist konserviert. Pfostenstandspuren in seinem Umfassungsgräbchen weisen auf einen Zauneinbau, und eine Erdbrücke auf der Ostseite führte zum Limesdurchlass.

Südlich der Autobahnunterführung setzt sich der Limes weiterhin als flacher Wall fort. Hier sind bei **WP 5/13** Holz- und Steinturmstelle ergraben worden. Sowohl den 6 x 6 m großen Holzturm wie den quadratischen Steinturm mit Seitenlängen von 5,5 m fassten Schutzgräben ein. Die Palisade verläuft nur wenige Meter östlich des großen Grabens. 350 m weiter südlich liegt rund 80 m hinter dem Limes im Nadelgehölz Torfhaus Kleinkastell Neuwirtshaus, dessen Osttor noch heute im Gelände sichtbar ist. Der in der Nähe des Kleinkastells an der Birkenhainer Straße – einem bereits in vorgeschichtlicher Zeit genutzten Weg – nachgewiesene Palisadengraben war so flach, dass die Haltbarkeit der eingesetzten Pfähle bezweifelt wurde.

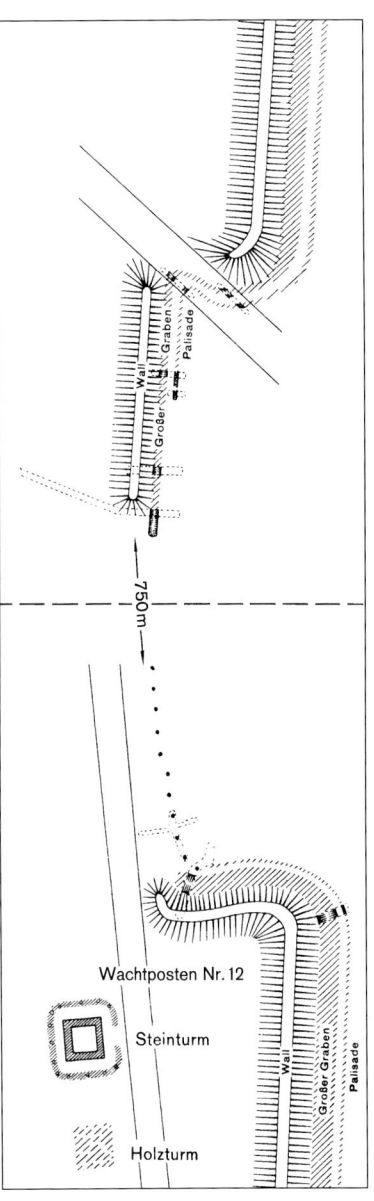

Abb. 130: Die Sperranlagen zwischen den WP 5/11 und 5/12 im Doppelbiersumpf. Anschluss von Palisade und Pfahlgraben an den Holzzaun im Sumpfgelände bei WP 5/12. Der Anschluss bei WP 5/11 war ebenso gestaltet. Nach: Arch. Denkm. Hessen 3.

Kleinkastell Neuwirtshaus
Gde. Hanau,
Main-Kinzig-Kreis

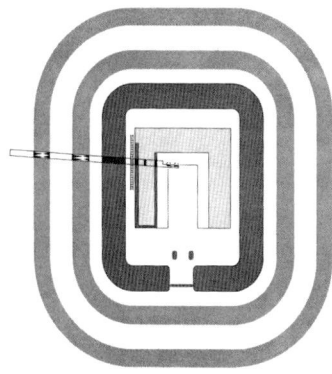

Abb. 131: Kleinkastell Neuwirtshaus. Ergänzter Grabungsbefund nach RiH Abb. 278.

Die hufeisenförmig um einen Innenhof angeordneten Baracken der Garnison öffneten sich zum einzigen, zweiflügeligen Tor hin. Ein zweiphasiger, holzversteifter Erdwall schützte die wohl erst nachträglich unter Hadrian (117–138 n. Chr.) in die Turmkette eingeschobene und nur kurzfristig bis zur Herrschaft von Marc Aurel (161–180 n. Chr.) besetzte Anlage. In dem feuchten, in manchen Jahreszeiten wohl unpassierbaren Gelände dürften die beiden Gräben mehr zum Trockenhalten des Baugrundes denn als Annäherungshindernisse gedient haben.

→ *Dieser Abschnitt ist von mehreren Parkplätzen aus zugänglich: Parkplatz an der B 43 (Hanau-Gelnhausen) an der Zufahrt zum Hess. Forstamt Wolfgang und der Klosterruine St. Wolfgang; 500 m südwestlich davon weist eine Tafel auf den Limes. – Parkplatz an der B 8 (Hanau-Aschaffenburg) hinter dem Neuwirtshaus; hier beginnt der Limesrundweg Neuwirtshaus von 2,2 km Länge. Informationstafeln enthalten Angaben zum Limes, zur Funktion des **WP 5/13** und zum Kleinkastell Neuwirtshaus. – Parkplätze in Großkrotzenburg an der Bahnhofstraße oder vor dem Gymnasium Kreuzburg.*

Lit.: RiH 337 mit Abb. 278–280. – ARND, Period. Blätter des Gesch. Alterth.-Ver. zu Kassel usw. 1856, 335. – 371. – F. W. SCHMIDT, Nass. Ann. 6, 1859/60, 136. – A. DUNCKER, Beiträge zur Erforschung des Pfahlgrabens (1879) 7.8.8*. – A. V. COHAUSEN, Der römische Grenzwall in Deutschland (1884), 43 f. 7 mit Taf. V, Fig. 1 Taf. XL Profil 7a.b. – G. WOLFF/ O. DAHM, Der römische Grenzwall bei Hanau mit den Kastellen zu Rückingen und Marköbel. Mitt. Hanauer Bezirksver. Hess. Gesch. Landeskde. 9, 1885, 15 ff. – G. WOLFF, Die südliche Wetterau in vor- und frühgeschichtlicher Zeit (1937), 17. - W. CZYSZ, Archäologische Nachuntersuchung am Kleinkastell Neuwirtshaus bei Hanau. Neues Magazin f. Hanauische Gesch. (Mitt. Han. Geschver.) 6, Nr. 5, 1977, 121 ff. – DERS., Der römische Limes zwischen Kinzig und Main. Arch. Denkm. Hessen 3 (1979).

Der weitere Weg auf der Wallkrone führt an dem beim Bau der B 8 zerstörten **WP 5/14** mit Holz- und Steinturm vorbei zum **WP 5/15**, dessen schwacher Hügel sich kaum abzeichnet. Auch den Großauheimer Torfbruch unterhalb des Postens, den der Wanderweg in großem Bogen umgeht, überbrückten die Römer mit einem Knüppeldamm.

Oberhalb von Kastell Großkrotzenburg liegt der flache Schutthügel von **WP 5/16** (Steinturm mit Basaltmauern von 5 x 5 m). Der von hier nach Westen abbiegende Weg führt direkt zur Nordwest-Ecke des Kastells, während der Pfahl, leicht nach Osten ausgreifend, hart daran vorbeizieht und am Main endet. Er trennt sich dabei deutlich von der 25 m entfernten Palisade, um das schon bestehende Lager einzuschließen, obwohl zwischen dem Kastellgraben und dem Pfahl mit 6 m Distanz kaum genug Platz für einen Weg bleibt. Das lässt hier einen Limesdurchgang vermuten, weil man die *porta praetoria* nicht gänzlich versperrt haben wird und auch der Ton für die in Großkrotzenburg betriebenen Ziegeleien vor der Grenze im Oberwald gestochen wurde.

Kastell Großkrotzenburg
Gde. Großkrotzenburg, Main-Kinzig-Kreis

Das in dem feuchten Gelände mit seiner Südseite hart am Hochuferrand auf einer ebenen und zugleich überschwemmungssicheren Bodenschwelle liegende Kastell prägt deutlicher als anderswo das Stadtbild, denn Kirch- und Breite Straße sowie Sackgasse decken sich fast genau mit seinen Hauptstraßen. Obwohl neben dem Museum die Südwest-Ecke des Kastells mit dem römischen Turmfundament unter mittelalterlichem Mauerwerk sichtbar ist, bleiben die unter dem Ortskern liegenden Innenbauten der Garnison bis auf einige

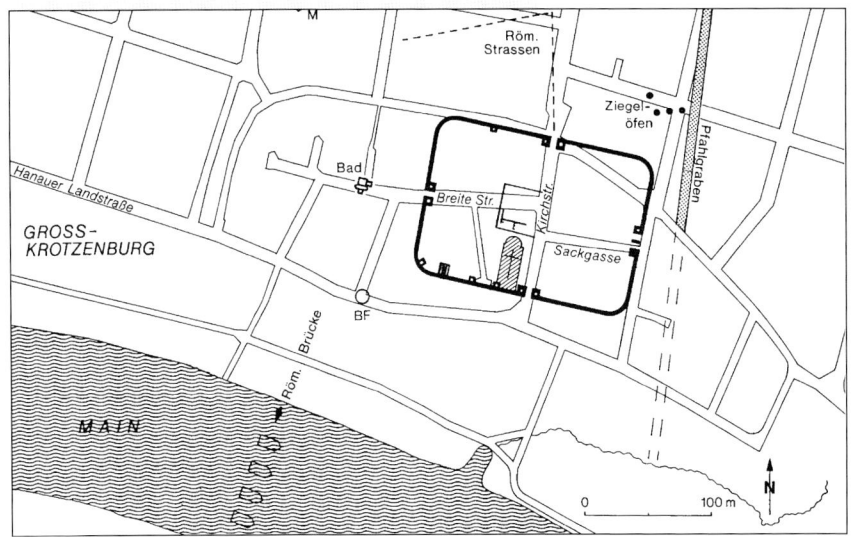

Abb. 132: Kastell Großkrotzenburg. Lage des Kastells unter dem heutigen Ortskern. Nach: RiH Abb. 263.

III | STRECKENBESCHREIBUNG: DER LIMES IM MAIN-KINZIG-KREIS

Abb. 133: Großkrotzenburg. Eckturm des römischen Kastells. Seine Fundamente wurden im Mittelalter von der Stadtmauer überbaut.

wenige Mauerzüge der *principia* fast gänzlich unbekannt, und auch das *praetorium* südöstlich von ihr wird durch Estrichböden und Hypokaustanlagen nur erschlossen. Die bei der Lage an der Grenze und einer Wasserstraße auffallend geringe Kastellgröße (175 x 123 m) erklärt sich wohl aus dem 3 km südlich des Mains immer beibehaltenen Kastell Seligenstadt. Die enge Verbindung beider Posten belegt ein Altar, dessen Stifter – vielleicht nur interimistisch – beide Einheiten kommandierte.

Die Anlage mit einer großen Praetentura besaß über einem 1,7 m breiten Sockel eine außergewöhnlich sorgfältig aufgeführte Zinnenmauer aus Basaltquadern mit einem Gussmauerkern von 1,5–1,6 m Breite. Die trapezförmigen Eck- und Zwischentürme waren an der gekiesten Wallstraße offenbar nicht ganz symmetrisch angelegt. Obwohl der bei der ehemaligen Zehntscheuer untersuchte ‚Turm' von 7,3 x 10,2 m nach Geschützkugeln aus Basalt wohl fortifikatorischen Zwecken diente, muss sein Untergeschoss wegen Knochen- und Küchenabfällen sowie Mahlsteinen zur Versorgung genutzt worden sein. Die Doppelgräben endeten am Mainufer, und die Berme zwischen Kastellmauer und Graben war mit Sandsteinen und Basalt befestigt. Nur die *porta praetoria* besaß zwei Durchfahrten. Ein Entwässerungskanal verlief zwischen dem südöstlichen Eckturm und dem Ufer.

Ob hier schon um 90 n. Chr. ein Posten an einer älteren, militärisch genutzten rechtsmainischen Uferstraße existierte, deren Verlauf der Hanauer Landstraße entspricht, oder ob die Nahtstelle zwischen Main- und Wetteraulimes lediglich von Kastell Hainhaus am südlichen Mainufer gesichert wurde, ist ohne Kenntnis der Baugeschichte des Kastells nicht zu entscheiden. Erst zwischen 105 und 110 n. Chr. wurde dicht am Main als einem wichtigen Verkehrsweg das 2,1 ha große, von zwei Gräben umgebene Lager errichtet. Auf eine in jedem Fall mehrphasige Garnison weist ein älterer Kastellgraben. Das nach fehlenden Brandschichten offenbar freiwillig geräumte Kastell bezogen alamannische Siedler.

Großkrotzenburg war im frühen 2. Jahrhundert vor allem als Produktionsstätte von Ziegeln wichtig. Die in der mittleren Regierungszeit von Traian nach Großkrotzenburg dislozierte *cohors IIII Vindelicorum* produzierte nämlich zeitweise den Bedarf des ganzen obergermanischen Heeres, der sich über den Fluss leicht abtransportieren ließ. Die Brennöfen für *tegulae* und *imbrices* (Flach- und Deckziegel) sowie Platten lagen wegen der Feuergefahr nördlich des Kastells hart am Pfahlgraben. Von ihnen war der besonders große westliche Ofen aus Basalt in einen älteren Kalkofen eingebaut.

Der Vicus entwickelte sich im Norden und Westen an der über Hanau und Frankfurt nach Mainz führenden Fernstraße, wo auch 50 m vor dem rückwärtigen Kastelltor das Bad liegt. Ein ausgedehntes Gräberfeld ist im Norden angeschnitten worden. Aus dem recht einfachen Mithräum stammt eine im Zweiten Weltkrieg zerstörte Skulpturengruppe des Mithraszyklus. Das vor seinem Eingang nachgewiesene Gräberareal mit parallel bzw. senkrecht zum Tempel angelegten Reihen könnte für Personen benutzt worden sein, die vielleicht als Kultdiener enge Beziehungen zum Mithräum gepflegt hatten.

Eine hölzerne Mainbrücke, die vom Rodgau in das Kinziggebiet führte und von einem Beneficiari-

Abb. 134: Großkrotzenburg, Museum. Pfeilerreste mit Pfahlschuhen der römischen Mainbrücke, die nach Dendrodaten 134 n. Chr. erbaut worden ist.

Lit.: RiH 325 ff. – F. Cumont, Textes et monuments figurées relatifs aux mystère de Mithra (1899), I 55. – G. Wolff, Kastell Großkrotzenburg. ORL Abt. B Nr. 23 (1903). – K. Hofmann, Neue Bodenfunde in Großkrotzenburg (1963). – C. Bermann, Von der Staatsgrenze zum Müllhaufen. HessenArch. 2001 (2002), 101 ff.

erposten am Brückenkopf kontrolliert wurde, ist nach Dendrodaten der Holzpfeiler nach 134 n. Chr. errichtet worden.

→ *Das Museum Großkrotzenburg (Zufahrt ausgeschildert, Parkplätze), Breite Straße 20, bietet dem Besucher u. a. einen anschaulichen Überblick über das Kastell (z. B. Modell). Auch der zerstörte Mithrasstein ist als Kopie ausgestellt. Das Museum ist das Regionale Informationszentrum Limes im Main-Kinzig-Kreis.*

Strecke 6:
Der ältere Mainlimes als Verbindung zwischen Main und Odenwald

Der um 90 n. Chr. noch in den letzten Regierungsjahren von Kaiser Domitian angelegte ‚ältere Mainlines' von Hainstadt nach Wörth schloss die Lücke zwischen Wetterau- und Odenwaldlimes. Ein am westlichen Flussufer sicher vorauszusetzender, von Türmen aus überwachter Patrouillenweg verband die Kastelle miteinander, die vor allem den Verkehr auf dem Fluss kontrollierten. Nur zwei von ihnen befinden sich auf hessischem Gebiet und sollen kurz beschrieben werden.

Kastell Hainstadt
Gde. Hainburg-Hainstadt,
Lkr. Offenburg

Das auf einer schwachen Geländeerhöhung gelegene, nicht mehr sichtbare Kastell für eine Besatzung von 80–120 Mann konnte erst in den 70er-Jahren des 20. Jahrhunderts nachgewiesen werden. Die kurzfristig gehaltene Anlage mit nur einer Bauperiode und einem einfachen Spitzgraben sicherte die Verbindung vom Wetterau- zum Mainlimes und wurde unter Traian durch das Kohortenkastell Großkrotzenburg ersetzt.

Nach dem Rückzug des Militärs entstand innerhalb der alten Kastellumwehrung ein römischer Gutshof, der 260 n. Chr. aufgegeben und anschließend von Alamannen bewohnt wurde.

Strecke 6: Der ältere Mainlimes als Verbindung zwischen Main und Odenwald | III

→ *Östlich der Hainstädter Straße bezeichnet die Hauptstraße dicht am Mainufer die Westfront des Kastells, während die Kastellstraße ungefähr über der via principalis das Lagerareal quert.*

Lit.: B. Beckmann, Das römische Kastell Hainstadt am Main (Ldkr. Offenbach). Saalburg Jahrb. 28, 1971, 29 ff. – Ders./Ch. Beckmann, Die einheimische Keramik aus dem Bereich des römischen Limeskastells Hainstadt am Main (Ldkr. Offenbach). Bonner Jahrb. 178, 1978, 235 ff.

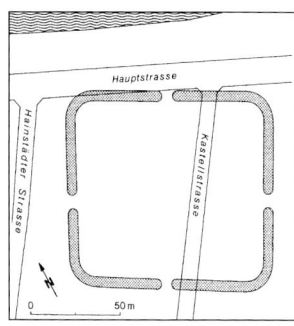

Abb. 135: Kastell Hainstadt. Grundriss des erst 1968–69 ergrabenen Kastells. Nach: RiH Abb. 275.

Die ersten Hinweise auf die Anwesenheit von Militär in Seligenstadt gaben im frühen 19. Jahrhundert das unter den Resten des ehemaligen Maintorturmes freigelegte Bad sowie die im Mittelschiff der Einhardsbasilika versetzte Bauinschrift der *cohors I civium Romanorum*. Da in der dicht bebauten Altstadt bis heute nur kleine Aufschlüsse möglich waren, gehört das Lager zu den schlecht bekannten Garnisonen. Ein Holz-Erde-Kohortenkastell wurde um 150 n. Chr. zu einem mit 3,1 ha etwa gleich großen Steinkastell umgebaut, dessen Nordost-Mauer noch nicht erfasst werden konnte. Auch ein um 100 n. Chr. in Fachwerktechnik errichteter Porticusbau wurde um 150 n. Chr. durch ein Steingebäude ersetzt. Zwei außerhalb des Steinkastells nachgewiesene Gräben könnten von vorausgehenden Lagern stammen.

Eine für die Kommandostruktur des Heeres aufschlussreiche Weihung an Iupiter Dolichenus bezeichnet 211 n. Chr. Flavius Antiochus nicht nur als Kommandeur der in Seligenstadt liegenden *cohors I civium Romanorum*, sondern – wohl nur vorübergehend – zugleich der *cohors IV Vindelicorum* in Großkrotzenburg.

Kastell Seligenstadt
Stadt Seligenstadt, Lkr. Offenbach

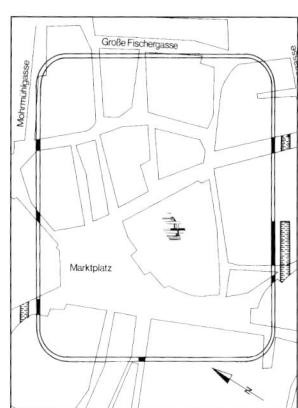

Abb. 136: Kastell Seligenstadt. Plan des Kastells. Nach: RiH Abb. 452.

III STRECKENBESCHREIBUNG: DER LIMES IM NÖRDLICHEN ODENWALD

Abb. 137: Seligenstadt/Main, Einhardsbasilika. Die in der südlichen Langhauswand vermauerte Inschrift der *cohors I civium Romanorum* gab den ersten Hinweis auf die Anwesenheit des Militärs.

Lit.: RiH 477 ff. mit Abb. 452–453. – K. NAHRGANG, Die Bodenfunde der Ur- und Frühgeschichte in Stadt- und Landkreis Offenbach am Main (1967), 187 ff. – E. SCHALLMAYER, Das römische Seligenstadt, Kr. Offenbach. Arch. Denkm. Hessen 9 (1979). – DERS., Ausgrabungen in Seligenstadt. Zur römischen und mittelalterlichen Topographie. Saalburg-Jahrb. 43, 1987, 5 ff. – D. KROEMER/G. WEBER, Neues aus dem römischen und mittelalterlichen Seligenstadt (Ldkr. Offenbach). HessenArch. 2001 (2002), 112 f. – B. STEIDL, Welterbe Limes. Roms Grenze am Main (2008), 68 ff.

Die Ausdehnung des Lagerdorfes, das vor allem aus Fachwerkbauten bestand, nach Süden und Norden lässt sich nur ungefähr bestimmen, und vor allem im Westen bleibt der Abschluss unsicher. Gräberfelder scheinen an drei Ausfallstraßen bestanden zu haben.

→ *Funde: Landschaftsmuseum Seligenstadt*

Der Limes im nördlichen Odenwald (Odenwaldkreis)

Übersicht

Die 30 km lange, landschaftlich besonders schöne Strecke des Odenwaldlimes beginnt zwar auf bayerischem Boden, durchzieht aber größtenteils hessisches und baden-württembergisches Gebiet. Die Beschreibung beschränkt sich hier auf den hessischen Abschnitt des nördlichen Odenwaldes bis zum **WP 10/33**, wo die Buntsandsteinformationen eine vielfältig gegliederte Oberfläche bilden, bevor südlich von Mud- und Elzbach im Schwäbischen Stufenland auf dem Plateau die nach Süden führende Strecke bis zum Neckar fast schnurgerade ausgesteckt wurde. Hier findet der Wanderer vor allem die Reste von Numeruskastellen und Turmstellen, denn das von der RLK nachgewiesene Palisadengräbchen zeigt sich oberirdisch nur an wenigen Stellen.

Karte 9

Strecke 10:
Von Wörth bis Schlossau

Beim Odenwaldlimes handelt es sich um eine Grenze in einem dicht bewaldeten, wenig besiedelten Gebiet. So überlagert hier auch nur ein alter Verkehrsweg – die ‚Hohe Straße' – streckenweise den Limes, und lediglich eine neuzeitliche Grenze fällt zwischen den **WP 5/32–37** mit dem Pfahl zusammen. Diese Beobachtung zeigt, dass der erhaltene Wall andernorts weit über die Jahre der römischen Herrschaft hinaus die Grenzziehung stark beeinflusst hat. Der Limes folgt zu Beginn auf dem breiten, leicht gewellten Rücken den Biegungen, die Vorderen und Hinteren Odenwald voneinander trennen. Südlich von Hesselbach, wo im Osten ein überragender Höhenzug vorgelagert ist, zieht der Limes zum Kamm hinauf, dem er bis Schlossau folgt.

Die Wachtposten finden sich im Odenwald recht weit voneinander entfernt meist auf den Bergkuppen, während die Einsattelungen von Kleinkastellen überwacht wurden. Der Palisadengraben berücksichtigt die Standorte der etwa 30 m von ihm entfernten Türme und kann daher erst nach ihnen angelegt worden sein. Der geschotterte Begleitweg hinter dem Palisadengraben war ungefähr 3 m breit und über einer ca. 0,5 m hohen Stickung aus drei Schichten abwechselnd flächig gelegter bzw. hochgestellter Steine mit einer Decke aus Kleinschlag versehen. Beiderseits verliefen zumeist Straßengräbchen. In der Nähe von Kastellen und Wachtposten konnte sich die Straße, die **WP 10/33** an einem Hang umging, deutlich verbreitern.

In dem kaum bedrohten Gebiet übernahmen *numeri* den Wachtdienst, die oft in anderen Teilen des Reiches ausgehoben und hierher verlegt worden waren. Besonders zahlreich sind mit Brittonen die in Britannien rekrutierten nationalen Einheiten. Die im nördlichen Bereich stationierten *Brittones Nemaningenses* leiten ihren Namen wohl von der Mümling ab. In dem Abschnitt zwischen **WP 10/19** und Trienz, möglicherweise bis nach Schlossau, waren die *Brittones Triputienses* disloziert, die ihre Inschriften häufig aufmalten. Weiter südlich lagen im baden-württembergischen Bereich bis Neckarburken die *Brittones Elantienses*. Aus diesen *numeri* scheinen bei dem Verlegen an den Vorderen Limes andere Formationen gebildet worden zu sein, denn brittonische Numeri finden sich dort nicht mehr.

Karte 9 (WP 10/1–10/28)

Empfehlung:

Die **Odenwaldstrecke** gehört zu den landschaftlich schönsten Abschnitten des Limes. Zahlreiche **Rundwanderwege** (Führer im Museum Michelstadt erhältlich) erleichtern gerade hier das abschnittsweise Besuchen der Strecke, an der die Fundamente zahlreicher **Steintürme** konserviert worden sind.

T Würzberg: Konserviertes **Kastellbad**.

★ Unbedingt sehenswert: **Eulbacher Park** mit zahlreichen römischen Steindenkmälern; **Einhardsbasilika** in Michelstadt-Steinbach.

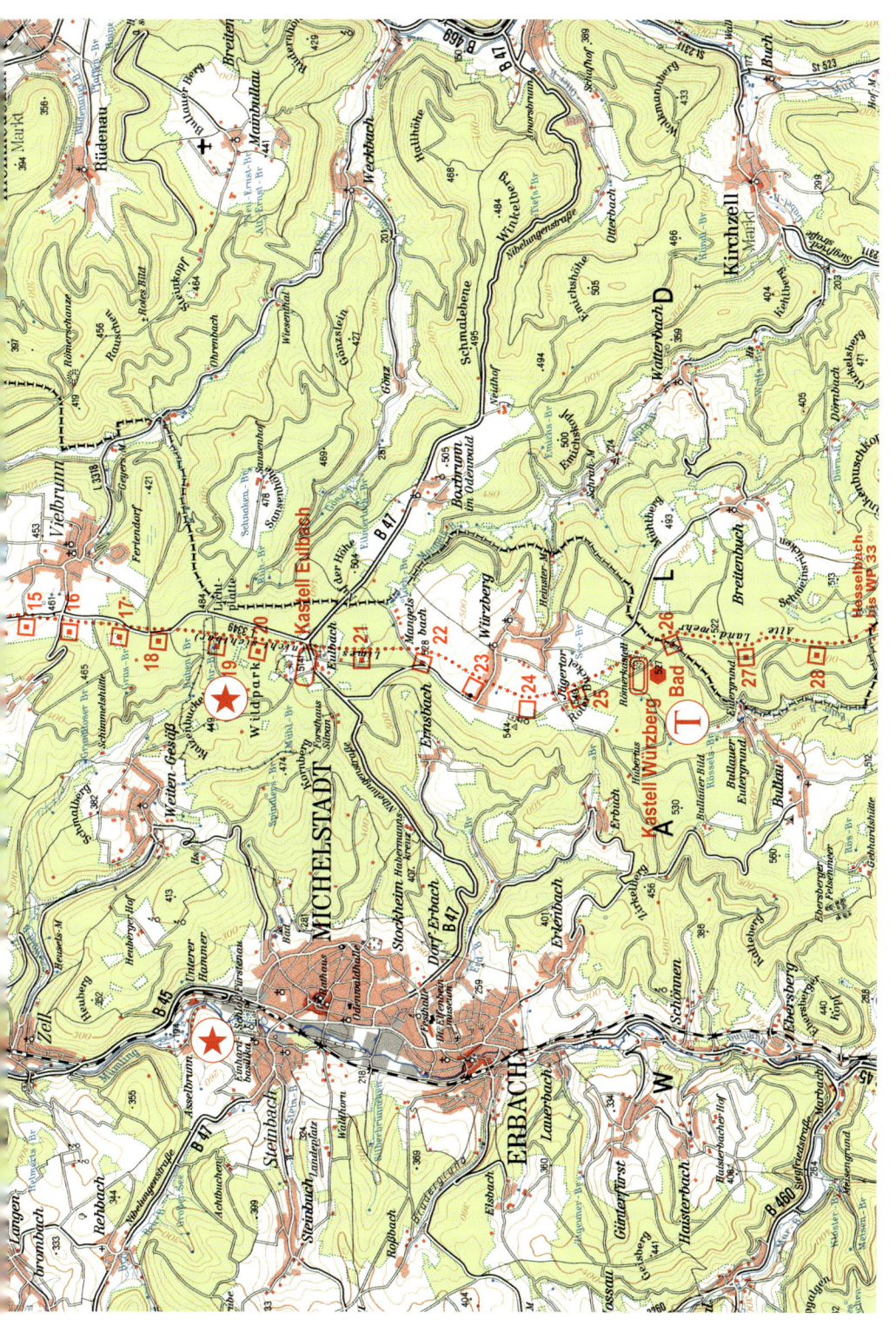

III STRECKENBESCHREIBUNG: DER LIMES IM NÖRDLICHEN ODENWALD

Die im Odenwald bereits früh aufgegebene Strecke weist nur drei Ausbauphasen auf:
> um 90/100 n. Chr.: Anlegen der von Holzturmstellen aus überwachten Grenzschneise;
> um 120 n. Chr.: Bau der Holzpalisade (die auf 112 m zwischen den **WP 10/34** und Kleinkastell Zwing auf nicht mehr hessischem Gebiet ebenfalls eine Trockenmauer ersetzte);
> Mitte 2. Jahrhundert: Ersatz der Holztürme durch Steinbauten, die häufig Inschriften und reichen architektonischen Schmuck tragen.

Für die Wanderungen im Odenwald bieten sich viele Möglichkeiten, denn zahlreiche Parkplätze am offiziell ausgewiesenen Limeswanderweg (Symbol Limesturm) sind mit anderen Odenwald-Wegen zu Rundwanderwegen kombiniert worden. Als Hilfe sei der kleine Wanderführer empfohlen, den man im Museum Michelstadt erhält.

Numeruskastell Wörth
Stadt Wörth a. Main, Kreis Miltenberg

Obwohl Anfangs- und Enddatum der kleinen Anlage von 0,8 ha unbekannt sind und die Stationierung des *numerus Brittonum et exploratorum Nemaningensium* nur vermutet werden kann, weisen Lesefunde aus dem Kastellbereich neuerdings auf einen bereits domitianischen Holz-Erde-Vorgänger und erhärten so die lange diskutierte Zugehörigkeit des Kastells zum älteren Mainlimes.
Die B 469 verläuft bei km 25,0 unmittelbar an der zum Fluss gerichteten Kastellfront, die sich dort im Gelände nördlich des Ortes schwach abzeichnet. Das Lager mit einem einfachen Spitzgraben besaß vier Tore. Für die Innenbauten war bis auf die ergrabene *principia* Fachwerktechnik benutzt worden.
→ *Funde: Museum Aschaffenburg*

Abb. 138: Wörth/Main. Rekonstruktion von Kastell und Lagerdorf nach den jüngsten geophysikalischen Untersuchungen.

Lit.: RiH 497 mit Abb. 475. – W. CONRADY, Das Kastell Wörth. ORL Abt. B Nr. 36 (1900). – L. WAMSER, Ausgrabungen und Funde in Unterfranken 1979. Frankenland. Zeitschr. für Fränkische Landeskunde und Kulturpflege NF 32, 1980, 158. – J. FASSBINDER/H. LÜDEMANN, Das Numeruskastell in Wörth am Main: Bestandsaufnahme und Magnetometrie. Arch. Jahr Bayern 2002, 65 ff.

Der Trassenverlauf mit den vermuteten **WP 10/1–10/4** zur Hochfläche des Mittelgebirges bleibt bis heute unbekannt. Als erstes Kastell erreicht man bereits auf dem Bundsandsteinplateau Seckmauern, wo die von außen überhöhte Palisade, um viele Schluchten herumgeführt, dem höchsten Zug des Rückens folgt. Ihrem nur schmalen Gräbchen nach scheint es sich hier eher um einen flechtwerkartigen Zaun gehandelt zu haben.

Von dem Kastell (Innenfläche 0,6 ha) für einen unbekannten Numerus am Nordhang der Höhe 283 bot sich in römischer Zeit ein freier Blick über den Main bis zum Kastell Obernburg. Die Umwehrung bestand hinter einem Graben und der Berme nur aus einer Palisade mit innen angeschütteter Erdrampe. Der im oberen Teil flacher geböschte Spitzgraben setzt im Süden vor dem Haupttor auf 9 m aus, ist an der Rückseite aber nur für 4 m unterbrochen. Der vermutlich kurzfristig unter Traian – als Baulager? – besetzte und nie in Stein ausgebaute Posten ohne bekannte Innenbauten muss bereits im frühen 2. Jahrhundert aufgegeben gewesen sein, weil die Palisade das Kastellgelände schneidet.

Das am tiefsten Punkt des Geländes errichtete Fachwerkgebäude von 12,6 m Länge nimmt zwar den Platz der *principia* ein, wurde aber erst nach der Auflassung errichtet und gehört ebenso wie ein lange genutztes Thermengebäude von sehr einfachem Grundriss – die fünf in Blockform angeordneten Baderäume werden nur von einem Praefurnium aus beheizt – zu einem nachkastellzeitlichen Gutshof. Seine weiteren Reste zeichnen sich als Mauerschutt auf zwei Terrassen 100 m weiter westlich im Wald ab.

Numeruskastell Seckmauern
Gde. Lützelbach, OT Seckmauern, Odenwaldkreis

Lit.: E. ANTHES, Das Kastell Seckmauern. ORL Abt B Nr. 46 b (1903).

Unterhalb von Seckmauern lag **WP 10/5** ohne älteren Holzturm (6,8 x 6,8 m; abgefaster Sockel) auf einem kleinen Bergvorsprung mit Sichtverbindung nach Seckmauern und zum Maintal. Bei **WP 10/6** an der Schnittstelle der alten Landstraße Seckmauern-Wiebelsbach und eines unbefestigten Feldweges scheint es nach einer jüngst erfolgten zerstörungsfreien Prospektion zwei Holz- und einen Steinturm gegeben zu haben. Anomalien am östlichen Holzturm könnten auf ein Schadensfeuer weisen. An dem von einem Weg geschnittenen und völlig eingeebneten Posten **WP 10/7** mit stark vermörtelten Mauern 1 km östlich von Wiebelsbach konnte im offenen Ackergelände der ältere Holzturm nachgewiesen werden, der der RLK entgangen ist.

Der Weg nähert sich über eine flache Einsattelung dem Hauptrücken des Odenwaldes und führt weiter nach Lützelbach. Dort beginnt die ‚Hohe Straße', ein nach Süden ziehender Altweg, der trotz seines bis Hesselbach parallelen Verlaufs nicht mit dem Limes verwechselt werden darf. Südöstlich vom Ort (unterhalb eines Sportplatzes) bewachte Kleinkastell Lützelbach auf dem Plateau des von Schlossau nach Norden streichenden Höhenrückens den Sattel zwischen Lützelbach und Haingrundtal. Das nach Nordwesten stark abfallende Terrain ist im Süden überhöht. Einbauten wie Keller mit Treppen 100 m südlich des Lagers gehören wohl kaum in römischen Kontext.

Numeruskastell Lützelbach
Gde. Lützelbach, Odenwaldkreis

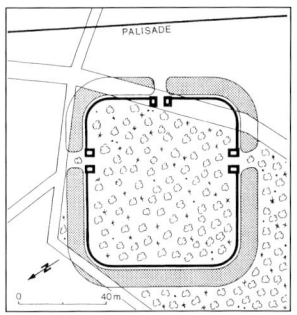

Abb. 139: Kastell Lützelbach. Grundriss nach RiH Abb. 386.

Die im Volksmund „Lützelbacher Schlösschen" genannte nördlichste Odenwald-Garnison, von der eine Stichstraße zum Begleitweg führte, war im frühen 19. Jahrhundert recht gut sichtbar und besaß 1813 noch „… eine 14 Schuh dicke, mit Kalk verbundene, innen und außen mit sauber behauenen großen Steinen verkleidete Mauer, welche noch jetzt hie und da über den gewiß 4 Schuh hohen Schutt ebenso hoch hervorragt". Später verkaufte der Besitzer alles verwertbare Steinmaterial, darunter 1875 zwei Skulpturen und einen Zinnendeckel an das Museum Wiesbaden, so dass sich bei der Grabung der RLK neben der durch den Wegebau stark beschädigten Südost-Front meist nur noch die Ausbruchgruben zeigten. Zu einem ersten Holz-Erde-Bau gehört die unter dem Wall nachgewiesene, in eine Brandschuttschicht einschneidende Trockenmauer.

Von der 0,95–1,25 m breiten Kastellumwehrung der jüngeren Anlage in Läufer- und Bindertechnik blieb hinter dem 8 m breiten und 1,3 m tiefen Graben lediglich die Nordmauer aus Sandstein auf einem vermörtelten Fundament mit abgeschrägtem Sockel erhalten. Nach den gerundeten Zinnendeckeln muss ihre Brustwehr mindestens 0,35 m breit gewesen sein. Stufenartig gelegte, flache Sandsteine dienten wohl als Treppe und nicht zum Fixieren des dahinter angeschütteten Walles. Von den drei Toren mit Doppeltürmen richtete sich das von einer Lünette geschmückte Haupttor mit einer geschotterten, 2,35 m breiten Durchfahrt zum 19 m entfernten Limes. Die von Anfang an nicht nutzbaren Untergeschosse aller Türme sprangen 0,11–0,25 m weit über die Mauerfront vor, so dass die Außenflucht eine gebrochene Linie zeigte. Das zugehörige Bad ist 40 m nördlich vom Kastell als flache Erhöhung sichtbar.

Obwohl das Lützelbacher Schlösschen mit 0,6 ha Innenfläche das kleinste Numeruskastell der Odenwaldstrecke ist, hat es ein erstaunlich reiches Fundmaterial erbracht. Außer der bereits genannten Lünette mit einer recht unbeholfen dargestellten Victoria fanden sich Bruchstücke eines Soldatenbildes, ein Wasserspeier in Form eines Löwenkopfes mit aufgesperrtem Rachen sowie ein Relief, auf dem ein Eber einen Menschen trägt.

→ *Funde: z. T. Museum Wiesbaden, Sammlung Nassauischer Altertümer (derzeit nicht zugänglich).*
→ *In der Nähe des Kastells befinden sich zwei Infotafeln.*

Lit.: J. Jacobs, Das Kastell Lützelbach. ORL Abt. B Nr. 46 (1904).

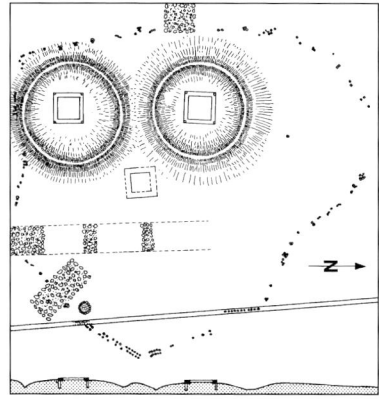

Abb. 140: WP 10/8 Im Lützelbacher Bannholz. Der Posten mit zwei Holztürmen und einer Steinturmstelle scheint den Pfostenstellungen nach von einem Zaun umgeben gewesen zu sein. Nach: ORL.

Bei **WP 10/8** mit Ringgräben von zwei Holzturmstellen ersetzte der südliche Posten offenbar den abgebrannten nördlichen Turm, den ein Flechtwerkzaun mit Zugängen im Norden, Westen und Südwesten umgab. Von ihm hatten sich in einem ziemlich breiten, aber nicht sauber geböschten Graben von 0,9 m Tiefe die Standspuren der 0,10–0,20 m starken, verkeilten Doppelpfosten erhalten. Die Plattform des jüngeren Baues mit von außen verkeilten Eckpfosten und einem 0,05 m starken Lettenboden war zwischen Turm und Graben geschottert. Weiter südlich zeichnet sich der parallel zur Palisade ergrabende Steinturm kaum noch ab. Davor wurde der Begleitweg angeschnitten.

Bei **WP 10/9** nahe am Wanderweg löste der nördliche Steinturm den Holzturm ab, dessen großer Schutthügel in einem Ringgraben liegt. Da zwischen diesen beiden durch bergiges Gelände getrennten Wachtposten eine direkte Sichtverbindung erst bei Türmen von mindestens 8 m gegeben war, gilt dies als Mindesthöhe der Bauten. Andererseits scheinen im Mauerwerk beider Türme Balkenschlitze gefehlt zu haben, was für eine solide Bauweise dieser Posten mit einer über das Normale hinausgehenden Höhe sprechen könnte.

An einem alten, den Bergsattel in Ost-West-Richtung querenden Saumpfad kontrollierte im Tal zwischen Haingrund und Breitenbuch das heute abgegangene Kleinkastell Windlücke einen früher sicher wichtigen Übergang über das Gebirge.

Kleinkastell Windlücke
Gde. Breitenbrunn, Odenwaldkreis

Dem kleinen Posten, dessen nicht ganz quadratischer Grundriss mit 13,5 m langen Seiten abgerundete Ecken zeigt, fehlt ein Graben. Die 1 m breite Umfassungsmauer über einem sehr gut erhaltenen, reichlich vermörtelten Fundament sprang auf beiden Seiten über dem Sockel zurück. Das einzige nach Osten auf den Limes gerichtete Tor mit einer untermauerten Schwelle von 2,32 m Breite besaß wohl eine hölzerne Einfassung. Die vielleicht von einem benachbarten Lager abgestellte Besatzung bleibt unbekannt.

→ *Am Parkplatz ‚Kleinkastell Windlücke' an der Straße Breitenbrunn–Haingrund neben dem Sportplatz beginnt ein Rundweg (Markierungen: L 1 + Limeszeichen/4 gelb + X blau), der auch zum Kastell Windlücke und den **WP 10/8** und **10/9** führt. Dauer: etwa 1,5 Std.*

An dem folgenden **WP 10/10** wurden 28 m hinter Grenzpalisade und Begleitweg mit einem Straßengräbchen auf der Westseite drei Beobachtungsposten sowie eine kunstlos gesetzte Feuerstelle nachgewiesen. Bei dem stark verwühlten Steinturm dicht an der Schneise mit 5,25 m langen Seiten sollen um 1800 noch einige

Steinlagen in situ vorhanden gewesen sein. Aber schon die RLK fand bei ihren Untersuchungen nur noch einen abgeschrägten Sockelstein vor. Auch der ältere Holzturm von 5,75 x 5, 75 m aus Trockenmauerwerk mit Schlitzen und einem wohl schon in römischer Zeit verfüllten Graben zeichnet sich südlich des Weges kaum noch ab. Nur der Ringgraben von 26 m Durchmesser des jüngeren Holzturmes ist deutlich erkennbar.

Nach einem kräftigen Anstieg wird der Odenwaldkamm erreicht, dem bis zum **WP 10/18** größere Niveauunterschiede fehlen. Zugleich bietet er die beste Aussicht über das Tal zwischen Haingrund und Seckmauern hinweg bis zur Mainmündung. Dort lässt sich der Standort des konservierten Steinturmes **WP 10/11** mit 5,1 m Seitenlänge 100 m westlich der Straße durch einen Betonmast gut orten. Er zeigt das Schräggesims am Fuß des Aufgehenden, das sich bei den Turmbauten der Odenwaldstrecke häufig findet. Der ältere Holzturm ist anhand von Schutthügel und umgebendem Ringgraben auszumachen. Bei **WP 10/12** haben sich Reste des Holzturmes in einem Kreisgraben erhalten, während das Material des stark verwühlten Steinturmes südlich davon zum Wegebau ausgebrochen worden sein soll.

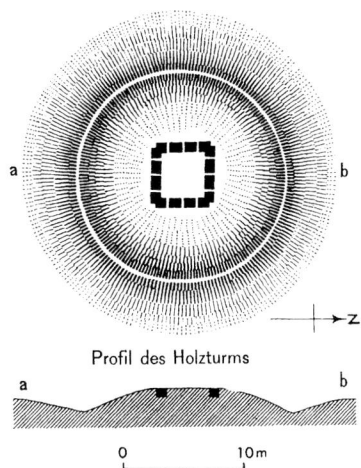

Abb. 141: WP 10/10 In der Klinge. Grundriss des Holzturmes mit Kreisgraben. Nach: ORL.

Bei **WP 10/13** östlich der Straße nur wenig oberhalb von Kastell Hainhaus bezeichnet ein flacher Hügel den Holz- oder Steinturmrest. 360 m südwestlich findet man auf einem nach Westen abfallenden Terrain das mit seinem Haupttor nach Osten zum Limes hin orientierte Kastell Hainhaus an der ‚Alten Laudenbacher Straße', die die kürzeste Verbindung und zugleich die Wasserscheide zwischen Mümling und Main bezeichnet. In das 1432 urkundlich ‚Bentzenburg' (= Geisterburg) genannte Kastell ließ der Fürst von Löwenstein-Wertheim-Rosenberg im 18. Jahrhundert ein Jagdhaus einbauen, weshalb der Innenraum nie untersucht werden konnte. Auch die 1809 aufgestellten Steinsessel an der Ostseite haben nichts mit dem römischen Kastell zu tun. Trotzdem ist die Mehrphasigkeit des Lagers gesichert, denn im Wall fanden sich Reste einer älteren Umwehrung.

Numeruskastell Hainhaus
Michelstadt-Vielbrunn, Odenwaldkreis

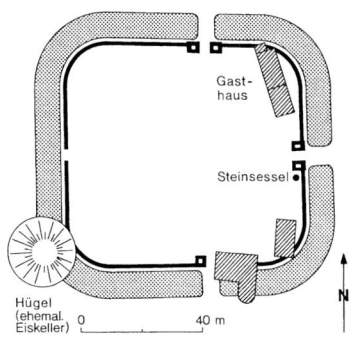

Abb. 142: Numeruskastell Hainhaus bei Vielbrunn. Grundriss des römischen Lagers ohne das Jagdschloss (19. Jh.). Nach: RiH Abb. 400.

Lit.: F. KOFLER, Das Kastell Hainhaus bei Vielbrunn. ORL Abt. B Nr. 47 (1897).

Das 0,6 ha große jüngere Lager beherbergte einen unbekannten Numerus. Seine stark vermörtelte Mauer, die nach Deckelsteinen mit einer Brüstung oder Zinnen abschloss, war auf der Außenseite über einem Sockel mit sorgfältig gearbeiteten Sandsteinquadern verblendet und verputzt. Verschiedenartig profilierte Gesimse belegen auch für diesen kleinen Posten eine repräsentative Architektur z. B. mit Rundbogenfenstern in den oberen Turmgeschossen. Bei dem 0,8 m breiten Graben in *fossa-punica*-Technik hatte man die dem Feind zugewandte Grabenwand steiler geböscht als diejenige vor dem Kastell. Drei Tore unterbrachen die Mauer mit einem dahinter angeschütteten Erdwall, an dessen Fuß der 2,8–3,5 m breite Wallweg verlief, während es auf der Rückseite nur eine Pforte gab. Die Einfahrt des Haupttores von 3,46 m Breite verengten zwei wohl als Prellsteine dienende Mauervorsprünge, und die Steinschüttungen der Durchfahrten an der Nord- und Südseite setzten sich außerhalb des Kastells zum Begleitweg fort. Türme mit innen roh belassenem Mauerwerk flankierten alle Tore. Im Innenareal wurde nur ein Abzugskanal entdeckt. Das nicht mehr erkennbare Bad mit seitlichen Nebenräumen 200 m nordwestlich des Kastells besaß stellenweise noch einen Bodenbelag aus Sandsteinplatten.

→ *Am Parkplatz bei Kastell Hainhaus beginnt ein Rundwanderweg (L + Limesturm und Dreieck rot oder X blau). Dauer etwa 2 Std.*

Die folgende Turmstelle **WP 10/14** 700 m südlich von Kastell Hainhaus zeigt sich als Ringgraben direkt an der Straße im Wald, obwohl heute Wildwuchs den Zugang erschwert. Ab hier folgt die ‚Hohe Straße' auf dem plateauartig erweiterten Gebirgsrücken in südliche Richtung bis Eulbach ungefähr der Limestrasse. Vom Waldrand zieht der Pfahl über eine offene Hochfläche, wo eine Buschgruppe den Standort von **WP 10/15** direkt an der Straße unterhalb der Höhe 465,9 bezeichnet. Diese

Erhebung überhöhte den Posten nicht nur, sondern versperrte zugleich den Einblick in das Vielbrunner Tal. Der Steinturm dürfte beim Straßenbau ausgebrochen worden sein, denn das überwucherte Mauerfundament innerhalb des Holzturmes mit einem Ringgraben datiert neuzeitlich.

Am verackerten **WP 10/16** vorbei führt der Limes zurück in den Wald, wo sich **WP 10/17** (Hinweisschild an der Straße) als mächtiger Schutthügel abzeichnet und geringe Spuren südlich davon auf einen Steinturm weisen. Diese Ringgräben laufen oft mit Wasser voll. Bei der großen Distanz der nächsten Turmstelle **WP 10/18** könnte der Weg aus dem Mümlingtal durch einen weiteren, bisher nicht lokalisierten Posten überwacht worden sein. Dort ist der Steinturm beim Straßenbau zerstört worden, während der Holzturm unter einem Hügel liegt.

Als nächste größere Anlage wird Kastell Eulbach innerhalb des Eulbacher Wildparks erreicht. Im ausgedehnten Schutzgebiet sind die Turmstellen **WP 10/19** und **10/20** nördlich des Kastells mit sichtbaren Resten der Holz- und Steintürme ebenso wie **WP 10/21** südlich des Lagers mit nur geringen Spuren nicht zugänglich. **WP 10/19** ist nach der Bauinschrift 146 n. Chr. von den in Kastell Schlossau stationierten *Brittones Triputienses* erbaut worden.

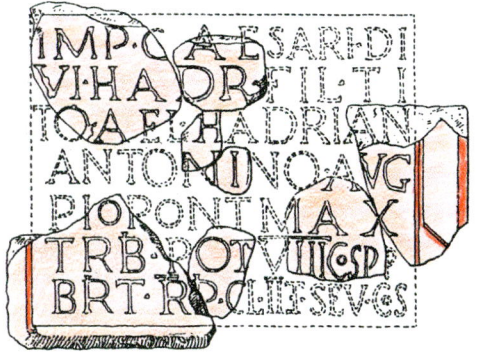

Abb. 143: WP 10/19 An der Lichten Platte. Der nicht zugängliche Steinturm war seiner Inschrift nach 146 n. Chr. erbaut worden: „Dem Imperator Caesar, dem Sohn des vergöttlichten Hadrian, Titus Aelius Hadrianus Antoninus Pius Augustus, Oberpriester, im achten Jahr seiner tribunizischen Gewalt, Konsul, Vater des Vaterlandes, von den *Brittones Triputienses*. Im Jahr, in dem Clarus zum zweiten Mal und Severus Konsuln waren." Nach: Schallmayer, Odenwaldlimes, Abb. 70.

Das Lager auf der Passhöhe zwischen Mümling- und Mudtal wurde beim Bau der B 47 weitgehend zerstört und ist heute nur noch anhand schwacher Bodenwellen im Gelände erkennbar. Die direkt unter der Straße freigelegten untersten Fundamentschichten des Osttores ließ Franz Graf zu Erbach 1806 durchnummerieren und ganz im Sinne seiner Zeit im benachbarten Eulbacher Park wieder aufbauen. Die darüber aus ebenfalls römischem Baumaterial rekonstruierte Kastellmauer spiegelt mit den fehlenden Tortürmen allerdings den damaligen, oft romantisch geprägten Kenntnisstand wider.

Numeruskastell Eulbach
Michelstadt-Vielbrunn,
Odenwaldkreis

Abb. 144: Numeruskastell Eulbach. Übersichtsplan über die Lage von Kastell und der neuzeitlichen Bebauung. Nach: RiH Abb. 394.

Lit.: BAATZ, Limes, 185 ff. – RiH 432 ff. – F. KOFLER, Das Kastell Eulbach. ORL Nr. 48 (1896). – J. F. KNAPP, Römische Denkmale des Odenwaldes, insbesondere der Grafschaft Erbach und der Herrschaft Breuberg (²1854), 52 ff. – PH. WALTER, Die Alterthümer der heidnischen Vorzeit innerhalb des Großherzogthums Hessen (1869), 56 f. – PH. BUXBAUM, Beiträge zur Siedlungs- und Wirtschaftsgeschichte des Odenwaldes (1928), 21. 28. – E. SCHALLMAYER, Der Odenwaldlimes (1984), 77 ff. – H. SCHMIDT, Antike Bau- und Bodendenkmale – vom Sinn und der Möglichkeit ihrer Erhaltung und Gestaltung, in: G. ULBERT/G. WEBER (Hrsg.), Konservierte Geschichte? Antike Bauten und ihre Erhaltung (1985), 17 ff. – Der römische Limes in Deutschland. Sonderh. der Zeitschr. AiD (1992). – H. TEUBNER/S. BONIN, Odenwaldkreis. Denkmaltopographie der Bundesrepublik Deutschland – Kulturdenkmäler in Hessen (1998), 543 ff. – E. WILD, Der Odenwald und die Römer. Zusammenstellungen von Rundwanderungen (⁴1999). – H. SCHMIDT, Archäologische Denkmäler in Deutschland – rekonstruiert und wieder aufgebaut. Sonderh. der Zeitschr. AiD (2000), 13. – H. GÖLDNER, Der Englische Garten ‚Eulbacher Park'. Römische Relikte vom Odenwaldlimes in einem Landschaftsgarten des 19. Jahrhunderts bei Michelstadt im Odenwald. Arch. Denkm. Hessen 152 (2001).

Wie alle anderen Anlagen des Odenwaldlimes war die *porta praetoria* des 0,6 ha großen Numeruskastells mit unbekannter Besatzung auf einer nach Osten geneigten Fläche zum 32 m entfernten Limes hin ausgerichtet. Die um 100 n. Chr. in Holzbauweise errichtete Anlage besaß zunächst eine sorgfältig geschichtete Trockenmauer, deren Reste sich noch unter dem Wall erhalten hatten. Sie bekam um die Mitte des 2. Jahrhunderts vor einem 5 m breiten Erdwall eine steinerne Wehrmauer, die 1,4 m tief fundamentiert, mit Quadern aus weißem Sandstein verblendet und wohl mit einer Brustwehr mit Zinnen bekrönt war. Davor lag eine 0,75 m breite Berme. Der 4,5 m breite Wallweg zeigte ebenso wie die anderen Lagerstraßen über einer Stickung eine Kies-Sand-Auflage. Geschotterte Erddämme unterbrachen den einfachen Graben (1,6 m tief, 6–7,5 m breit) vor den drei Toren, deren 3,3 m breite Durchlässe einfache Torwangen ohne Türme flankierten. An der Westseite fehlte ein Durchlass. Das Kastellbad dürfte beim Bau von Gastwirtschaft und Försterei zerstört worden sein.

→ *Am Parkplatz Eulbach an der B 47 beginnt ein Rundweg (Markierungen: L * Limesturm, Dreieck rot, Quadrat gelb, blau). Im Eulbacher Park ist zudem mit weiteren römischen Resten vom Odenwaldlimes ein kleines Freilichtmuseum eingerichtet worden.*

Strecke 10: Von Wörth bis Schlossau | III

Abb. 145: WP 10/22 Am Vogelherdschlag. Fundament des Steinturmes.

Östlich der Straße Eulbach-Würzberg liegt das von außen leicht überhöhte konservierte Turmfundament von **WP 10/22**, den seiner Inschrift nach 145 n. Chr. die *Brittones Triputienses* errichteten. Dieser Turm wurde als sog. ‚Grab' aus römischem Steinmaterial mit der Inschrift im Eulbacher Park nachgebaut. Er zeigt den für die Odenwaldtürme typischen, hier aber nicht abgeschrägten 0,15 m hohen Sockel sowie sieben Lagen des weiß verputzten Aufgehenden mit rotem Fugenstrich. Weil der Eingang ungewohnterweise im Erdgeschoss der westlichen, vom Limes abgewandten Turmseite liegt, wird der Begleitweg wohl hier vorbeigeführt haben. Den Ringgraben der älteren Holzturmstelle schneidet der Wanderweg.

Ab **WP 10/22** bleibt der Limes und parallel zu ihm die ‚Hohe Straße' am Westrand der weit nach Osten geöffneten Würzberger Mulde. Im bald wieder freien Gelände sind die **WP 10/23** (auf der Höhe 535 nahe beim Sendemast) und **WP 10/24** (östlich des Dorffriedhofes von Würzberg) abgegangen. **WP 10/25** dicht am Wald-

Abb. 146: Ausgrabungen im Odenwald zu Beginn des 19. Jhs. Das Aquarell der Untersuchung von WP 10/32 zeigt deutlich den inzwischen eingetretenen Verlust der römischen Bausubstanz.

III | STRECKENBESCHREIBUNG: DER LIMES IM NÖRDLICHEN ODENWALD

rand (300 m südöstlich der Försterei Jägertor) bietet einen schönen Blick auf Würzberg. Dort ist etwas westlich der Kuppe 34 m hinter dem Begleitweg der Steinturm konserviert worden, während der Holzturm nordwestlich davon leicht übersehen werden kann. An dieser Stelle fehlt der Palisadengraben. Beide Posten besaßen bei entsprechender Höhe wohl Sichtverbindung über die Hochfläche bis zum Numeruskastell Würzberg, das etwas weiter südlich eine kaum geneigte Fläche am Übergang vom Euter- zum Wettenbachtal einnimmt.

Numeruskastell Würzberg
Michelstadt-Würzberg, Odenwaldkreis

Die Umwehrung des bereits im frühen 19. Jahrhundert intensiv untersuchten Lagers zeichnet sich im Gelände als 1,2 m hoher, nicht ganz viereckiger Erddamm hinter der schwachen Grabenmulde deutlich ab. Unter dieser um 138 n. Chr. aufgeführten Umfassungsmauer aus grauem, stark vermörteltem Sandsteinmaterial mit vorgesetzten Blendquadern und Sockelgesims sowie einem Erdwall sind zwei ältere, weiter nach innen verschobene Bauphasen nachgewiesen: eine Trockenmauer mit Holzknüppellagen und Lehmverfüllung überlagert die älteste Mauer, eine Holz-Erde-Konstruktion mit hölzerner Frontversteifung. Der 6 m breite Umfassungsgraben mit steiler geböschten Konterescarpe und einer flacheren Escarpe war bei den Umbauten leicht

Abb. 147: Würzberg. Kastellbad. Blick auf das Sudatorium, an das sich die Baderäume anschließen.

zur Umfassungsmauer hin verschoben worden. Zwischen Graben und Mauer verlief eine 0,5–0,8 m breite Berme. Erddämme überbrückten die Gräben vor den drei Toren mit einfachen Durchfahrten von 2,5–3,75 m, die entgegen der früheren Ansicht wohl doch Türme flankierten. Nur die rückwärtige Front besaß eine Pforte. Die trotz der Umbauten nicht verlegten, 5 m breiten Wege mit begleitendem Abwasserkanal waren über einer Steinstickung mit mehrfach aufgebrachtem Schotter und Kies befestigt. Innenbauten wurden nicht festgestellt. Eine *tabula ansata* mit einer aufgemalten und heute verlorenen Inschrift ist nach Eulbach verbracht und dort mit einem neuzeitlichen Text versehen worden.

Das konservierte Kastellbad bot den Angehörigen der unbekannten Besatzung trotz seiner geringen Abmessungen den üblichen Badekomfort sogar mit einem Rundsudatorium (Schwitzbad). Dieser Raum gibt einen wichtigen Hinweis zur Datierung der Garnison, denn seit dem frühen 2. Jahrhundert verzichtete man auf die Anlage von Schwitzräumen. Der gesamte Bau, in dem sich auch in Heidelberg-Neuenheim produzierte Ziegel der *cohors XXIV voluntariorum civium Romanorum* fanden, war verputzt, innen farbig bemalt und mit Glasfenstern und Wasserhähnen ausgestattet.

→ *Vom Parkplatz Adlerschlag in der Nähe des Dorffriedhofes Würzberg aus lassen sich das Kastell sowie die **WP 10/25**, **10/27** und **10/28** erwandern.*

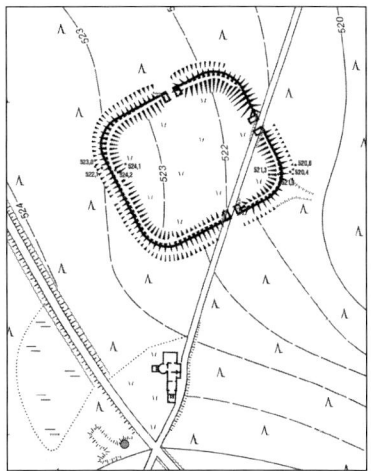

Abb. **148**: Kastell Würzberg. Lage von Kastell und Bad. Nach: Arch. Denkm. Hessen 153.

Lit.: RiH 498 ff. mit Abb. 476-478.
– J. F. Knapp, Römische Denkmale des Odenwaldes, insbesondere der Grafschaft Erbach und Herrschaft Breuberg (^{2}1854), 34 ff. (Kastell); 114 ff. (Bad). – Ph. Walter, Die Alterthümer der heidnischen Vorzeit innerhalb des Großherzogtums Hessen (1869), 73. – F. Kofler, Das Kastell Würzberg. ORL Nr. 49 (1896). – D. Baatz, Kastell Hesselbach und andere Forschungen am Odenwaldlimes. Limesforsch. 12 (1973), 115 ff. – Der römische Limes in Deutschland. Sonderh. der Zeitschr. AiD (2000), 101. – H. Göldner/F.-R. Herrmann, Kastell Würzberg am Odenwaldlimes. Arch. Denkm. Hessen 153 (2001).

Von Würzberg aus folgt der Wanderweg durch den Leiningischen Wildpark bis zum **WP 10/30** auf bayerischem Gebiet der ‚Hohen Straße' nach Süden. Östlich des Weges liegen auf dem fast ebenen Rücken des Höhenzuges zwischen Steilabfällen zum Euterbach- bzw. Breitenbachtal die folgenden fünf Turmstellen wohl wegen des hier gegebenen natürlichen Schutzes ungewöhnlich weit auseinander:

> **WP 10/26** mit stark verwühlter Holz- und Steinturmstelle (etwa 200 m südöstlich des Wildpark-Tores; in eingezäunter Sonderkultur heute unzugänglich). Im Trockenmauerwerk des 1985 nachuntersuchten Holzturmes mit 5,2 m langen Seiten zeigten sich außer drei 0,15–0,20 m breiten Balkenschlitzen die Eckpfostenlöcher. Der Ringgraben von 18 m Durchmesser war außen stärker geböscht als auf der Innenseite. Die hier nicht mit der mittelalterlichen Landwehr zu verwechselnde Palisade bog mit ausspringendem Winkel auf der Höhe des Postens nach Süden ab. Bei dem quadratischen Steinturm von 5,4 m Seitenlänge und 0,95 m starken Mauern lagen Schleudersteine.

> **WP 10/27** 200 m östlich der ‚Hohen Straße' und der hier ebenfalls gut sichtbaren mittelalterlichen Landwehr (Hinweisschild). Das 1 m hoch erhaltene Trockenmauerwerk mit drei Pfostenschlitzen auf jeder Seite macht diesen Holzturm zum besterhaltenen der ganzen Linie. Bei dem von Wildschweinen stark zerwühlten Steinturm südlich davon fanden sich zahlreiche Bauglieder wie ein konsolenartiger Kragstein, abgeschrägte Sockelgurte und Türschwellen aus unterschiedlich gefärbtem Sandstein. Begleitweg und Palisade liegen mit 33,5 m ungewöhnlich weit entfernt.

> **WP 10/28** bietet eine gute Sicht in den östlich gelegenen Eutergrund und nach Westen, ist durch den dichten Bewuchs auf dem allmählich schmaler werdenden Bergrücken aber schwer zugänglich. Während der Holzturm (Trockenmauerwerk mit zwei Balkenschlitzen; Graben mit Holzzaun?) stark gestört ist, zeigte der Steinturm noch drei z. T. verputzte Steinlagen, einen sonst nicht nachgewiesenen Estrichboden im Inneren sowie ein eigenartig profiliertes Gesims. Östlich der Türme verliefen Begleitweg und der durch die mittelalterliche Landwehr gestörte Palisadengraben, in dem Verkeilsteine für die Holzpfosten fehlten.

> **WP 10/29:** Knapp 70 m östlich der ‚Hohen Straße' findet man in einer Fichtenschonung die freiliegenden, aber stark zerwühlten Fundamente von Holz- und Steinturm. Die sehr sorgfältig errichtete Trockenmauer (mit Eckfalzen von 0,6 x 0,6 m) des Holzturmes war vor allem auf der Südseite noch recht hoch erhalten. Nach den senkrecht durchlaufenden Balkenschlitzen können die Holzzüge nicht gegeneinander versetzt worden sein. Die im Westen 1,5 m breite Mauer ohne diese Schlitze ist wohl nachträglich vorgeblendet worden. Wegen des hier nach innen geworfenen Grabenaushubs stand der Turm auf einem ungewöhnlich hohen Plateau. Der 145 n. Chr. von Brittonen aus sehr kleinteiligen Sandsteinen erbaute Steinturm mit einem abgeschrägten Sockel in der vierten Steinlage über

dem Fundament stand bei der Freilegung noch bis zu neun Mauerschichten hoch. Kragsteine, Gesimsblöcke mit Rundstäben, Türschwellen mit dem Anschlagfalz für Holztüren sowie Verputzreste lassen sein früher schmuckes Aussehen erahnen. Bei dem vielleicht eingezäunten Posten zeigten sich auch die Palisade und der 4,5 m breite Postenweg.

> **WP 10/30** 150 m westlich der ‚Hohen Straße' (Hinweisschild); hier sind nicht nur Stein- und Holzturm, sondern auch die Palisade rekonstruiert worden, die auf der Höhe des Holzturmes leicht nach Südwesten abknickt. Der Holzturm in einem Ringgraben von 20 m Durchmesser scheint einmal umgebaut worden zu sein, denn das quadratische Untergeschoss (5,25 m Seitenlänge) teilt eine in Ost-West-Richtung eingezogene schlitzlose Mauer in zwei unterschiedlich große Räume. Der Steinturm zeigte mit einer reich verzierten, ursprünglich sicher farbig gefassten Lünette, einer Inschriftentafel ohne den aufgemalten Text, dem abgeschrägten Sockel und nicht zuletzt dem schön gefugten Mauerwerk aus hier sehr großen Steinen noch einmal die reiche Architektur der Odenwald-Türme. Vor der vielleicht eingezäunten Turmstelle wurde anhand von Holzkohle und Verkeilsteinen zum ersten Mal im Odenwald der Palisadengraben nachgewiesen. 8–10 m daneben liegt der 7,5–9 m breite Begleitweg.

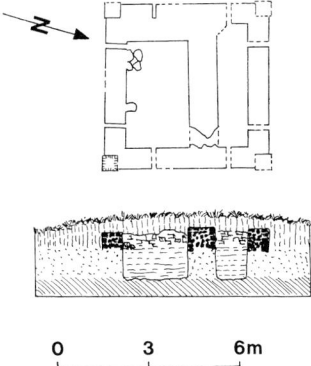

Abb. 149: WP 10/30 In den Vogelbaumhecken. Bei der ungewöhnlichen, das Untergeschoss in zwei Räume trennenden Mauer scheint es sich um eine spätere Reparatur zu handeln. Nach: Schallmayer, Odenwaldlimes, Abb. 86.

Abb. 150: WP 10/30 In den Vogelbaumhecken. Der Steinturm zeigt den für die Odenwaldbauten typischen abgeschrägten Sockel.

An dieser Turmstelle trennen sich ‚Hohe Straße' und Limestrasse. Nach umherliegenden Steinen kann der Wachtposten **WP 10/31** mit Blick über Hesselbach nur vermutet werden. Am Waldrand zieht der Pfahl in das offene Gelände zu dem im Tal gelegenen Ort hinunter, an dessen Nordostrand das Kastell Hesselbach eine schmale Hochfläche des Buntsandstein-Odenwaldes einnimmt. Vor allem an der Nordost- und der Nordsüd-Seite beeinflussten die Überreste den späteren Straßenverlauf. Die Lage des Kastells weitab von wichtigen Durchgangswegen ist vermutlich durch die hier entspringende Quelle bedingt. Obwohl eine Scheune die Westecke stört, sind die Umwehrungen als Erddämme in der Wiese sowie am Straßenrand gut auszumachen.

Numeruskastell Hesselbach
Gde. Hesseneck, Odenwaldkreis

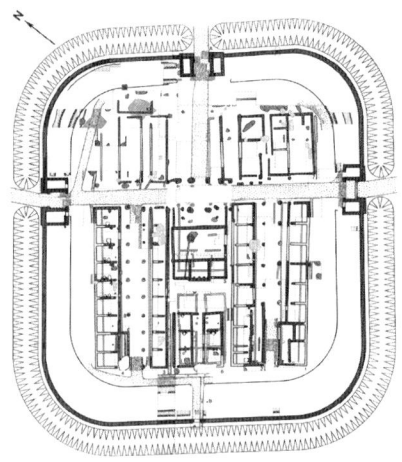

Abb. **151**: Kastell Hesselbach. Grundriss der zweiphasigen, trotz der Umbauten aber wenig veränderten Anlage. Nach: Arch. Denkm. Hessen 154.

Die 0,6 ha große, zur Grenze ausgerichtete Anlage besaß drei von Tortürmen flankierte Tore sowie einen rückwärtigen Durchlass. Um 100 n. Chr. wurde das Lager von einer hölzernen Umwehrung geschützt, die hinter einer Front aus Palisaden aus einem mit Balkenzügen verstärkten Erdwall bestand. Bereits unter Hadrian (117–138 n. Chr.) erhielt die Garnison für einen unbekannten Brittonen-Numerus eine wohl kaum sehr hohe Umfassung aus zwei Trockenmauerschalen mit holzversteifter Erdverfüllung. Vielleicht hatte man auf der Innenseite statt einer Mauer zwei etwas versetzte Mauerzüge übereinander gestaffelt. Gleichzeitig ist die Berme erhöht worden, bevor noch in den 40er-Jahren des 2. Jahrhunderts eine Mörtelmauer mit dahinter angeschüttetem Erddamm entstand, für deren Front sorgfältig behauene Steine verwendet wurden. Dabei veränderte man das Profil des leicht gegen das Kastell verschobenen Grabens von einer *fossa punica* mit der stärker geböschten Konterescarpe zu dem typisch römischen Grabenprofil in V-Form. Auch die Tore mit steinernen Bögen – anfangs wohl eher gerüstartige Bauten mit sechs kräftigen Pfosten – zeigten nunmehr sorgfältig gearbeitete Gesimse und Profile. Als die Truppe spätestens 165 n. Chr. das Kastell verließ, nutzte ein eisenverhüttender Handwerksbetrieb vielleicht für

weniger als ein Jahrzehnt das vermutlich weiterhin fiskalische Gelände.
Hesselbach bietet den besten Plan der Odenwaldkastelle, denn die immer in Fachwerktechnik aufgeführte, trotz zwei Bauphasen in den 60 Jahren der Kastellnutzung aber nur unwesentlich veränderte Innenbebauung ist vollständig bekannt. Die mittig gelegene *principia* mit einem Vorbau über der *via principalis* und das hinter ihr angeordnete *praetorium* rahmten beiderseits je zwei als Doppelkasernen geplante Mannschaftsbaracken, denen in der ersten Bauphase die Kopfbauten für die höheren Chargen fehlten. Sie wurden abgebrochen und zwar in der gleichen Technik, aber mit tieferen Fundamenten und kräftigeren Pfosten aus Eichenholz für eine längerfristige Nutzung errichtet, wobei jeder Mannschaftsraum vor einer Zwischenwand eine Herdstelle mit Rauchabzug erhielt. Drei der vier Baracken wurden mit Kopfbauten ausgestattet, und die ranghöheren Abteilungen lagen in den etwas geräumigeren Kasernen rechts der *principia*. Nach dem vorhandenen Raum für zwei Centurien von je 80 Mann dürfte die Sollstärke der hierher verlegten Einheit ungefähr 160 Mann betragen haben. Magazine und Ställe nahmen die Praetentura ein. In der jüngsten Bauphase sind nur noch Reparaturen an der bestehenden Bausubstanz vorgenommen worden.

→ *Vom Parkplatz „Wildschweinfütterung" aus sind Kastell Hesselbach sowie die Turmstellen* **WP 10/29** *und* **WP 10/30** *bequem zu erwandern. Dauer etwa 3 Std.*

Abb. 152: Kastell Hesselbach. Herdstelle in einer Mannschaftsbaracke. Rekonstruktionszeichnung nach Baatz, Hesselbach, S. 41, Abb. 20.

Lit.: RiH 348 ff. – F. Kofler, Kastell Hesselbach. ORL Nr. 50 (1896). – D. Baatz, Das Numeruskastell Hesselbach (Odenwaldkreis), Kurzbericht. Saalburg-Jahrb. 25, 1968, 185 ff. – Ders., Kastell Hesselbach. Limesforsch. 12 (1973). – Der römische Limes in Deutschland. Sonderh. der Zeitschr. AiD (2000), 101 mit Abb. 96. – H. Göldner/F.-R. Herrmann, Wachtposten 10/30 ‚In den Vogelbaumhecken' und Kastell Hesselbach am Odenwaldlimes. Arch. Denkm. Hessen 154 (2001).

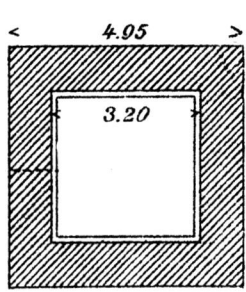 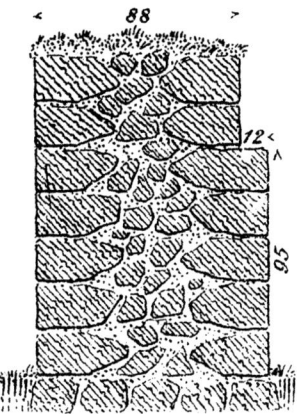

Grundriss und Schnitt des Steinturms

Abb. 153: WP 10/32 Auf dem Höhenbuckel. Der Wachtposten mit Holz- und Steinturmstelle wurde unterhalb der Hügelkuppe errichtet. Nach: ORL Abt. A Bd. V.

Südlich von Hesselbach zieht der Limes über die hier zu einem schmalen Grat verengte Hochfläche weiter zum Wald hinauf. **WP 10/32** auf einem flachen Rücken dicht unter dem ihn überhöhenden Gipfel liegt dort am Hang, wo die Sichtverbindung zwar nach Hesselbach, nicht jedoch über das Vorfeld gegeben ist. Der stark verwühlte, aber etwas besser kenntliche nördliche Hügel birgt den Holzturm, dessen Trockenmauerwerk mit vier Balkenschlitzen 1 m hoch erhalten war. Der Steinturm von knapp 5 x 5 m, der nach einem Aquarell im frühen 18. Jahrhundert noch zehn Steinlagen besaß, von denen 1895 nur noch drei bis vier erhalten waren, ist 1924 für den Bau eines Schweinestalles völlig ausgebrochen worden. Die regelmäßige Quadermauer ohne Sockel zeigte auf der Innenseite gut 1 m über dem Boden einen 0,12 m starken Absatz. Kopfplatten von Pfeilerschäften waren handwerklich nicht übermäßig fein bearbeitet. Eine *tabula ansata* trug eine wohl aufgemalte und daher heute verlorene Inschrift, während sieben Bruchstücke einer anderen beschrifteten Platte nicht zu deuten sind. Hier biegt der sich als schwache Einsenkung abzeichnende Pfahl wieder leicht nach Südwesten zum **WP 10/33** ab, wo auf der eine weite Fernsicht bietenden Höhe mit steiler abfallenden Hängen die stark verwühlten Hügel von zwei Holzturmstellen liegen. Beim nördlichen Turm wurde die Balkenschlitzmauer offensichtlich ausgebessert. Der konservierte Steinturm erbrachte eine in das Jahr 146 n. Chr. datierte Bauinschrift der *Brittones Triputienses* (→ Abb. 33). Das auf der Nordseite gut erhaltene Mauerwerk aus schönen, vermörtelten Quadern zeigte Fugenputz und mit Pfeilern und Gesimsen auch eine sorgfältige Architektur. Vielleicht ist das Baumaterial an einem Werkplatz zwischen

Strecke 10: Von Wörth bis Schlossau | III

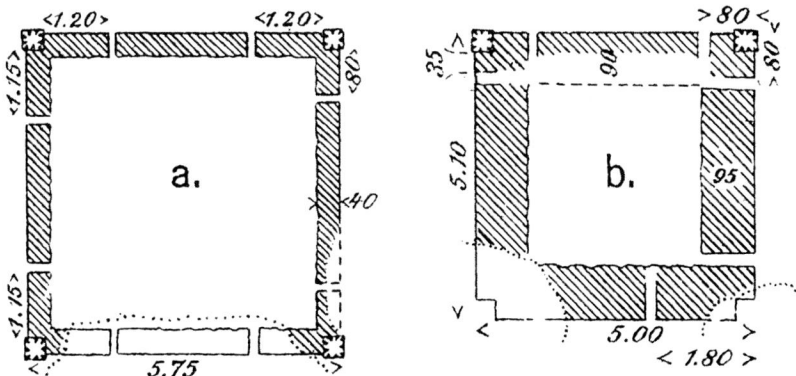

Abb. 154: WP 10/33 Auf dem Kahlen Buckel. Grundriss mit zwei Holz- und einer Steinturmstelle (a: Holzturm; b: über dem Holzturm liegender Steinturm). Nach: ORL Abt. A Bd. V.

WP 10/33 und dem nächsten Posten **WP 10/34** gewonnen worden, wo der Buntsandstein an die Oberfläche tritt. Die Palisade konnte vor den Turmstellen nachgewiesen werden, während der Begleitweg an dieser engen Stelle wohl auf der Westseite um die Bergspitze herumgeführt worden war. (Funde von **WP 10/33** befinden sich im Badischen Landesmuseum Karlsruhe.)

Diese markante Stelle bezeichnet nicht nur einen der höchsten Punkte des Odenwaldlimes (552 m), sondern zugleich die hessisch-badische Landesgrenze, an dem sich außer der mittelalterlichen Landwehr auch die späteren Landesgrenzen orientierten. An diesem Punkt verlässt der Limes das hessische Gebiet endgültig, und hier endet unsere Wanderung.

Teil IV
RÖMISCHE MILITÄRPLÄTZE IN HESSEN: EINE AUSWAHL VON A–Z

Im Folgenden werden einige Fundplätze vorgestellt, die noch vor der Anlage des Limes bzw. während der römischen Besetzung wichtig waren, aber im Hinterland des Pfahlgrabens liegen und daher bei der Wanderung nicht unmittelbar berührt werden.

Allmendfeld (Lkr. Groß-Gerau) – Bickenbach (Kr. Darmstadt-Dieburg)

Kleinkastell und Sumpfbrücke

Kleinkastell vespasianischer Zeitstellung von 48 x 57 m Seitenlänge mit zwei mindestens einmal nachgearbeiteten Gräben. Möglicherweise war zwischen ihnen eine Palisade errichtet. Hinter einer Rasensodenmauer lagen beiderseits eines Durchgangs zwei Baracken, von denen nur die südliche einen Kopfbau besaß, so dass die Größe der hier stationierten Einheit auf 40 Mann veranschlagt wird. Während der nahe gelegene Militärstützpunkt Gernsheim eher als Hafen diente, hat das Kleinkastell einen Übergang über das Sumpfgelände bei Bickenbach kontrolliert. Nach Dendrodaten ist eine gut 300 m lange Brücke mit über 700 Pfählen in die Jahre 125/130 n. Chr. datiert. Ein Vorgängerbau wird vorausgesetzt.

Lit.: W. Geyer / K. Kandt / J. Kokes / H. Schuler, Die römische Sumpfbrücke bei Bickenbach (Kr. Darmstadt). Mit einem Beitrag von B. Schmidt, in: Saalburg-Jahrb. 34, 1977, 29 ff. – H.-G. Simon, Die Funde aus dem Bereich der Sumpfbrücke bei Bickenbach (Kr. Darmstadt), ebd. 42 ff. – H. Göldner, Schaurig ist's, übers Moor zu gehen. Untersuchungen an einer römischen Sumpfbrücke bei Bickenbach. Denkmalpfl. Hessen 1998/2, 40–41. – Ders., Schaurig ist's, übers Moor zu gehen. HessenArch. 2001 (2002), 82 ff.

Bad Nauheim (Wetterau-Kr.)

Kastelle, Salinen und römischer Turm

GOLDSTEIN

Auf dem Goldstein, einem durch Steilabfälle im Westen zur Usa und im Osten zur Wetter hin geschützten Plateau östlich der Stadt, wurde ein 14 ha großes Lager entdeckt, das einer halben Legion Platz bot, wegen der fehlenden Innenbebauung aber wohl nur kurzfristig als Marsch- oder Übungslager diente. Eine Lagererweiterung nach Westen, die ähnlichen Maßnahmen an zahlreichen Befestigungen der Germanenkriege entspricht, könnte ebenso wie Münzen auf eine Nutzung während der Drususfeldzüge 11/8 v. Chr. deuten. Auch bei einem kleineren Lager (56 x 65 m) mit Titulusgräben vor den beiden Zugängen auf West- und Nordseite innerhalb der großen Anlage fehlen weitere Bauspuren.

JOHANNISBERG

Der auf dem Johannisberg nordwestlich von Bad Nauheim ergrabene Signalturm ähnelt dem Posten auf dem Gaulsberg, zu dem Sichtverbindung bestand. In dem 1 m breiten, durch pfeilerartige Widerlager verstärkten Mauerwerk war der ebenerdige Eingang auf der Ostseite aus der Mitte leicht nach Süden verschoben. Der fast quadratische Innenraum (5,7 x 5,6 m) besaß einen Fußboden aus rhombischen Ziegelplatten. Bei dem um 190 n. Chr. aufgegebenen Turm hatte man Material des aufgelassenen Holzkastells aus dem frühen 2. Jahrhundert verwendet.

→ *Das rekonstruierte Turmfundament ist mit anderen historischen Denkmälern auf dem Johannisberg (Wolfsgraben, Kirchturmstumpf mit Sternwarte) frei zugänglich.*

Lit.: H. Schönberger / H.-G. Simon, Römerlager Rödgen. Limesforsch. 15 (1976), 205 ff. – H.-G. Simon, in: Wetterauer Geschbl. 26, 1977, 27 ff. – St. Bender, Rom kontrolliert den Raum. Die Turmruine auf dem Johannisberg und das Projekt Weltkulturerbe Limes, in: B. Krull (Hrsg.) Sole und Salz. 50 Jahre Landesarchäologie. 150 Jahre Archäologische Forschung in Bad Nauheim (2003), 294 ff. – H.-J. Köhler/S. v. Schnurbein, Die Römer kommen! Die Lagerspuren auf dem Goldstein, ebd. 279 ff. – V. Rupp, Römische Quellfassung in keltischem Salinengebiet von Bad Nauheim. HessenArch. 2003 (2004), 93 ff. – J. Lindenthal/R. Nickel, Römische Lager ‚Am Goldstein' in Bad Nauheim. HessenArch. 2004 (2005), 86 f.

Flörsheim (Main-Taunus-Kr.)

Wachtposten ?

Nach einem Ziegelstempel der *legio XXII Constantiniana victrix* könnte im frühen 4. Jahrhundert am Wickerbach ein von Mainz aus besetzter Vorposten bestanden haben. Da weitere Unterlagen zu dem hier ergrabenen römischen Gebäude fehlen, ist keine Beurteilung möglich.

Abb. 155: Flörsheim (Main-Taunus-Kr.). Ziegelstempel der *legio XXII Constantiniana victrix*. Nach: RIH Abb. 204.

Lit.: RiH 273 mit Abb. 204. – ORL Abt. A Bd. II, 1, Strecke 4–5, 238.

IV | Frankfurt a. Main

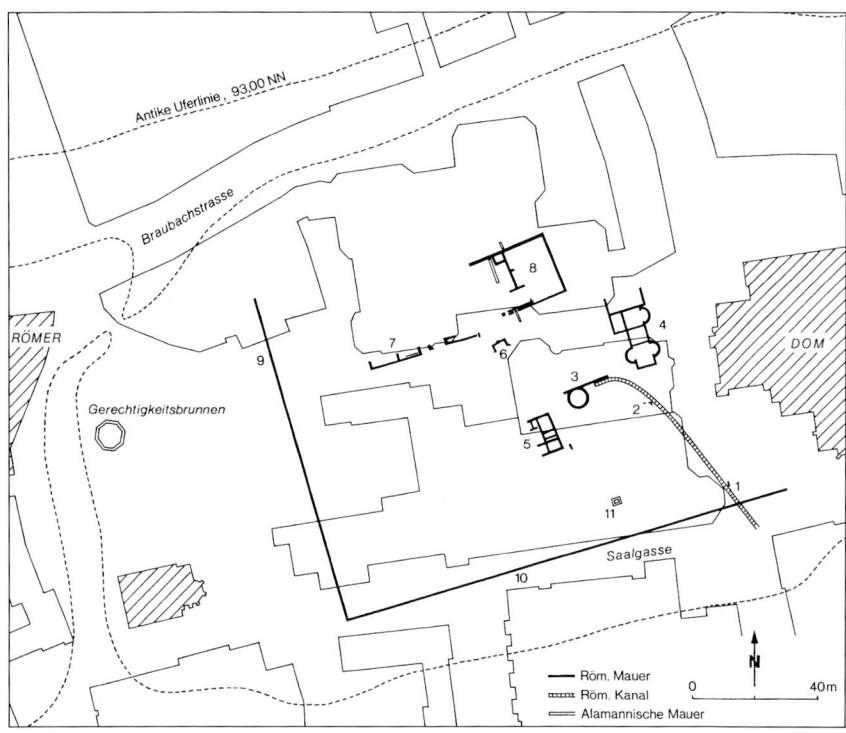

Abb. 156: Frankfurt/M.-Domhügel, Praetorium. Vespasianische Zeit: Älteres *praetorium* (2), älteres Bad (8), Kanal/Latrine (10). – Traianische Zeit: Jüngeres *praetorium* (5), Verteilerbecken (3), jüngeres Bad (4). – Nachtraianisch: Amtsgebäude (1), Bad ? (7). Plan nach RiH Abb. 230, Beschriftung nach G. Seitz.

Frankfurt a. Main (Stadtkr. Frankfurt a. Main)

Frührömische Militärposten und praetorium

DOMHÜGEL: PRAETORIUM

Auf einen kleinen Stützpunkt, der nach Fundmaterial augusteischer Zeit wohl den Feldzügen des Germanicus zuzuordnen ist und 16 n. Chr. aufgegeben wurde, folgte eine Besiedlung durch Angehörige des rhein-weser-germanischen Kulturkreises. Im späten 1. Jahrhundert wurde der Domhügel bei dem Vorstoß der Römer in die Wetterau unter Vespasian erneut besetzt. Die dabei von Armeeangehörigen aus dem von den Mainzer Legionen geliefertem Baumaterial errichteten Gebäude – ein (Wohn-)Gebäude sowie ein Bad – wurden in traianischer Zeit erneuert. Wahrscheinlich handelt es sich dabei nicht um einen Militärposten, sondern um ein *praetorium*. Solche öffentlichen, von hohen Staatsfunktionären genutzten Einrichtungen dienten der römischen Reichsverwaltung und zeigen wie ähnliche Befunde aus Heddernheim oder Waldgirmes, dass bereits während der Eroberungsphase die Romanisierung der besetzten Gebiete eingeleitet wurde.

→ *Die römischen Baureste sind im frei zugänglichen ‚Historischen Garten' am Domhügel konserviert.*

Lit: RiH 293 ff. (mit Abb. 230–231). – J. Wahl, Der römische Militärstützpunkt auf dem Frankfurter Domhügel. Schr. Frankfurter Mus. Vor- und Frühgesch. 6 (1982). – H. U. Nuber / G. Seitz, Frankfurts römischer Ursprung – Kastell oder Praetorium?, in: S. Hansen / V. Pingel, Archäologie in Hessen. Festschr. für F.-R. Herrmann. Studia honoraria 13 (2001), 187 ff.

HEDDERNHEIM / *NIDA*

Römische Lager

Die heutige Frankfurter Nordweststadt liegt über dem römischen *Nida*, dem Vorort der *civitas Taunensium*. Schon vor der Einrichtung dieser Gebietskörperschaft unter Traian wohl im frühen 2. Jahrhundert bestanden an dem strategisch wichtigen Ort mindestens zehn Posten, die kaum datiert werden können. Bei den Kastellen C (von etwa 4 ha) und D scheint es sich um kurzfristig besetzte Anlagen zu handeln. Auch für das nur in seinen Ausmaßen bekannte (Praunheimer) Lager L fehlen Kenntnisse zur Innenbebauung und Zeitstellung. Lediglich von dem zur Nidda orientierten Alenkastell A, das wegen seines um 90 n. Chr. erfolgten Ausbaus in Stein auch als ‚Steinkastell' bezeichnet wird, ist mehr bekannt. Es folgte auf zwei vorausgehende Holz-Erde-Anlagen mit Doppelspitzgraben und Rasensodenmauern. Außer der sandsteinverblendeten Basaltmauer (186 x 282 m) mit 30 Türmen, den von zwei Tortürme flankierten Haupt- und Seitentoren sowie Mannschaftsbaracken konnten Teile der *principia* und Werkstätten angeschnitten werden. Annex B von 80 x 292 m erweiterte um 90 n. Chr. das vermutlich von der *ala I Flavia Gemina* belegte Kastell nach Osten und diente nach einem großen Speichergebäude wohl vor allem der Vorratshaltung. Beide Anlagen wurden zu Beginn des 2. Jahrhunderts geräumt.

Lit.: G. Wolff, Das Kastell und die Erdlager von Heddernheim. ORL Abt. B Band II, 3 Nr. 27 (1915). – I. Huld-Zetsche, 150 Jahre Forschung in Nida-Heddernheim, in: Nass. Ann. 90, 1979, 5 ff. (mit weit. Lit.). – Dies., NIDA – Eine römische Stadt in Frankfurt am Main. Schr. Limesmus. Aalen 48 (o. J.).

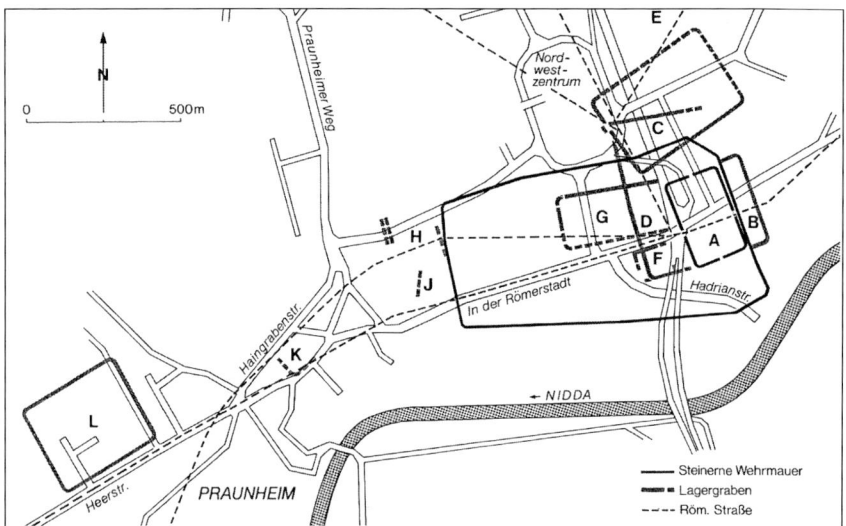

Abb. 157: Frankfurt/Main-Heddernheim. Grundriss der verschiedenen Lager. Nach: RiH Abb. 207.

HÖCHST

Frührömische Militärposten und Militärziegeleien

Verschiedene Wehranlagen im Bereich der Justinus-Kirche sowie der Bolongarostraße 152 gehören zu Militäranlagen augusteischer Zeit, die nicht genauer datiert werden können. Weitere Spuren deuten auf eine Nutzung während der Germanicus-Feldzüge hin. Derzeit kann nicht entschieden werden, ob ein Posten an der Niddamündung kontinuierlich besetzt war oder erneut aufgesucht wurde. Wenig östlich davon unterhielt das römische Heer seit domitianischer Zeit ausgedehnte Ziegeleibetriebe, die bis 120/125 n. Chr. den umfangreichen Bedarf des gesamten obergermanischen Heeres deckten. Sie wurden in der zweiten Hälfte des 2. Jahrhunderts durch die Manufaktur in Großkrotzenburg abgelöst.

Lit.: RIH 302 ff. (mit Abb. 239). – ORL Abt. B, Nr. 28. – H. Schönberger/H.-G. Simon, Römerlager Rödgen. Limesforsch. 15 (1976), 243 ff.

NIED

Militärziegelei

Bis heute lässt sich von der mindestens 60 000 m² großen Militärziegelei in Nied, in der außer der 1., 8., 14., 21. und 22. Legion auch die 1. Asturerkohorte ziegelte, wegen fehlender zusammenhängender Aufschlüsse kein vollständiges Bild entwerfen. Der Hauptproduktionsbereich lag jedoch sicher an der sog. Wörthspitze nördlich der Nidda in einer Flussschleife.

→ *In Frankfurt sollte man unbedingt einen Besuch des Archäologischen Museums einplanen.*

Lit.: A. HAMPEL, Die römischen Militärziegeleien in Frankfurt-Nied. HessenArch. 2001 (2002), 93 f.

Friedberg (Wetterau-Kr.)

Kastell

Die mittelalterliche Burg hat das von den Römern in Friedberg erbaute Kastell weitgehend zerstört. Trotzdem ist sicher, dass schon während der Germanicus-Feldzüge Militär in Friedberg lag. Den 16 n. Chr. geräumten Posten besetzten die Römer unter Vespasian bei ihren Vorstößen in die Wetterau erneut. Weil die Kontrolle der umliegenden Beckenlandschaft von berittenen Einheiten leichter durchgeführt werden konnte, löste um 89 n. Chr. die *cohors I Flavia Damascenorum milliaria equitata sagittariorum* die vorher dort stationierten, nur 500 Mann starken 1. und 4. Aquitanierkohorten mit angegliederten Reiterzügen ab. Von dem wohl 4 ha großen Kastell, das bis zum sog. Limesfall 259/26 n. Chr. besetzt war, kennt man nur das zum *praetorium* gehörende Bad.

→ *Das im Keller des Gymnasiums in der Burg konservierte Bad kann besichtigt werden.*

Lit.: E. SCHMIDT, Kastell Friedberg. ORL Abt. B Nr. 26 (1913). – H. SCHÖNBERGER, Wetterauer Geschbl. 15, 1966, 21 ff. – DERS., Die 1. Damascenerkohorte aus Friedberg in zwei Heddernheimer Inschriften, in: Germania 51, 1773/1, 146 ff. – H. SCHÖNBERGER/H.-G. SIMON, Römerlager Rödgen. Limesforsch. 15 (1976), 157 ff.

Gernsheim (Lkr. Groß-Gerau)

Kastell

Nach dem Besetzen des Schwarzwaldes erforderte der Ausbau der Rheinuferstraße nach Norden die militärische Kontrolle des Flusstales. Zu den in dieser Zeit angelegten Kastellen gehörte wohl ein Posten mit einem Hafen in Gernsheim, der allerdings bis heute nicht lokalisiert werden konnte. Trotzdem ist die Anwesenheit von Soldaten durch Ziegelstempel der beiden Mainzer Legionen sowie der 1. Asturerkohorte gesichert. Das Lager wurde vor der Einrichtung der Gebietskörperschaft von Dieburg aufgegeben.

Lit.: RIH 315 f. – H.-G. SIMON, Die römischen Funde aus den Grabungen in Groß-Gerau 1962/63. Saalburg-Jahrb. 22, 1963, 48.

Groß-Gerau (Lkr. Groß-Gerau)
Römische Militäranlagen

Das in Groß-Gerau nachgewiesene Kastell durchlief die von anderen Lagern bekannten Ausbauphasen, ohne dass derzeit entschieden werden könnte, ob es durchgängig belegt oder nur mehrmals kurzfristig besetzt war. Das älteste Holzkastell vielleicht mit einem Doppelgraben wurde offenbar nur partiell auf der Westseite erneuert oder umgebaut. Kenntnisse zur Innenbebauung fehlen ebenso wie Klarheit über ein postuliertes zweites Erdlagers, das in der Mitte der 80er-Jahre bestanden haben soll. Die Umfassungsmauer des zwischen 90 und 100 n. Chr. in Stein ausgebauten Kastells überlagerte den verfüllten inneren Graben der älteren Garnison. Ein auf der Nordostseite bestehendes Doppelgrabensystem, dessen äußerer Graben den außenliegenden des Erdkastells schnitt, ist für die Südwestseite nicht zweifelsfrei nachgewiesen. Vor der südwestlichen Kastellfront stand das Kastellbad wohl vom Blocktyp an einer Straßenkreuzung unweit eines seit dem ausgehenden 1. Jahrhundert unbebauten Platzes zentral im Vicus.

Nach Ziegelstempeln der in Mainz stationierten 14. Legion muss mit dem Bau um 88/89 n. Chr. begonnen worden sein. Ein Umbau kann nach den verwendeten Ziegeln mit Stempeln der 22. Legion in die Jahre 110/120 n. Chr. datiert werden. Das unter Vespasian besetzte, zuletzt vermutlich 1,8 ha große Kastell wurde um 120/130 n. Chr. aufgegeben und im letzten Drittel des 2. Jahrhunderts überbaut. Die Besiedlung des seit einigen Jahren planmäßig untersuchten Vicus, der ein reiches Fundmaterial des späten 1. und frühen 2. Jahrhunderts erbrachte, setzte parallel zur militärischen Besetzung ein. Ein fragmentarisch erhaltenes Militärdiplom weist auf die Anwesenheit eines in einer *ala Treverorum* dienenden *decurio*.

Lit.: RiH 322 ff. – W. JORNS/H. LISCHEWSKI, Das Kastell Groß-Gerau nach den Ausgrabungen 1962/63. Saalburg-Jahrb. 22, 1965, 28 ff. – H.-G. SIMON, Die römischen Funde aus den Grabungen in Groß-Gerau 1962/63, ebd. 38 ff., bes. 43 ff. – W. JÄHRLING, Groß-Gerau, ‚Auf Esch'. Römisches Kastell, vicus und Gräberfelder. Arch. Denkm. Hessen 57 (1980). – H. M. v. KAENEL, Das Fragment eines Militärdiploms flavischer Zeit aus dem Kastellvicus von Groß-Gerau, in: S. HANSEN/V. PINGEL, Archäologie in Hessen Festschr. F.-R. Herrmann. Studia honoraria 13 (2001), 179 ff. – H. GÖLDNER/C. WENZEL, Badefreuden. HessenArch. 2001 (2002), 74 ff.

WALLERSTÄDTEN
Römisches Lager mit Annex und Doppelspitzgraben

Die 15 ha große Garnison muss nach dem Fundspektrum bereits in frührömischer Zeit zwischen Tiberius und Caligula besetzt gewesen sein, ist aber offenbar auch in frühflavischer Zeit nochmals aufgesucht worden. Nach dem derzeitigen Kenntnisstand scheinen dort zweimal für den längeren Zeitraum von einigen Monaten größere Truppenkontingente stationiert gewesen zu sein.

Lit.: A. HEISING/TH. MAURER, Ein neues frühkaiserzeitliches Militärlager bei Groß-Gerau-Wallerstädten. HessenArch. 2005 (2006) 75 ff.

Hanau (Main-Kinzig-Kr.)

Militäranlagen des 1. Jahrhunderts n. Chr.

In der östlichen Wetterau trafen bei Hanau nicht nur die in die Wetterau führenden Straßen zusammen, sondern mit Kinzig und Main auch schiffbare Flüsse. Diese strategisch wichtige Position sicherte das Militär bereits am Ende des 1. Jahrhunderts.

KESSELSTADT

Das mit 14 ha Innenfläche fast einem Legionslager entsprechende Kastell auf der hochwasserfreien Mainterrasse wurde unter Domitian gleich in Stein errichtet, nach der bis auf die aufgeschotterte *via sagularis* fehlenden Innenbebauung aber nie bezogen. Hinter einem nur vor der Ost- und der östlichen Nordwestfront ausgehobenen Doppelgraben war die auf einem 2 m breiten Fundament aufsitzende Umfassungsmauer aus Basalt mit Eck- und Zwischentürmen von 3 x 5 m bestückt. Zwei über die Wehrmauer vorspringende Türme flankierten das nördliche und westliche Kastelltor. Das südöstliche Lagerareal

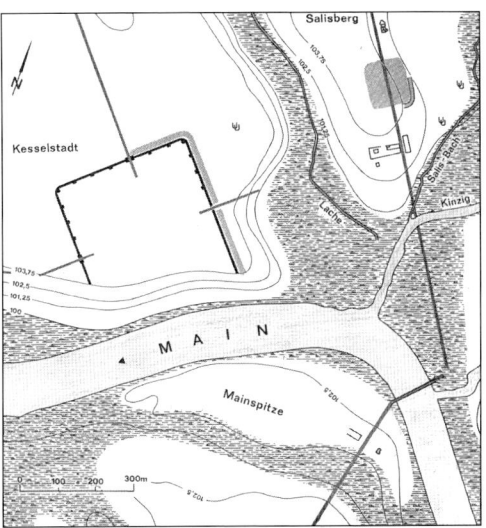

Abb. 158: Römische Anlagen in Hanau-Kesselstadt und -Salisberg über den ehemals sumpfig-feuchten Talniederungen. Nach: RiH Abb. 276.

ist in nachrömischer Zeit aberodiert. Die wohl als Depot- und Umschlagplatz für Versorgungsgüter geplante Anlage wurde schon bald nach den Chattenkriegen Domitians vermutlich im Zusammenhang mit dem Saturninus-Aufstand aufgegeben.

MITTELBUCHEN

Zwei Kleinkastelle hinter einem Spitzgraben gehören offenbar zur römischen Grenzsicherung des späten 1. Jahrhunderts in der östlichen Wetterau. Ihre Abfolge – und damit die Zweiphasigkeit der gesamten Linie – kann mangels datierender Funde nur vermutet werden. Ebenso bleibt der größere Kontext wie z. B. ihre Einbindung in die domitianische Sicherungslinie oder deren gesamter Aufbau derzeit noch unklar.

SALISBERG

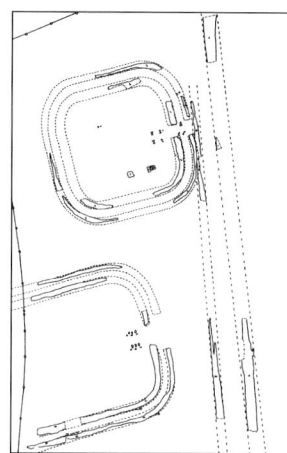

Abb. 159: Hanau-Mittelbuchen. Römischer Spitzgraben mit zwei dahinter liegenden Kleinkastellen. Nach: Reuter, Saalburg-Schr. 6, S. 100, Abb. 2.

Von dem jüngeren Holz-Erde-Lager, das auf einer schmalen, in die versumpfte Kinzigniederung hineinragenden Landzunge errichtet, aber offenbar nie in Stein ausgebaut wurde, konnte wegen der vollständigen Überbauung die Umwehrung nur auf einem 70 m langen Abschnitt freigelegt werden. Vor einem Tor unterbrach eine 7,8 m breite Erdbrücke den Graben. Während Größe und Innenbebauung des Kastells unbekannt bleiben, wurde das Bad auf dem alten Kesselstädter Friedhof vollständig untersucht. Bei der zweiphasigen Anlage vom Reihentyp – vom älteren Bau ist nur ein 5 x 6 m großer Hypokaustraum freigelegt worden – mit einem zusätzlich zwischen Frigidarium und Tepidarium eingeschobenen, erwärmten Raum fehlt das in Fachwerktechnik errichtete Apodyterium. Das umfangreiche Ziegelstempelmaterial der 14., 21. und 22. Legion erlaubt die Datierung des älteren Bades in die Zeit vor 92 n. Chr. und des jüngeren Gebäudes in die Jahre zwischen 95 und 100 n. Chr. Rückingen ersetzte das zwischen 110 und 120 n. Chr. aufgegebene Kastell.

→ *Die Fundamente des Kastellbades sind auf dem Alten Kesselstädter Friedhof konserviert worden. Empfehlenswert ist auch ein Besuch im nahe gelegenen Schloss Steinheim, wo die Schauräume über die Region in der Römerzeit informieren und ein Mithrasheiligtum rekonstruiert wurde.*

Lit.: RiH 334 ff. – G. Wolff, Das Kastell Kesselstadt. ORL Abt. B Nr. 24 (1898). – Ders., Das römische Militärbad auf dem Salisberg bei Hanau-Kesselstadt, in: BerRGK 11, 1918/19, 99 ff. – H. Ricken / D. Baatz, Die gestempelten Ziegel aus dem Bad des Kastells Salisberg (Hanau-Kesselstadt), in: Saalburg-Jahrb. 22, 1965, 101 ff. – W. Czysz, Ausgrabungen im Kastell Kesselstadt in Hanau, Main-Kinzig-Kr., in: Fundber. Hessen 17/18, 1977/78 (1980), 165 ff. – M. Reuter, Die römischen Kastelle von Hanau-Mittelbuchen und der Verlauf des östlichen Wetteraulimes unter Domitian, in: E. Schallmayer (Hrsg.), Limes Imperii Romani. Beiträge zum Fachkolloqium ‚Weltkulturerbe Limes' November 2001 in Lich-Arnsburg. Saalburg-Schr. 6 (2004), 97 ff.

Heidekringen (Rheingau-Taunus-Kr.)

Militärposten

1 km südöstlich von Taunusstein-Wehen liegt am Nordhang des Taunus das 0,4 ha große Kastell Heidekringen. In der kleinen Schanze war wohl das vorübergehend

abkommandierte Detachement einer Auxiliareinheit stationiert, das die Verbindung von Wiesbaden zum Kastell Zugmantel sicherte. Von der Innenbebauung ist nur die das nördliche und südliche Lagertor verbindende Straße bekannt.

→ *Die Umfassungsmauer mit davor ausgehobenem Wehrgraben zeichnet sich im Gelände deutlich ab.*

Lit.: RiH 346 (mit Abb. 289). – ORL Abt. A Strecke 3–5, 279 ff. (1936) (Fabricius). – H. Schoppa, Nass. Heimatbl. 41, 1951, 3 ff.

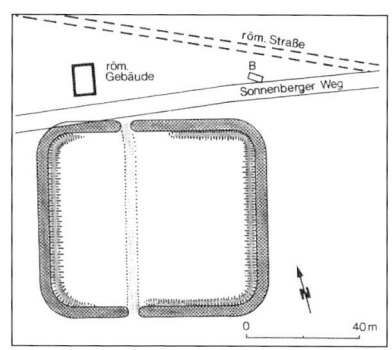

Abb. 160: Heidekringen (Gde. Rüdesheim). Grundriss des Kastells. Nach: RiH Abb. 289.

Hofheim a. Ts (Main-Taunus-Kr.)

Kastelle und Vicus

Schon vor der Gründung des ältesten Holz-Erde-Lagers um 40 n. Chr. unter Kaiser Claudius war das Hochfeld südlich des alten Hofheimer Stadtzentrums von Kelten besiedelt. Auf eine Besetzung des Platzes schon während der römischen Vorstöße nach Germanien zwischen 11 v. und 16 n. Chr. könnten zeitlich nicht enger eingrenzbare Gräben deuten. Unter Tiberius siedelten Germanen aus dem Stamme der Mattiacer (?) auf dem Hochfeld, die Kontakte zu den Römern unterhielten.

Das Holz-Erde-Lager (→ Abb. 7) von unregelmäßigem Grundriss mit 1,9 ha Innenfläche umgab 18–20 m hinter einem einfachen Spitzgraben (Breite 3,6 m, Tiefe 2 m) ein Doppelspitzgraben (Breite ca. 9 m, Tiefe 1,8 m). Die gegeneinander versetzten Eingänge sicherten Holztürme, deren Standspuren am Ende der Grabenköpfe erfasst wurden, wäh-

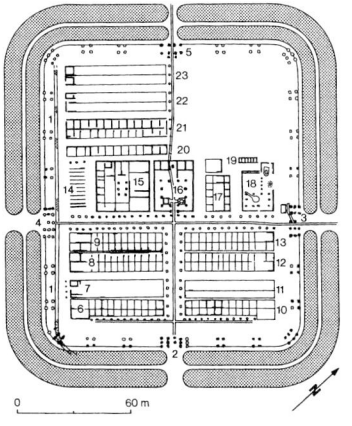

Abb. 161: Hofheim (Main-Taunus-Kr.). Grundriss des vespasianischen Steinkastells (Periode I, Stand 1980). Früher Spitzgraben (1), Haupttor (2), linkes Seitentor (3), rechtes Seitentor (4), rückwärtiges Lagertor (5), Mannschaftsunterkünfte (6, 8–10, 12, 13, 20–23), Ställe (7, 11), Speicher (14, 19), *praetorium* (15), *principia* (16), Lazarett (17), Werkstatt ? (8). Nach: RiH Abb. 297.

rend Reste einer dahinter vermuteten Rasensodenmauer fehlen. Das Zentrum des Innenareals nahmen die *principia* mit Fahnenheiligtum und östlich von ihr das *praetorium* ein, das mit einem atriumartigen Innenhof komfortabel ausgestattet war. Nördlich der *principia* lagen beiderseits der zum Haupttor führenden, gekiesten Straße Speicher und vielleicht auch Werkstätten. Im südwestlichen Viertel standen die Mannschaftsbaracken. Das einzige wohl erst spät errichtete Steingebäude könnte als Bad genutzt worden sein. Das Lager wurde um 69 n. Chr. zerstört, nach einem Wiederaufbau aber nochmals kurzfristig besetzt.

Auch für das 90 m weiter östlich ergrabene Steinkastell bleibt die Besatzung unbekannt. Dieses um 75 n. Chr. errichtete, 2,15 ha große Lager zeigt den regelmäßigen Grundriss späterer römischer Wehranlagen. Neben den an der Kreuzung von Haupt- und Seitenwegen errichteten *principia* finden sich links das *praetoerium* und ein Speicher, während rechts ein Lazarett und eine *fabrica* gelegen haben. Das übrige Areal füllten die Mannschaftsbaracken. Allen Bauten war zur *via praetoria* bzw. *principalis* hin eine *porticus* vorgeblendet. Das Lager wurde während einer Rebellion (96/97 n. Chr.) teilweise zerstört, bald darauf aber wieder instandgesetzt. Während Speicher, *praetorium* und Lazarett lediglich erneuert wurden, vergrößerte man die *principia* und verkleinerte zugleich die Baracken in der Retentura.

Die Kastellumwehrung hinter einem Doppelgraben bestand anfangs aus einer Rasensodenmauer, hinter der Eck- und Zwischentürme errichtet worden waren. Haupt- und Seitentore mit doppelten Durchfahrten flankierten ebenfalls Türme, während an der Rückseite nur ein Durchlass bestand. Die bei der Restaurierung in der zweiten Bauphase nicht veränderte Mauer wurde später z. T. mit Bohlen an der Frontseite verstärkt, in spätdomitianischer Zeit aber durch eine Steinmauer aus Sandsteinschalen mit Gusskern ersetzt. Diese Arbeiten unterstützten die 14. und 21. Legion aus Mainz.

Vor ihrem Abzug um 110 n. Chr. schleifte die Besatzung das Lager. Weil das Kastellareal von jeglicher späteren Besiedlung frei blieb, obwohl der Vicus bis in das 3. Jahrhundert hinein weiterbestand, könnte es sich um fiskalischen Besitz gehandelt haben. Die anfangs in Fachwerktechnik errichteten giebelständigen Streifenhäuser wurden später durch z. T. recht qualitätvoll ausgestattete Steinbauten ersetzt.

→ *Funde: Museum Wiesbaden. – Das Museum in Hofheim bietet einen guten Überblick über die Geschichte des Ortes in römischer Zeit.*

Lit.: RiH 350 ff. (mit Abb. 295–298). – G. Wolff, Kastell Hofheim. ORL Abt. B Nr. 29 (1896). – E. Ritterling, Das frührömische Lager bei Hofheim i. T. Nass. Ann. 40, 1912 – H. Schoppa, Funde aus dem Vicus des Steinkastells Hofheim, Main-Taunus-Kr. (1961).

Karben-Okarben (Wetteraukr.)

Alenkastell

Obwohl das Kastell, das zu den größten Lagern in der Wetterau gehört, nur unvollständig ergraben worden ist, konnte seine Baugeschichte geklärt werden. Zu einem ersten – vespasianischen – Posten gehören eine Toranlage sowie ein Wirtschaftsbau mit einem Innenhof. Unter Domitian wurde das Kastell während des Chattenkrieges mit einem verbreiterten Umfassungsgraben sowie einer Holz-Erde-Mauer auf 4,3 ha vergrößert. Sechs Steinpfeiler könnten zur *principia* gehört haben. Südlich der Garnison lag das Bad, in dem sich Ziegelstempel der an dem Chattenkrieg beteiligten fünf Legionen fanden. Das während des Saturninus-Aufstandes (100 n. Chr.) zerstörte Kastell erhielt beim Wiederaufbau eine Steinmauer mit Tor-, Eck- und Zwischentürmen hinter einem Doppelgraben. Über dem früheren Wirtschaftsbau stand nun ein Magazin (41,5 x 13,5 m). Das jetzt 5,6 ha große Lager könnte die *ala Moesica* bezogen haben.

Die im frühen 2. Jahrhundert wohl noch unter Traian aufgelassene Anlage blieb bis in das beginnende 3. Jahrhundert besetzt, obwohl dem geringen Fundanfall nach hier kein wichtiger Posten unterhalten worden sein dürfte.

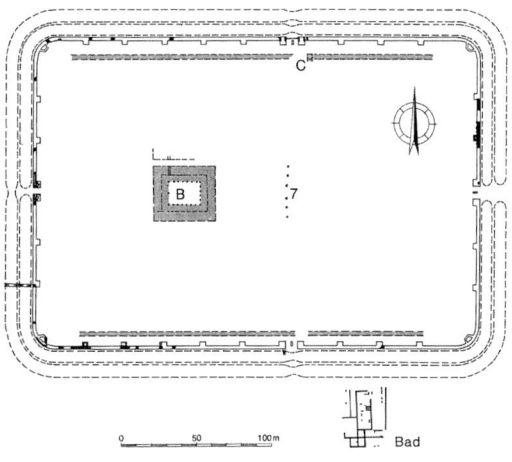

Abb. 162: Karben-Okarben (Wetteraukr.). Grundriss des Alenlagers. Vespasianisch: Tor (C), Wirtschaftsbau (B). – Domitianisch: *principia?* (7). Nach: RiH Abb. 312.

Lit.: RiH 367 ff. (mit Abb. 312). – G. WOLFF, Kastell Okarben. ORL Abt. B Nr. 25 a (1902). – H. SCHÖNBERGER/H. G. SIMON, Das Kastell Okarben und die Besetzung der Wetterau seit Vespasian. Mit Beiträgen von D. Baatz und M. Hopf. Limesforsch. 19 (1980).

Mainz-Kastel (Stadtkr. Wiesbaden)
Kastell und Ehrenbogen

Abb. 163: Mainz-Kastel. Fundament des Ehrenbogens während der Freilegung. Es ist heute im Museumskeller konserviert.

Das Vorfeld des Mainzer Legionslagers konnte nicht ohne militärischen Schutz bleiben, und bereits die 10 v. Chr. bei den Drusus-Feldzügen von den Legionären angelegte Schiffsbrücke wird auf dem rechten Rheinufer von einem Militärposten gesichert worden sein. Auch für die seit dem frühen 1. Jahrhundert n. Chr. bestehenden Brückenbauten ist ein militärischer Schutzposten in Mainz-Kastel vorauszusetzen. Vielleicht besaß das in flavischer Zeit in Stein ausgebaute Kastell bislang unbekannte Holz-Erde-Vorläufer. Die nicht lange gehaltene Anlage von 0,7 ha dürfte wie die ähnlich großen Kastelle am Limes einen *numerus* aufgenommen haben.

Der bei dem Kastell entstehende Vicus, von dem mit dem *vicus vetus* (Altstadt) oder *vicus novus Meloniorum* (Neustadt der Melonii) Stadtbezirke namentlich bekannt sind, wurde entscheidend durch das in den nördlichen Provinzen seltene Monument eines Ehrenbogens geprägt, der über der in die Wetterau führenden Altstraße errichtet worden war. Sein Fundament wurde 1986 bei Ausschachtungsarbeiten freigelegt, während von Architekturteilen, Skulpturenschmuck und der bekrönenden Reiterstatue aus Bronze nur wenige Fragmente erhalten blieben. Der Bogen ehrte vermutlich den beim Heer beliebten, aber unerwartet jung verstorbenen Feldherrn Germanicus (15 v.–19 n. Chr.).

→ *Das Fundament ist im ‚Museumskeller' zu besichtigen. Zugang: Große Kirchstraße 5–13. Parkmöglichkeiten unter der Ludwigsrampe oder in der Rathaus- oder Kronenstraße.*

Lit.: J. Grimm, Der römische Brückenkopf in Kastel bei Mainz und die dortige Römerbrücke (1882). – E. Schmidt, Kastel bei Mainz. ORL Abt. B Nr. 30 (1915). – H. Bellen, Das Drususdenkmal apud Mogontiacum und die Galliarum civitates, in: Jahrb. RGZM 7, 1960, 180 ff. – H. G. Frenz, Drusus Maior und sein Monument zu Mainz. Jahrb. RGZM 32, 1985, 394 ff. – W. D. Lebek, Die drei Ehrenbögen für Germanicus. Zeitschr. Papyrol. Epigr. 57, 1986, 129 ff. – H. G. Frenz, Der römische Ehrenbogen von Mainz-Kastel, Stadt Wiesbaden. Ein imperiales Monument der frühen Kaiserzeit apud ripam Rheni. Arch. Denkm. Hessen 76 (1988).

Nauheim (Lkr. Groß-Gerau)

Römische Lager

In der Flur ‚Herrenwiese' zeigte sich die Südwest-Ecke eines Doppelgrabensystems, das zu einem Lager von mindestens 15–20 ha ergänzt wird und von einer Legion besetzt worden sein könnte. Ein weiterer, bereits 1910 nordöstlich davon angeschnittener Doppelgraben kann nicht mit diesem Lager in Zusammenhang stehen. Obwohl datierendes Fundmaterial fehlt, lässt die Lage auf einem flachen Landrücken oberhalb des bis heute schiffbaren Schwarzbaches am östlichen Rheinufer frühkaiserzeitliche oder flavische Zeitstellung erwarten.

Lit.: M. Posselt/C. Wenzel, Spuren im Sand. HessenArch. 2001 (2002) 69 ff.

Nidderau (Main-Kinzig-Kr.)

Militärlager und Vicus

HELDENBERGEN

In dem heute völlig überbauten Areal am südlichen Ortsrand sind seit 1896 mehrere römische Lager festgestellt worden.

Polygonallager 1: Das 8,5 ha große Lager mit trapezförmigem Grundriss schützte an der Nordost-Seite ausschließlich der steil zur Nidder abfallende Hang. Der ansonsten nur schwachen Befestigung sowie den im Innenraum fehlenden Bebauungsspuren nach könnte es sich um ein Marschlager gehandelt haben.

Lager 2: Das wohl bald nach den Chattenkriegen erbaute Lager von 1,5 ha umgab ein Spitzgraben. Es war vermutlich ebenfalls nur kurzfristig besetzt. Strategisch bilden diese beiden Lager sicher Vorposten des Kastells Okarben an der alten Militärstraße.

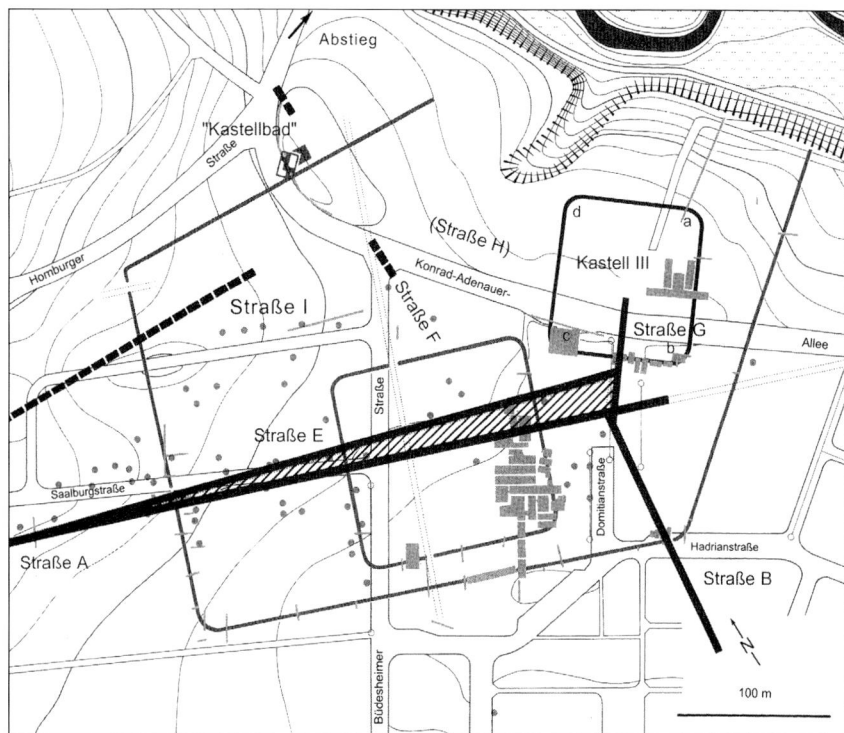

Abb. 164: Nidderau-Heldenbergen. Gesamtplan mit den drei Lagern und weiteren Siedlungsfundstellen. Nach: Czysz, Limesforsch. 27, Abb. 20.

Lager 3: Das jüngste, östlich davon errichtete Holz-Erde-Lager mit umlaufendem Spitzgraben und Erdwall vermutlich aus Rasensoden war eindeutig mit taktisch-logistischen Aufgaben zur Nidder hin ausgerichtet und dürfte an einer auf die Linie Altenstadt–Marköbel–Rückingen vorgeschobenen Grenzlinie als Depot und Flussstützpunkt gedient haben. Die von einem *numerus* oder einer Vexillation gebildete Besatzung der 0,8 ha großen Anlage, deren Innenraum nur locker mit Gebäuden in Fachwerktechnik bebaut war, bleibt unbekannt.

„Militärbau" nördlich von Lager 3: Entgegen früherer Ansicht scheint es sich bei dem erst nach 100 n. Chr. errichteten Bau nicht um das Bad von Lager 3, sondern um einen Militärposten zu handeln, der während des Limesbaus militärische Aufgaben in der Etappe zu übernehmen hatte (*mansio*, Straßenstation, Lager). Spätestens in der ersten Hälfte des 2. Jahrhunderts verlor Heldenbergen seine militärische Bedeutung vollständig. Dennoch bestand der Vicus bis zum frühen 3. Jahrhundert und entwickelte sich vor allem wegen seiner florierenden Töpfereien.

WINDECKEN
Die Fortsetzung eines römischen Spitzgrabens bleibt bislang unbekannt.

Lit.: G. WOLFF, Kastell Heldenbergen. ORL Abt. B Nr. 25 (1900). – G. RUPPRECHT, Erster Bericht über die Grabung „Heldenbergen 1973" mit Vorlage von vier Ziegelstempeln. Fundber. Hessen 13, 1973 (1975), 181 ff. – W. CZYSZ, Heldenbergen, Gde. Nidderau, Main-Kinzig-Kr. Ausgrabungen in einem Kastell in der östlichen Wetterau 1973–1979. Arch. Denkm. Hessen 13 (1980). – DERS., Heldenbergen in der Wetterau. Feldlager, Kastell, Vicus. Mit Beiträgen von G. Amberger, H.-G. Bachmann, G. Mechter, B. Pferdehirt und H. Schubert sowie S. Biegert, R. Franke, U. Ibler, K. Kortüm, G. Schneider, M. Scholz, G. Sorge u. a. Limesforsch. 27 (2003). – G. CALLESEN/H. LASCH, Windecken am Limes? Römischer Spitzgraben und mittelalterliche Stadtbefestigung in Nidderau-Windecken. HessenArch. 2002 (2003), 106 ff.

Rüsselsheim (Kr. Groß-Gerau)

Straßenturm und Altar

Am Ende des 1. Jahrhunderts kreuzten sich in Rüsselsheim die südliche Mainuferstraße und die nach Hassloch in südöstliche Richtung führende Trasse. Diesen wichtigen Knotenpunkt sicherte vom 1. bis in die zweite Hälfte des 2. Jahrhunderts n. Chr. ein Posten, dessen Standspuren sich in einem 1,2–1,8 m breiten und bis zu 0,8 m tiefen, oval verlaufenden Spitzgraben zeigten. Südlich des auf der Ostseite gelegenen Eingangs, vor dem der Graben aussetzte, bestand wohl ein Nebengebäude.

Lit.: RiH 469 (mit Abb. 443). – S. ROTH, Der römische Wachtturm bei Rüsselsheim, Kr. Groß-Gerau, in der Flur Hasslocher Tanne. Fundber. Hessen 5/6, 1965/66, 89 ff.

Schöneck-Kilianstädten

Auf einer hochwassergeschützten, von der Nidder umflossenen Geländekuppe, der Flur ‚Reiherwald', ist die Ecke eines bislang unbekannten Kastells flavisch-traianischer Zeitstellung nachgewiesen worden. Es könnte den ebenfalls an Flüssen errichteten Anlagen von Nidderau-Heldenbergen 3 und Altenstadt entsprechen, die allgemein mit dem Vorschieben des Limes verbunden werden. Die strategisch günstig gelegene Garnison von mindestens 0,65 ha für einen *numerus* wurde offensichtlich nach längerer Nutzung planmäßig aufgelassen. Zivile Baustrukturen datieren in jüngere Zeit.

Lit.: M. HELFERT/N. SCHÜCKER, „Zu nah am Wasser gebaut?" – Ein neu entdecktes römisches Kastell an der Nidder bei Schöneck-Kilianstädten. HessenArch. 2006 (2007), 73 ff.

Trebur (Lkr. Groß-Gerau)

Frühkaiserzeitlicher Posten und spätrömische Schiffslände

ASTHEIM

Der heute auf einem Hochgestadesporn innerhalb der Rheinniederungsterrassen nördlich von Astheim nahe der Schwarzbachmündung gelegene Fundplatz grenzte früher direkt an den Rhein. Hier fand sich auf einem Pfahlrost ein turmartiger, mehrgeschossiger Kernbau mit einem breiten Graben, dessen Zungenmauern weit in das ehemalige Flussbett hineinreichten und am Ufer einen etwa 40 m breiten Landungsplatz abschirmten. Der nur zu Schiff erreichbare Bau schließt die Lücke in der valentinianischen Vorfeldsicherung zwischen Wiesbaden-Schierstein und dem Zullestein, deren Befestigungen gezielt an den Einmündungen von Nebenflüssen in den Rhein erbaut wurden.

GEINSHEIM

Auf der Landzunge zwischen der Hessenauer Altrheinschlinge im Norden und dem Geinsheimer Altrheinarm im Süden sind durch Luftbildprospektion fünf bis sieben römische Lager bekannt. An diesem bis in die Neuzeit genutzten Rheinübergang wurde für die unterschiedlich ausgerichteten Anlagen mit zwei- oder sogar dreiteiligen Schutzgräben immer wieder die gleiche Stelle aufgesucht. Nach Münzfunden scheinen sich zwei unterschiedliche Nutzungsphasen abzuzeichnen, die in die frühe Kaiserzeit während der 20er-Jahre des 1. Jahrhunderts bei den Vorstößen über den Rhein hinaus sowie das letzte Viertel des 1. Jahrhunderts n. Chr. vor der dauerhaften Besetzung der Wetterau und des oberen Neckargebietes gehören.

Lit.: A. HEISING, „Sensationsfund im Kartoffelacker" – spätrömische Kleinfestung und frühmittelalterliche Gräber bei Trebur-Astheim. HessenArch. 2003 (2004), 119 ff. – DERS., Erste Grabungen an den frühkaiserzeitlichen Lagern bei Trebur-Geinsheim, Ldkr. Groß-Gerau. Untersuchung eines bedeutenden römischen Militärplatzes der Okkupationsphase. HessenArch. 2007 (2008), 82 ff.

Wiesbaden (Stadtkr. Wiesbaden)

Römische Kastelle und civitas-Vorort Aquae Mattiacorum

Obwohl nach Ausweis der Funde bereits in augusteischer Zeit Militär in Wiesbaden stationiert gewesen sein muss, fehlt bislang der Nachweis einer frühen Garnison, obwohl Spitzgräben in der Friedrichstraße oder auf dem Heidenberg angeschnitten wurden. Auch die drei Lager A–C auf dem Heidenberg, deren relative Abfolge zwar gesichert ist, lassen sich nur ungefähr in claudische bis flavische Zeit datieren. Erst vom jüngsten nach Südosten orientierten Steinkastell auf der Bergkuppe ist ein großer Teil der Innenbebauung bekannt. Für die frühe Anwesenheit des Militärs waren vermutlich strategische Erwägungen wie die Kontrolle der aus dem Taunus kommenden Straßen sowie der Schutz des Mainzer Brückenkopfes in Mainz-Kastel ausschlaggebend.

Das 2,2 ha große Kastell, das vermutlich nach dem Chattenkrieg Domitians in den 80er-Jahren angelegt und von der *cohors II Raetorum* bezogen wurde, umgaben ein Doppelgraben und eine Steinmauer mit Eck- und Zwischentürmen. Die von Türmen flankierten Tore besaßen nur einfache Durchfahrten, die der *porta decumana* war außerdem deutlich schmäler. Westlich der *via principalis* lagen das Lazarett, Speicher, die *principia* und vor allem das mit einem atriumartigen Hof stark an mediterrane Villen erinnernde *praetorium*. Nach dem Truppenabzug, der im Zuge des Ausbaus einer nunmehr statischen Grenze unter Traian (98–117 n. Chr.) erfolgte, blieb das Kastellgelände wohl weiter in fiskalischem Besitz, denn das Wohnhaus des Kommandanten wurde später als *fabrica* sicher nicht von zivilen Handwerkern genutzt.

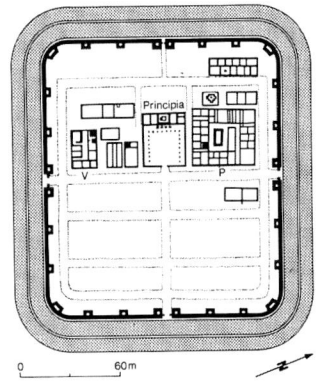

Abb. 165: Wiesbaden. Grundriss des jüngsten Steinkastells auf dem Heidenberg mit *principia*, Lazarett (V) und *praetorium/fabrica* (P). Nach: RiH Abb. 463.

Ein wichtiger Grund für die Anwesenheit des Militärs dürften außer den strategischen Überlegungen auch die heilkräftigen Quellen von Wiesbaden gewesen sein, denn zahlreiche Weiheinschriften bezeugen einen schon im 1. Jahrhundert n. Chr. einsetzenden militärischen Kurbetrieb. Auch die Frau des Mainzer Legionslegaten dankte *Diana Mattiaca* für die Genesung ihrer Tochter.

Bereits in der Mitte des 1. Jahrhunderts hatte die 22. Legion Ziegel für einen Steinbau geliefert, und in den vom Kochbrunnen gespeisten Thermen am Kranzplatz waren in domitianischer Zeit Ziegel der 1., 14. und 21. Legion verbaut worden. Die Adlerquelle speiste Thermenkomplexe zwischen Langgasse und Coulinstraße sowie im Bereich der Schützenhofstraße, wo man Bleirohre der 14. Legion fand. Alle diese Bauten waren demnach von Soldaten für den Gebrauch der dem obergermanischen Heer angehörenden Truppen errichtet worden. Trotz des Rückzugs der Römer auf das westliche Rheinufer wurde der militärische Kurbetrieb unter Constantin I. wieder aufgenommen.

Die warmen Quellen förderten auch die Entwicklung des *vicus Aquae Mattiacae*. Seine Hauptachse wird auf der Linie Mauritiusplatz–Langgasse gelegen haben. Trotzdem sind nur wenige Bauspuren bekannt und man weiß z. B. nicht, wo die durch eine Inschrift bezeugte *schola* (Versammlungshaus) der Kaufleute gesucht werden muss. Lediglich ein Mithräum ist an der Coulinstraße ergraben worden, für das Varonius Lupulus sein Grundstück zur Verfügung stellte. Seine Besonderheit bildet ein nur von außen zugänglicher Raum hinter dem Kultbild, der vermutlich von den Priestern zu Inszenierungen während der Kultfeiern genutzt wurde.

Die Heidenmauer – ein 520 m langes Mauerstück, in dem zahlreiche Spolien verwendet worden sind – gehört wohl zu einem Bauprogramm, mit dem unter Valentinian im 4. Jahrhundert das Vorfeld von Mainz geschützt werden sollte. Offenbar konnte die mit einem schmalen Fundament auf einem Holzrost aufsitzende Mauer mit Gusskern und vier Rundtürmen nicht fertiggestellt werden.

→ *Die Heidenmauer ist von der Coulinstraße aus zugänglich. Gleich daneben sind Abgüsse wichtiger römischer Steindenkmäler aufgestellt. – Die vom Verein für Nassauische Altertumskunde und Geschichtsforschung e. V. seit 1812 zusammengetragene „Sammlung Nassauischer Altertümer" mit bedeutenden Funden von zahlreichen Limeskastellen wird 2009 vom Land Hessen der Stadt Wiesbaden übergeben. Eine Ausstellung der Objekte ist nicht mehr geplant.*

Lit.: ORL Abt. B Nr. 31 – W. Czysz, Wiesbaden in der Römerzeit. Mit einem Beitrag von B. Pinsker (mit ausführl. Lit.); 1994.

DELKENHEIM
Beiderseits der heutigen Elisabethenstraße zeichnen sich auf Luftbildern z. T. recht nahe beieinander liegende Gräben mit gerundeten Ecken ab. Da eine zivile Besiedlung zu fehlen scheint, werden sie als Übungslager *(campus legionis)* im Vorfeld dauerhaft eingerichteter Legionslager und Kastelle wie Mainz oder Hofheim interpretiert.

Lit.: C. Bergmann/V. Rupp/A. Wieland, Ein campus legionis trans rhenanae im Vorfeld des Mainzer Legionslagers? HessenArch. 2007 (2008), 86 ff.

Zullestein (Kr. Heppenheim)
Spätrömischer Burgus

Das früher direkt am Ufer der Weschnitz gelegene, heute 500 m vom Rheinufer entfernte Bauwerk vermittelt eine gute Vorstellung von dem unter Valentinian (364–375 n. Chr.) neu entwickelten Bautyp der Schiffsländen, die im Vorfeld von Lagern und Kastellen als Posten und zugleich sicherer Hafen dienten.

Der Kernbau – ein massiver Turm von 21,3 x 15,1 m mit 2 m dicken, außen weiß verputzten Mauern und einem ziegelgedeckten Satteldach – war von der Nordwestseite her zu betreten. Zwei Pfeiler im Innenraum trugen die drei Obergeschosse des Baues, in denen die Besatzung wohnte, aber auch Vorräte lagern musste. Bei Angriffen ermöglichten

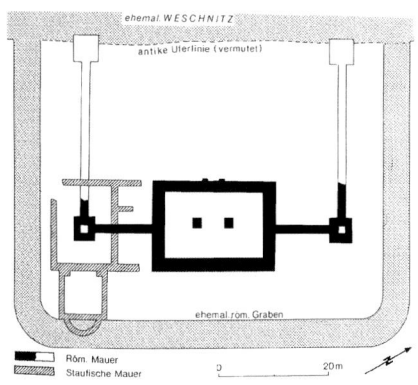

Abb. 166: Zullestein (Kr. Heppenheim). Plan des spätrömischen Burgus und der mittelalterlichen Wehrbauten. Nach: RiH Abb. 484.

zahlreiche Schießscharten im Mauerwerk den Einsatz von leichten Pfeilkatapulten. Beiderseits an den Schmalseiten ansetzende Flügelmauern bogen nach etwa 6 m rechtwinklig zur Weschnitz ab und bildeten eine 42 m lange, gut geschützte Anlaufstelle, die einen Hafen ersetzte. Zwei kleinere Türme am Mauerknick sowie ein tiefer Umfassungsgraben dienten ebenfalls dem Schutz der das Vorfeld überwachenden Besatzung.

→ *Zugang zu der restaurierten Anlage von Nordheim aus über die Rheinstraße (Hinweisschild: Rhein). Parkmöglichkeiten am verlassenen Gehöft Steinerwald oder dem Parkplatz nordöstlich davon am Stromkilometer 452. Fußweg etwa 1,5 km (Vorsicht: Der auf Karten verzeichnete Weg vom Rhein bei Stromkilometer 453,4 aus ist nicht begehbar).*

Lit.: RiH 504 mit Abb. 484–487. – W. Jorns, Der spätrömische Burgus mit Schiffslände und die karolingische Villa Zullestein. Arch. Korrbl. 3, 1973, 75 ff. – F. R. Herrmann, Der Zullenstein an der Weschnitzmündung. Führungsblatt zu dem spätrömischen Burgus, dem karolingischen Königshof und der Veste Stein bei Biblis-Nordheim, Kreis Bergstraße. Arch. Denkm. Hessen 82 (mit umfangr. Literatur; 1989).

Weiterführende Literatur (in Auswahl)

[BAATZ, Limes] D. Baatz, Der römische Limes. Archäologische Ausflüge zwischen Rhein und Donau (^{3}1993).

A. BECKER/H.-J. KÖHLER/G. RASBACH, Der römische Stützpunkt von Waldgirmes. Ausgrabungen bis 1998 in der spätaugusteischen Anlage in Lahnau-Waldgirmes, Lahn-Dill-Kr. Arch. Denkm. Hessen 148 (1999).

K. BÖHNER, Vor der Erforschung des obergermanisch-raetischen Limes. Jahrb. Hist. Ver. Mittelfranken 97, 1994/95, 329 ff.

I. HULD-ZETSCHE/B. STEIDL, Die beiden Geschirrdepots von Echzell und Langenhain. Münstersche Beitr. Ant. Handelsgesch. 13,2 (1994), 47 ff.

O. HÖCKMANN, Römische Schiffsverbände auf dem Ober- und Mittelrhein und die Verteidigung der Rheingrenze in der Spätantike. Jahrb. RGZM 33, 1986, 369 ff.

A. JOHNSON, Römische Kastelle des 1. und 2. Jahrhunderts n. Chr. in Britannien und in den germanischen Provinzen des Römerreiches. Kulturgesch. der antiken Welt 37 (1987).

K. KORTÜM, Zur Datierung der römischen Militäranlagen im obergermanisch-raetischen Limesgebiet. Saalburg-Jahrb. 49, 1998, 5 ff.

E. KÜNZL, Die Alamannenbeute aus dem Rhein bei Neupotz. Plünderungen aus dem römischen Gallien. Monogr. RGZM 34 (1993).

H.-P. KUHNEN, Gestürmt – geräumt – vergessen? Der Limesfall und das Ende der Römerherrschaft in Südwestdeutschland. Ausstellungskatalog Aalen (1992).

G. LENZ-BERNHARD/H. BERNHARD, Das Oberrheingebiet zwischen Caesars Gallischem Krieg und der flavischen Okkupation (58 v.Chr.–73 n.Chr.). Eine siedlungsgeschichtliche Studie. Mitt. Hist.Ver. Pfalz 89 (1991).

Der römische Limes in Deutschland. Sonderheft Antike Welt 1 (1992).

H. U. NUBER/K. SCHMID/H. STEUER, TH. ZOTZ (Hrsg.), Archäologie und Geschichte. Freiburger Forschungen zum ersten Jahrtausend in Südwestdeutschland (1990).

J. OLDENSTEIN, Zur Ausrüstung römischer Auxiliareinheiten. Ber. RGK 57 (1976), 68 ff.

B. OLDENSTEIN-PFERDEHIRT, Die römischen Hilfstruppen nördlich des Mains. Forschungen zum obergermanischen Heer I. Jahrb. RGZM 30, 1983, 310 ff.

H. V. PETRIKOVITS, Die Innenbauten römischer Legionslager während der Prinzipatszeit (1975).

[RIH] Die Römer in Hessen. Hrsg. von D. Baatz und F.-R. Herrmann (^{2}1989).

[RIRH] Die Römer in Rheinland-Pfalz. Hrsg. von H. Cüppers (1990).

E. SCHALLMAYER (Hrsg.), Niederbieber, Postumus und der Limesfall. Stationen eines politischen Prozesses. Bericht des ersten Saalburgkolloquiums. Saalburg-Schr. 3 (1996).

- 100 Jahre Saalburg. Vom römischen Grenzposten zum europäischen Museum. Zaberns Bildbände zur Archäologie (1997).

- Germanen in der Spätantike im Hessischen Ried mit Blick auf die Überlieferung bei Ammianus Marcellinus. Saalburg-Jahrb. 49 (1998), 139 ff.

- Der römische Limes. Geschichte einer Grenze (2006).

G. SCHELL, Die römische Besiedlung von Rheingau und Wetterau. Nass. Ann. 75, 1964, 1 ff.

M. SCHLEIERMACHER, Römisches Pferdegeschirr aus den Kastellen Saalburg, Zugmantel und Feldberg. Saalburg-Jahrb. 50, 2000, 167 ff.

H. SCHÖNBERGER, Die römischen Truppenlager der frühen und mittleren Kaiserzeit zwischen Nordsee und Inn. Ber. RGK 66, 1985, 321 ff.

C. S. SOMMER, Kastellvicus und Kastell. Fundber. Baden-Württemberg 13, 1988, 457 ff.

M. P. SPEIDEL, Die Brittones Elantienses und die Vorverlegung des obergermanischen Limes. Fundber. Baden-Württemberg 11, 1986, 309 ff.

O. STOLL, Die Skulpturenausstattung römischer Militäranlagen an Rhein und Donau. Der obergermanisch-raetische Limes. Pharos 1 (1992).

K. STROBEL, Der Chattenkrieg Domitians. Historische und politische Aspekte. Germania 65, 1987, 423 ff.

A. THIEL (Hrsg.), Der Limes als UNESCO-Welterbe. Beiträge zum Welterbe Limes Bd. 1 (2008).
- Forschungen zur Funktion des Limes. Beiträge zum Welterbe Limes Bd. 2 (2007).
- Beiträge zum Welterbe Limes Bd. 3 (2009).

B. TRIER (Hrsg.), Die römische Okkupation nördlich der Alpen zur Zeit des Augustus. BAW 26 (1991).

W. WACKERFUSS (Hrsg.), Beiträge zur Erforschung des Odenwaldes und seiner Randlandschaften 6 (1997).

G. WOLFF, Die südliche Wetterau in vor- und frühgeschichtlicher Zeit (1913).

Museen mit Funden vom Limes und seinem Hinterland

Aalen, Baden-Württemberg
Limesmuseum Aalen
St. Johann-Straße 5 · 73430 Aalen
Tel. 07361/5282870
www.museum-aalen.de

Alsfeld, Vogelsbergkreis
Regionalmuseum Alsfeld
Rittergasse 3–5 · 36304 Alsfeld
Tel. 06631/4300 oder 182300
www.regionalmuseum-alsfeld.de
Ur- und frühgeschichtliche Funde aus der Region

Museum Alzey
Antoniterstraße 41 · 55232 Alzey
Tel. 06731/498896
www.museum-alzey.de

Amöneburg, Lkr. Marburg-Biedenkopf
Museum Amöneburg
Schulgasse 2 · 35287 Amöneburg
Tel. 0642/2474
drschneideramoe@gmx.de

Aschaffenburg, Ufr.
Stiftsmuseum der Stadt Aschaffenburg
Stiftsplatz 1a · 63739 Aschaffenburg
Tel. 06021/4447950
www.museen-aschaffenburg.de

Bad Homburg, Hochtaunuskreis
Römerkastell Saalburg
Archäologischer Park
Saalburg 1 · 61350 Bad Homburg
Tel. 01675/93740
www.saalburgmuseum.de

Bad Kreuznach
Museen im Rittergut Bangert
Römerhalle
Hüffelsheimer Straße 11
55545 Bad Kreuznach
Tel. 0671/2985820
info@museum-bad-kreuznach.de

Bad Vilbel, Wetteraukreis
Im Kurpark ist der in einer römischen Villa gefundene Mosaikfußboden rekonstruiert worden. Das in die zweite Hälfte des 2. Jh. datierende Original befindet sich im Landesmuseum Darmstadt.

Bensheim, Lkr. Bergstraße
Museum der Stadt Bensheim
Marktplatz 13 · 64625 Bensheim
Tel. 06251/5847865
christoph.breitwieser@bensheim.de
Ur- und frühgeschichtliche Funde aus der Region

Bergkamen
Städtisches Museum Bergkamen
Jahnstraße 31 · Museumsplatz
59192 Bergkamen
Tel. 02306/3060210
stadtmuseum@helimail.de

Bickenbach, Lkr. Darmstadt-Dieburg
Heimatmuseum im Kolb'schen Haus
Darmstädter Straße 35 · 64404 Bickenbach
Tel. 06257/933030
museumbickenbach@aol.com
Funde aus der Region

Biebertal, Lkr. Gießen
KeltenKeller/Museum für Archäologie im Gleiberger Land
Mühlbergstraße 9 · 35444 Biebertal-Rodheim
Tel. 06409/2338
aczarski@gmx.de
Funde vor allem vom Oppidum Dünsberg

Biebesheim am Rhein, Lkr. Groß-Gerau
Heimatmuseum Biebesheim
Rheinstraße 44 · 64584 Biebesheim am Rhein
Tel. 06258/81599
museumbiebesheim@aol.com
Vor- und frühgeschichtliche Funde, unter denen besonders die bronzezeitlichen Biebesheimer Kammhelme hervorzuheben sind

Bingen
Heimatmuseum Bingen
Burg Klopp · 55411 Bingen am Rhein
Tel. 06721/184110

Bischofsheim, Lkr. Groß-Gerau
Museum Bischofsheim
Darmstädter Straße 2 · 65474 Bischofsheim
Tel. 06144/94282
www.museum-bischofsheim.de
Vor- und frühgeschichtliche Funde aus der Region

Anhang

Bonn
Rheinisches Landesmuseum Bonn
Colmantstraße 14–16 · 53115 Bonn
Tel. 0228/20700 · www.rlmb.lvr.de

Breitscheid, Lahn-Dill-Kreis
Museum Zeitsprünge
Mühlweg 2 · 35767 Breitscheid-Erdbach
Tel. 02777/912331 · www.zeitspruenge.de
Erd- und kulturgeschichtliche Sammlung der Regionen Westerwald, Herborn und Breitscheid

Breuberg, Odenwaldkreis
Breuberg-Museum Burg Breuberg
Ernst-Ludwig-Straße 2–4 · 64747 Breuberg
Tel. 06163/7090
www.burg-breuberg.de
Frühgeschichtliche Funde der Hallstattzeit, die bei einer Burgführung besichtigt werden können

Bruchköbel, Main-Kinzig-Kreis
Museum im Alten Rathaus
Hauptstraße 54 · 63486 Bruchköbel
Tel. 06181/76244
Nach Vereinbarung geöffnete, ortsgeschichtliche Ausstellung mit jungsteinzeitlichen und römischen Funden

Büdingen, Wetteraukreis
Heuson-Museum im Rathaus
Rathausgasse 6 · 63654 Büdingen
Tel. 06042/950032
s.hasecke@jungborn-buedingen.de
Ortsgeschichtliche Sammlung mit Modellen eines Keltendorfes und einer römischen Villa rustic

Butzbach, Wetteraukreis
Museum der Stadt Butzbach
Färbgasse 16 · 35510 Butzbach
Tel. 06033/ 995250
museum@stadt-butzbach.de
Limes-Infozentrum

Darmstadt
Hessisches Landesmuseum Darmstadt
Friedensplatz 1 · 64283 Darmstadt
Tel. 06151/165703 · www.hlmd.de
Das bedeutende Museum enthält viele Ausgrabungsfunde vom Limes, die in die Sammlungen der Landgrafen von Hessen-Darmstadt verbracht worden sind. Wegen Umbau bis voraussichtlich 2011 geschlossen.

Dieburg, Lkr. Darmstadt-Dieburg
Museum Schloss Fechenbach
Eulengasse 8 · 64807 Dieburg
Tel. 06071/2002460
www.museum-schloss-fechenbach.de
Bedeutende Ausstellung zum römischen Dieburg u. a. mit dem Mithrasstein. Inszenierung eines Mithräums, Nachbau von römischem Triclinium und Küche.

Dietzenbach, Lkr. Offenbach
Heimatmuseum Dietzenbach
Darmstädter Straße 7 + 11 · 63128 Dietzenbach
Tel. 06074/41742 · Juenger-12@arcor.de
Ausstellungsschwerpunkt der Römerzeit sind Keramik und Münzen. Außerdem Erläuterungen zu den Speisegewohnheiten der Römer.

Dreieich, Lkr. Offenbach
Dreieich-Museum
Fahrgasse 52 · 63303 Dreieich-Dreieichenhain
Tel. 05103/84914
www.dreieich-museum.de
Regionalmuseum zur Besiedlung seit der Vorgeschichte; in einem nachgebauten Steinzeithaus kann an einem Hochwebstuhl und einer Getreidemühle experimentiert werden.

Echzell, Wetteraukreis
Heimatmuseum Echzell
Lindenstraße 3 · 61209 Echzell
Tel. 06008/405
Limes-Infozentrum

Erbach (Odenwald), Odenwaldkreis
Gräfliche Sammlungen Schloss Erbach
Marktplatz · 64711 Erbach/Odenwald
Tel. 06062/809360
www.schloss-erbach.de
Die von Franz Graf zu Erbach-Erbach erworbenen römischen Funde aus Italien werden durch ur- und frühgeschichtliche Stücke aus der Region ergänzt.

Eschborn, Main-Taunus-Kreis
Museum der Stadt Eschborn
Eschenplatz 1 · 65760 Eschborn
Tel. 06196/490232
museum@eschborn.de
Regionalgeschichtliche Sammlung mit Schwerpunkt Vor- und Frühgeschichte

Museen

Felsberg, Schwalm-Eder-Kreis
Museum Gensungen
Bahnhofstraße 12 · 34587 Felsberg-Gensungen
Tel. 05683/7792
Museum.gensungen@gmx.de
Vor- und frühgeschichtliche Besiedlung des Altkreises Melsungen und bes. des Edertales

Frankfurt a. Main
Archäologisches Museum Frankfurt
Karmelitergasse 1 · 60311 Frankfurt/Main
Tel. 069/21235896
www.archaeologisches-museum.frankfurt.de

Heimatmuseum Bergen-Enkheim
Marktstraße 30 (Altes Rathaus)
60388 Frankfurt/Main
Tel. 06109/32609
www.heimatmuseum-bergen-enkheim.de
Ausstellung u. a. zur Römerzeit mit Nachbildung einer Villa rustica

Heimatmuseum Nied
Beunestraße 9a · 65934 Frankfurt/Main
Tel. 069/398789
Museum u. a. mit Funden der römischen Militärziegelei Nied

Heimatmuseum Schwanheim
Alt Schwanheim 6 · 60529 Frankfurt/Main
Tel. 069/357134
Silke.wedekind@gmx.de
Ortsgeschichtliche Sammlung, bei der die römischen Funde einen breiten Raum einnehmen

Liebieghaus Skulpturensammlung
Schaumainkai 71 · 60596 Frankfurt/Main
Tel. 069/6500490 · www.liebieghaus.de

Friedberg, Wetteraukreis
Wetterau-Museum Friedberg
Haagstraße 16 · 61169 Friedberg
Tel. 06031/88215
wetteraumuseum@aol.com
Limes-Infozentrum

Gernsheim, Lkr. Groß-Gerau
Museum der Schöfferstadt Gernshei
Schöfferplatz · 64579 Gernsheim
Tel. 06258/108113
www.museum-gernsheim.de
Ur- und frühgeschichtliche Sammlung u. a. mit dem bronzezeitlichen Hortfund von Allmendfeld

Glauburg, Wetteraukreis
Glauberg-Museum
Hauptstraße 17 · 63695 Glauburg-Glauberg
Tel. 06041/820711
www.keltenwelt-glauberg.de
Funde vom Glauberg, u. a. Kopie des ‚Keltenfürsten'

Groß-Gerau, Lkr. Groß-Gerau
Stadtmuseum Groß-Gerau
Am Marktplatz 3 · 64521 Groß-Gerau
Tel. 06152/716295
Juergen.volkmann@gross-gerau.de
Die 2007 eröffnete Ausstellung vermittelt u. a. mit ‚Hörstationen' ein lebendiges Bild der Römerzeit.

Großkrotzenburg
Museum der Gemeinde Großkrotzenburg
Breite Straße 16
63538 Großkrotzenburg
Tel. 06186/8922
www.museum-grosskrotzenburg.de
Ausstellung mit Schwerpunkt ‚Römerzeit'

Groß-Umstadt, Lkr. Darmstadt-Dieburg
Museum Gruberhof
Raibacher Tal 22 · 64823 Groß-Umstadt
Tel. 06078/4358
www.gruberhof-museum.de
Vor- und frühgeschichtliche Sammlung u. a. mit Fundstücken der Römerzeit in einem Nebengebäude

Haltern
LWL-Römermuseum
Goldstraße 1 · 45721 Haltern am See
Tel. 02364/93760
www.lwl-roemermuseum-haltern.de
Bedeutende Sammlung zur römischen Militärgeschichte

Hanau, Main-Kinzig-Kreis
Heimatmuseum Mittelbuchen
Alte Rathausstraße 31
63454 Hanau-Mittelbuchen
Tel. 06181/76607 · mhgv@gimplinger.de
Ausstellung zur Vor- und Frühgeschichte, darunter auch zu den Funden aus den im frühen 2. Jh. aufgegebenen Kleinkastellen

Anhang

Museum Schloss Steinheim
Schlossstraße 9 · 63456 Hanau-Steinheim
Tel. 06181/295564
www.museun-hanau.de
Bedeutende Ausstellung zur Römerzeit; Film zur Romanisierung der Hanauer Region; Rekonstruktion eines Mithräums in einem Gewölbekeller

Heppenheim, Lkr. Bergstraße
Museum für Stadtgeschichte und Volkskunde
Kurmainzer Amtshof
Amtsgasse 5 · 64646 Heppenheim
Tel. 06252/69112
museum@stadt.heppenheim.de
Museum zur regionalen Entwicklung

Herborn, Lahn-Dill-Kreis
Städtisches Museum
Schulhofstraße 5 · 35745 Herborn
Tel. 02772/708216
Archäologische Funde aus der Region, vor allem der Latènezeit; hinzuweisen ist auf eine spätantike Goldfibel.

Hofheim am Taunus, Main-Taunus-Kreis
Stadtmuseum Hofheim am Taunus
Burgstraße 11 · 65719 Hofheim am Taunus
Tel. 06192/900305
stadtmuseum@hofheim.de
Umfangreiche Ausstellung zum römischen Hofheim

Hohenstein, Rheingau-Taunus-Kreis
Hofgut Georgenthal
Georgenthal 1 · 65329 Hohenstein
Tel. 06128/943
info@hofgut-georgenthal.de
Limes-Infozentrum

Hungen, Lkr. Gießen
Hof Graß
35410 Hungen
Limes-Infozentrum

Kassel
Hessisches Landesmuseum
Museumslandschaft Hessen Kassel
Brüder-Grimm-Platz 5 · 34117 Kassel
Tel. 0561/31680300
www.museum-kassel.de
Das Museum wird z. Zt. saniert und die Ausstellung völlig neu konzipiert.

Museum Schloss Wilhelmshöhe
Museumslandschaft Hessen Kassel
Schloss Wilhelmshöhe · 34131 Kassel
Tel. 0561/316800
info@museum-kassel.de
Antikensammlung mit Objekten vom 2. Jahrtausend v. Chr. bis zum 4. Jh. n. Chr.

Kelsterbach, Lkr. Groß-Gerau
Stadtmuseum Kelsterbach
Marktstraße 11 · 65451 Kelsterbach
Tel. 06107/773332
presseamt@kelsterbach.de
Ausstellung zur Regionalgeschichte u. a. mit den Funden des 2005 ausgegrabenen Kultgebäudes aus dem 3. Jh. n. Chr.

Koblenz
Landesmuseum Koblenz
Festung Ehrenbreitstein
56077 Koblenz
Tel. 0261/66750
www.landesmuseumkoblenz.de

Köln
Römisch-Germanisches Museum
Roncalliplatz 4 · 50667 Köln
Tel. 0221/22124438
www.museenkoeln.de

Krefeld-Gellep
Museum Burg Linn
Niederrheinisches Landschaftsmuseum
Rheinbabenstraße 85 · 47809 Krefeld
Tel. 02151/570036
burglinn@krefeld.de

Lahnau, Lahn-Dill-Kreis
Museum für Heimat- und Altertumskunde
Friedensstraße 20 · 35633 Lahnau-Waldgirmes
Tel. 06441/64260
Schmidt-erwin@t-online.de
Museum zur Geschichte von Kelten, Germanen und Römern

Langen, Lkr. Offenbach
Museum Altes Rathaus
Wilhelm-Leuschner-Platz 3 · 63225 Langen
Tel. 06103/910475
stadtarchiv@langen.de
Sammlung mit Funden zur Ortsgeschichte

Museen

Lorch (Rheingau), Rheingau-Taunus-Kreis
Kunst- und Heimatmuseum
Markt 5 · 65391 Lorch/Rheingau
Tel. 06726/656
Museum zur Regionalgeschichte, u. a. mit römischen Funden

Mainz
Landesmuseum Mainz
Große Bleiche 49–51 · 55116 Mainz
Tel. 06131/28570
www.landesmuseum-mainz.de

Mainz-Kastel, Stadtkr. Wiesbaden
Museum Castellum
Reduit/Rheinufer · 55252 Mainz-Kastel
Tel. 06134/3763
www.museum-castellum.de
Zahlreiche Exponate zur Römerzeit

Messel, Lkr. Darmstadt-Dieburg
Fossilien- und Heimatmuseum
Langgasse 2 · 64409 Messel
Tel. 06159/5119
www.messelmuseum.de
Die zum UNESCO-Weltnaturerbe zählende Grube Messel lohnt in jedem Fall einen Besuch.

Michelstadt, Odenwaldkreis
Odenwaldmuseum und Spielzeugmuseum
Speicherbau der Kellerei
Einhardspforte 3 · 64720 Michelstadt
Tel. 06061/706139
stadtverwaltung@michelstadt.de
Museum zur Regional- und Stadtgeschichte mit römischen Exponaten

Mörfelden-Walldorf, Lkr. Groß-Gerau
Museum Mörfelden
Langgasse 45 · 64546 Mörfelden-Walldorf
Tel. 06105/320141
Cornelia.ruehlig@moerfelden-walldorf.de
Ausstellung zur römischen Siedlungsgeschichte der Umgebung

Münster
Westfälisches Museum für Archäologie
Rothenburg 30 · 48143 Münster
Tel. 0251/5907298
www.lwl.org

Neuss
Clemens-Sels-Museum
Am Obertor · 41460 Neuss
Tel. 02131/904142
www.clemens-sels-museum.de

Nidderau, Mainz-Kinzig-Kreis
Städtisches Museum im Hospital
Hospitalstraße 1 · 61130 Nidderau-Windecken
Tel. 06187/2990
info@nidderau.de
Geschichte der Region Nidderau seit der Römerzeit

Obernburg, Lkr. Miltenberg
Römermuseum Obernburg
Untere Wallstraße 29a · 63785 Obernburg
Tel. 06022/506311
www.roemermuseum-obernburg.de

Oberursel, Hochtaunuskreis
Vortaunusmuseum
Marktplatz 1 · 61440 Oberursel/Taunus
Tel. 06171/581434
www.vortaunusmuseum.de
Umfangreiche Ausstellung zur Regionalgeschichte mit vor- und frühgeschichtlichen Funden u. a. der keltischen Ringwallanlagen im Taunus

Offenbach am Main
Haus der Stadtgeschichte
Herrnstraße 61 · 63065 Offenbach am Main
Tel. 069/80652446
Haus-der-stadtgeschichte@offenbach.de
Gut präsentierte Ausstellung zur Regionalgeschichte von der Steinzeit bis zur Gegenwart

Pfungstadt, Lkr. Darmstadt-Dieburg
Städtisches Museum Pfungstadt
Borngasse 7 · 64319 Pfungstadt
Tel. 06157/9881510
museum@pfungstadt.de
Museum zur Besiedlungsgeschichte der Region

Raunheim, Lkr. Groß-Gerau
Heimatmuseum Raunheim
Mainstraße 22 · 65479 Raunheim
Tel. 06142/42496
info@heimatverein-raunheim.de
Regionalmuseum u. a. mit römischen Funden aus dem Ort

Rheinzabern
Terra-Sigillata-Museum
Hauptstraße 35 · 76764 Rheinzabern
Tel. 07272/955893
www.terra-sigillata-museum.de

Römerkastell Saalburg
siehe Bad Homburg

Anhang

Rüsselsheim, Lkr. Groß-Gerau
Museum der Stadt Rüsselsheim
Hauptmann-Scheuermann-Weg 4
65428 Rüsselsheim
Tel. 06142 . 832950
museum@ruesselsheim.de
Siedlungsgeschichte der Region bis in das späte 3. Jh. n. Chr.

Seligenstadt, Lkr. Offenbach
Landschaftsmuseum Seligenstadt
Klosterhof 2 · 63500 Seligenstadt
Tel. 06182/204055
landschaftsmuseum.seligenstadt@kreis-offenbach.de
Limes-Infozentrum

Speyer
Historisches Museum der Pfalz
Domplatz · 67346 Speyer
Tel. 06232/13250
info@museum.speyer.de

Stockstadt am Rhein, Lkr. Groß-Gerau
Heimatmuseum Stockstadt
Oberstraße 8 · 64589 Stockstadt am Rhein
Tel. 06158/82920
Ausstellung zur Stadtgeschichte u. a. mit römischen und fränkische Funden

Trier
Rheinisches Landesmuseum Trier
Weimarer Allee 1 · 54290 Trier
Tel. 0651/97740
www.landesmuseum-trier.de

Usingen, Hochtaunuskreis
Usinger Stadtmuseum
Wilhelmstraße 1 · 61520 Usingen
Tel. 06081/2122
e.laufer@em.uni-frankfurt.de
Archäologische Funde aus dem Usinger Land

Viernheim, Lkr. Bergstraße
Museum der Stadt Viernheim
Berliner Ring 28 · 68519 Viernheim
Tel. 06204/988315
Gisela.wittemann@viernheim.de
Vor- und frühgeschichtliche Sammlung u. a. mit einer Bronzetasse aus einem Brandgrab der mittleren Urnenfelderzeit (1200 v. Chr.)

Wetzlar, Lahn-Dill-Kr.
Stadt- und Industriemuseum
Lottestraße 8–10 · 35578 Wetzlar
Tel. 06641/994140 · museum@wetzlar.de
Grabungsfunde aus vor- und frühgeschichtlicher Zeit

Wiesbaden
Museum Wiesbaden
Friedrich-Ebert-Allee 2 · 65185 Wiesbaden
Tel. 0611/3352250
www.museum-wiesbaden.de
Die römische Abteilung des Hauses, die Sammlung Nassauischer Altertümer, wird geschlossen und die Bestände werden an die Stadt Wiesbaden übergeben.

Worms
Museum der Stadt Worms im Andreasstift
Weckerlingplatz 7 · 67547 Worms
Tel. 06241/946390 · museum@worms.de

Wörth am Main
Schifffahrts- und Schiffbaumuseum
Rathausstraße 72 · 63939 Wörth am Main
Tel. 09372/72970

Museum im Bürgerhaus
Stadtverwaltung
Luxburgstraße 10 · 63939 Wörth am Main
Tel. 09372/98930
Funde aus dem Kastell sowie Kastellrekonstruktion

Xanten
Colonia Ulpia Traiana/Archäologischer Park Xanten

Regionalmuseum Xanten
Kurfürstenstraße 11 · 46509 Xanten
Tel. 02801/71940 · www.apx.de

Allgemeine Internetadressen zum Limes
www.blfd.bayern.de
www.bayerischer-limes.de
www.deutsche-limeskommission.de
www.deutscher-limes.de
www.gesellschaft-fuer-archaeologie.de
www.limesprojekt.de
www.limesstrasse.de
www.roemer-am-limes.de
www.unesco.de

Register

Stichworte

Ackerbau	16
Administration	16 f., 21, 28, 32, 55, 202
ala Indiana Galliarium pia fidelis [Antoniniana]	149 f.
ala Moesica felix torquata	16, 123, 211
ala quingenaria	149
ala Treverorum	207
ala I Flavia Gemina	205
alae	61
Alenkastell	123, 148, 204, 211
Altar	89, 174, 215
Amphitheater	83, 141
Apodyterium	57, 95, 108, 169, 208
Backofen	56, 82, 166, 168
Bauinschrift s. Inschriften	
Bewaffnung	60, 62 f.
Brittones Elantienses	179
Brittones Nemaningenses	179
Brittones Triputienses	51, 189, 198
Brunnen	71, 83, 116, 169, 217
burgus	14, 35, 219
campus legionis	149, 218
census	20
Centurie	55 f., 59, 61, 74, 82, 103, 197
centurio	11, 57 f., 61, 82
civites	28
cohors I Aquitanorum equitata veterana	140, 206
cohors I Asturum	205 f.
cohors I Biturigum	120 f.
cohors I civium Romanorum	177
cohors I Flavia Damascenorum milliaria equitata [sagittariorum]	64, 205
cohors I Treverorum equitata	81
cohors II Antoniniana Treverorum	71
cohors II Aquitanorum equitata civium Romanorum	140
cohors II Augustiana Cyrenaica equitata	123
cohors II Raetorum equitata civium Romanorum	106, 123, 217
cohors III Dalmatarum pia fidelis	168
cohors IV Aquitanorum	206
cohors IV Vindelicorum	82, 169, 175, 177
cohors V Delmatarum	154
cohors XXIV voluntariorum civium Romanorum	193
cohors XXXII voluntariorum civium Romanorum	154 f.
cohors equitata	61, 164
comitatenses	32
contubernium	56, 156
decurio	207
dux	32
Ehrenbogen	213 f.
exercitus provinciae Germaniae Superioris	60
exploratio Halicanensium (Alexandriana)	94
fabrica	105, 108, 155, 210, 217
Fachwerkbauten	57, 71, 82, 94 f., 109, 113, 118, 123, 125 f., 131, 148, 154, 169
Fahnenheiligtum	55, 71, 82, 94, 103, 107, 113, 116, 124, 126, 148, 164, 210
Feldzeichen	55
Feldzüge	12 f., 20, 29, 55, 62, 139, 201 f., 204 f., 212
Feuerstelle	52, 92, 99, 102, 126, 142 f.
Flotteneinheit	34
Forum	15, 17, 108
Germania Magna	25, 44, 137
Germania Prima	32
Germania Superior	86
Gräberfeld	84, 121, 141, 143, 150, 157, 159, 165, 169, 175, 178
Hafen	35, 200, 205, 219 f.
Heilquellen	219
Herdstelle s. Feuerstelle	
Hilfstruppen	17, 20, 23, 53, 60ff.
horreum s. Speicher	
Hortfund s. Münzschatz	
Hypokaustanlage	71, 174, 208
Imperium Galliarum	20
Infrastruktur	17, 21, 60
Inschriften	42, 50 f., 71 f., 75, 82, 95, 108, 117, 120, 159, 169, 177 ff., 182, 189, 191, 193, 195, 198, 217
Kastellbad	52, 57, 72, 83, 112, 149, 165, 168 ff., 183, 190, 192 f., 203, 205 f., 208, 214, 219
Kenotaph	14 f.
Keramik	16, 31, 50, 111, 121, 131
Kleidung	62 ff.

Register

Kleinkastell	22, 24 ff., 30, 35, 46 f., 51, 57 ff., 66, 73 ff., 78, 87, 89, 92, 97 ff., 109, 112, 116–119, 121, 125–131, 134 f., 137 f., 141 f., 144 f., 151, 154, 158 f., 161, 166, 171 f., 179, 182, 184, 186, 200, 207
Kohortenkastell	67, 81, 103 ff., 139, 154, 158, 164, 168, 176 f.
Latrine	105, 127, 202
Lazarett	57, 209 f., 217
legio I Adiutrix	60, 205, 217
legio IV Macedonica	60
legio VII	205
legio VIII Augusta	155
legio XIV Gemina	60, 205 f., 208, 217
legio XVI Gallica	16
legio XXI Rapax	60, 121, 208, 210, 217
legio XXII Primigenia	21, 60, 121, 155, 169, 204, 206, 217
legio XXII Constantiniana victrix	202
Mannschaftsbaracke	12, 55 f., 58, 105, 108, 113, 126, 155, 158 f., 197, 203, 210
mansio	108, 136, 141, 149, 214
Maxima Sequanorum	32
Mithräum	89, 155, 157, 169, 175 f., 218
Münzfund	31, 72, 131, 216
Münzschatz	24, 156 f.
numerus	27, 61, 179
*numerus Britton*um	51
numerus Brittonum et exploratorum Nemaningensium 182	
numerus Cattharensium	88
numerus Nid(ensium)	50, 117
numerus Treverorum	71, 81
Numeruskastell	22, 58, 66, 74, 81, 88, 94, 105, 112, 143, 158 f., 161, 178, 182–185, 188, 192, 196
Palisade/Palisadengraben	24 ff., 41, 43–46, 52, 72 f., 80, 86, 89, 93 f., 96, 98, 100 ff., 109 f., 111, 122, 125, 135, 138, 143, 148, 158, 160 f., 165, 168, 171, 173, 178 f., 182 f., 186, 192, 194 ff., 199 f.
praefurnium	169, 183
praepositus	27
praeses	32
praetorium	28

principia	54 f., 70 ff., 82, 95, 103, 105, 107 f., 113, 116, 120, 124 f., 140, 148, 155, 159, 164, 168, 174, 182 f., 197, 203, 209 ff., 217
porta praetoria	55, 70, 74, 83, 95, 140, 173 f., 190
Reichslimeskommission (RLK)	39, 57, 67, 73, 86, 102, 117, 119, 129, 143 f., 178, 184, 187
ripa	41
Saline	16 f., 201
Schatzfund s. Hortfund	
Schiffslände	33, 216, 219
Speicher	12 ff., 19, 57, 84, 94, 106 ff., 159, 203, 209 f., 217
Tempel	19, 84, 108, 175
Thermen s. Kastellbad	
Töpferei	150, 165, 215
triclinium	58, 107
UNESCO-Welterbe	9, 36
valetudinarium	s. Lazarett
Vermessungstechnik	41
Verwaltung s. Administration	
vicus	30, 57, 83 f., 88 f., 95, 121, 124 f., 141, 150, 156, 165, 175, 206, 209 f., 212, 215, 218
villa rustica	28, 123, 141, 150
Vorratshaltung	47, 50, 101, 203, 220
Waffen	56 f., 60 f., 64
Wandmalerei	57 f., 107 f.
Wasserleitung s. Wasserversorgung	
Wasserversorgung	51, 57, 67, 74, 94, 116, 120, 157
Weihestein	25, 29, 52
Werkstätten s. *fabrica*	
Ziegelei	165, 169, 173, 204
Ziegelstempel	72, 121, 123, 155, 167 ff., 201, 205 f., 208, 211
Zisterne	74, 83, 134
Zivilsiedlung s. *vicus*	

Personen und Orte

Nicht aufgenommen wurden Odenwald, Taunus und Wetterau sowie Flurbezeichnungen – es sei denn, es handelt sich um Kastellnamen. (K = Ort mit Kastell)

Aar	38, 57, 66 f., 74 f., 78, 83
Adolfseck (K)	26, 67, 75
Agricola, Gnaeus Iulius	17
Agrippa, Marcus Vipsanius	10
Aiacius Modestus	113
Alamannen	29, 31, 71, 125, 148, 154, 176
Allmendfeld (K)	200
Alteburg (K)	15, 87 ff., 138, 141, 151
Altenstadt (K)	30, 137, 143, 156, 158 f., 161, 214 f.
Altes Jagdhaus (K)	46, 97 f.
Am Eichkopf (K)	97, 119 f.
Andernach	13, 15
Annaius Daverzeus	60
Anthes, Eduard	40
Antoninus Pius, Ks.	9, 51, 71
Arminius	17
Arnsburg (K)	14, 23, 25 f., 30, 37, 57, 137–141, 151
Auf dem Buchkopf (K)	159 f.
Auf dem Dörsterberg (K)	30, 73
Auf dem Pohl (K)	74 f.
Augsburg	32
Augustus	10, 16 f., 20
Aulbach	74
Auroffer Bach	86
Bad Ems	37
Bad Homburg v. d. H.	89, 95, 99, 103, 108, 117
Bad Kreuznach	60
Bad Nauheim	14, 16 f., 51, 118, 128, 200
-Goldstein (K)	201
-Johannisberg	51, 118, 201
Barbaren	32, 44, 61
Bataver	11
Beckinghausen	13
Bergen	161
Bickenbach	200
Biebourg, Carl P. de	37
Bingen	13, 15
Bodensee	12
Bonn	12, 74
Bornbach	75
Bramsche	17
Brechen-Oberbrechen	15
Breitenbach	193
Breitenbrunn	186
Breitenbuch	186
Britannien	17 f., 179
Brittonen	25, 50, 62, 179, 194, 196
Bruchköbel	166
Büdingen	150, 159, 165
Bürstadt	18
Butzbach (K)	16, 26, 30, 38, 44, 48, 61, 106, 110, 120–129, 134, 138 f., 141
C. Popilius Gaius Pedo	26
C. Julius Caesar	10, 51, 189
Caligula, Ks.	18, 206
Caracalla, Ks.	71, 95
Carl von Nassau	37
Chatten	13, 16, 20, 22, 43, 103, 105, 125, 137, 207, 211, 213, 217
Cherusker	17
Christ, Karl	39
Claudius	18, 209
Cohausen, Karl August v.	39
Commodus, Ks.	42, 71, 120
Conrady, Wilhelm	39
Crescentinius Respectus, centurio	82
Dangstetten	12 f.
Darmstadt	127, 157, 159
Dasbach	85 f.
Dattenbach	60, 66, 78, 89
Degerfeld (K)	26, 30, 125 ff., 145
Dicker Wald (K)	128 ff.
Dieburg	20, 28, 200, 205
Dieffenbach, Gustav	38 f.
Dieffenbach, Johann Philipp	38
Diersheim	18
Döderlein, Johann Alexander	37
Domitian, Ks.	16, 20 ff., 66, 103, 105, 120, 123, 135, 137, 139, 148, 154, 157 f., 164, 176, 182, 204, 207 f., 210 f., 217
Donau	12, 20, 29, 31 f., 42
Dorlar	15
Dörsbach	73
Dorsten-Holsterhausen	13
Drusus	12–15, 18, 64, 139, 201, 212
Duncker, Albert	39
Dünsberg	16
Echzell (K)	16, 23, 30 f., 54, 57 f., 107, 138 f., 144 f., 148–151, 156, 161, 167
Eichkopf	97, 119 f.
Einsiedel	42, 45, 97, 101
Elbe	12 ff.
Emsbach	22, 88, 92 f., 95

Register

Erbach-Erbach, Franz I. Graf zu	38
Esch	88
Eschenhahn	85
Eulbach (K)	38, 49, 188–191, 193
Euterbach	192 ff.
Fabricius, Ernst	40, 96, 119, 137 ff.
Feldberg	46, 92, 94, 96, 112
Feldbergkastell	10, 26, 57, 94, 96 f.
Feldheimer Wald (K)	30, 142, 144
Finitius Fidelis	89
Flavier	11
Flavius Antiochus	177
Flörsheim	32, 201
Florus	12
Frankfurt a. Main	13, 18, 20, 28, 40, 166, 175, 202–205
-Domhügel (K)	20, 202 f.
-Heddernheim (K)	20, 23, 28, 30, 94, 108, 116, 154, 203 f.
-Höchst (K)	13, 18, 204
-Nied	204
Friedberg (K)	13, 18, 38, 61, 64, 116, 120, 139, 150, 156f., 205
Fulda (Fluss)	158, 171
Galba, Ks.	19
Gallien/Gallier	10, 12, 16, 31 f.
Gallienus, Ks.	32
Gelnhausen	165, 172
Germanen	11 ff., 17 f., 20 ff., 25, 29, 32 f., 45, 64, 71, 84, 131, 148, 157, 204, 209
Germanicus	18, 21, 202, 204 f., 212
Gerning, Johann Isaac Frhr. v.	37
Gernsheim (K)	20, 200, 205
Gießen	16, 36, 135 ff., 139, 142
Glashütten	89, 92 f.
Glauberg	158 f.
Gordian III., Ks.	29
Groß-Gerau (K)	20, 200, 206, 214, 216 f.
-Wallerstädten (K)	18, 208
Großkrotzenburg (K)	23, 72, 161, 168, 170, 172–177, 205
Groß-Umstadt	20
Grüningen	134 f., 137
Habel, Friedrich Gustav	38
Hadrian, Ks.	9, 25, 44, 51, 126, 145, 148, 172, 189, 196
Haingrund	184, 186 f.
Hainhaus (K)	26, 135, 137 175, 187 f.
Hainstadt (K)	176f.
Haltern	15, 17
Hambach	80
Hammersbach	44, 105
Hanau	22 f., 154, 167–170, 172, 174 f., 207 ff.
-Kesselstadt (K)	208 f.
-Mittelbuchen (K)	22, 166, 207
-Salisberg (K)	22 f., 207 f.
Hanßelmann, Christian Ernst	37
Haselhecke (K)	144 f., 167
Hausen	121 f.
Hedemünden	13
Heftrich	26, 37, 66, 85, 87 ff.
Heidekringen (K)	208
Heidelberg	20, 39, 123, 193
Heidenstock (K)	99, 109
Heppenheim	34
Hersfeld	36
Hesselbach (K)	9, 37, 53 f., 56, 105, 179, 184, 196 ff.
Hochstadt	166
Hochweisel	44, 121
Hofheim/Ts. (K)	18 ff., 209 ff., 220
Holzhausen (K)	9, 13, 30, 66 f., 70 ff.
Holzheimer Unterwald (K)	24, 30 130 f., 134
Horloff	137, 141, 143 ff., 149, 151, 154
Hungen	37, 142 f.
Hunneburg s. Butzbach	
Hunnenkirchhof (K)	26, 30, 51, 121 f.
Idsteiner Senke	22, 26, 57, 66, 85
Iller 32	
Inheiden (K)	137, 141, 143, 161
Isenburg-Birstein, Karl Fürst von	169
Italien	12, 17, 32
Iulia Mamaea, Ksn.	29, 95
Iupiter Dolichenus	84, 108, 177
Jacobi, Louis	103, 106 f.
Justinus	205
Juthungen	32
Kaisergrube (K)	26, 117 f.
Kapersburg (K)	25, 30, 38, 52, 54, 110–116
Karben-Okarben (K)	211, 215
Kästrich	21, 60
Kelten	16, 210
Kemel	30, 37 f., 67, 73 ff.
Kieshübel	27, 44, 97, 101 f.
Kinzig	168, 207
Kofler, Friedrich	40
Konstantin d. Große, Ks.	32
Köppern	93, 109 f.
Kraus, Georg Philipp	37
Krebsbach	161, 165 f.
Ladenburg	18, 20
Lahn	12, 15 f., 38, 88, 97, 110, 120, 123
Lampertheim	18
Langendiebach (K)	166 ff.
Langenhain (K)	119 f.
Langgöns	37, 134

Personen und Orte

Langsdorf (K)	141 f.
Laufenselden	67
Leidhecken	151
Lenzhahn	37, 88
Lich	138 f., 141 f.
Limburg	66, 80, 84, 120
Lingonen	19
Lippe	12 f.
Lochberg (K)	30, 144, 151
Lochmühle (K)	109 f.
Loeschcke, Siegfried	40
Lollius	11
Lorch	11, 27
Löwenstein-Wertheim-Rosenberg, Fürst von	187
Luja, Johann Christian Reinhard	38
Lützelbach (K)	50, 183 ff.
Main	10, 12 f., 17 f., 20, 25, 27, 32, 37, 39, 41, 108, 110, 123, 144, 161, 173–178, 182 f., 187, 207, 216
Mainz	12 f., 14 f., 20 f., 25, 29, 32, 36, 39, 60 f., 64, 107, 120, 141, 175, 202, 207, 211, 220
-Kastel (K)	13, 20, 89, 212, 215
Maisel (K)	89, 92
Mannheim-Neckarau	34
Marc Aurel, Ks.	172
Marköbel (K)	23, 44, 57, 110, 137, 151, 160 f., 164 ff., 168, 214
Masclionius Primus	120
Massohl	144
Maternus	131
Mattiacer	16, 209
Maximinus Thrax	29, 82
Miltenberg	11, 27, 29 f., 37, 182
Mirebeau	60
Mittelberg	97
Mogontiacum s. Mainz	
Mommsen, Theodor	39
Mudtal	189
Mümling	179, 187, 189
Münzenberg	123, 130, 134
Muschenheim	139, 141
Nauheim (K)	213
Naurod	88
Neckar	18, 32, 34, 41, 178 f., 216
Neckarburken	179
Neuberg	166
Neuenheim	20, 123, 193
Neuhof	84
Neuhof, Elias	37
Neuss	12
Neuwirtshaus (K)	171 f.
Nida (K) s. Ffm.-Heddernheim	
Nidda	112, 154, 156, 161, 203 f.
Nidder	144, 158 f., 161, 213 f.
Nidderau	213 ff.
-Heldenbergen (K)	22, 156, 164, 213 ff.
-Windecken	215
Niederbieber (K)	71
Nieder-Florstadt	155
Nieder-Lahnstein	35
Niedernhausen	88
Niederweimar	16
Nijmegen s. Hunerberg	
Nordheim	219
Novaesium	11
Oberaden	13
Ober-Florstadt (K)	22 f., 30, 150, 154–157, 161
Obergermanien	22, 28 f., 32, 137 f., 169
Obernburg	25, 183
Oberscheidental	168
Ockstädter Wald (K)	112, 116f.
Offenburg	20
Okarben	20, 23, 211, 213
Orlen	80f.
Otho, Ks.	19
Pannonien	29
Parther	71
Person, Nikolaus	36
Petrelli	37
Pfaffenwiesbach	112, 116
Pohlbach	75
Pohlheim	130, 135, 137
Praunheim	46, 98, 203
Probus, Ks.	32
Quintionius Servianus	150
Ravolzhausen	166
Rhein	10–13, 16 ff., 20, 31–34, 40, 66, 144, 212 f., 216, 219 f.
Rhein-Main-Gebiet	66, 80, 84, 103, 110
Rheinzabern	121
Rodgau	175
Rödgen	13 f.
Roeschen, August	41
Rommelhausen	160 f.
Ronneburg	161
Rosbach	112, 116
Rossel, Karl	39
Rottweil	20
Rückingen (K)	161, 166, 168 ff., 208, 214
Rüdigheim	161, 166
Rüsselsheim	215
Saalburg (K)	25, 37, 40, 45, 53, 55 f., 58, 61, 63, 74, 84, 89, 95, 102–110, 112
Sassaniden	29
Saturninus	21, 60, 105, 207, 211 f.

Scharwald	26, 46, 96
Schlossau	38, 179, 184, 189
Schmidt, F. W.	38
Schöneck-Kilianstädten (K)	22, 215
Schrenzer	48, 122
Schwarzwald	20, 205
Schweiz	13
Sckell, Friedrich Ludwig	38
Seckbach	39
Seckmauern (K)	183, 187
Seligenstadt (K)	174, 177 f.
Semnonen	32
Septimus Severus, Ks.	45, 109
Severus, Konsul	51, 189
Severus Alexander, Ks.	29, 82, 95, 124, 156
Soldan, Wilhelm	40
Staden (K)	30, 151, 154
Stammheim	158
Steinheim	209
Stockstadt	25, 120
Straßburg	21, 60, 82
Sueben	13, 16, 18
Sugambrer	11, 13
Syrien	16
Tacitus	13, 36
Taunusstein	81, 84, 208
Tenkterer	11
Tiberius, Ks.	10, 12, 14 f., 18, 206, 209
Titus, Ks.	20, 51, 189
Totenberg	98
Traian, Ks.	22, 33, 49, 143, 158, 175 f., 183, 203 f., 211, 217
Trebonianus Gallus, Ks.	31
Trebur	18, 35 f., 216 ff.
-Astheim (K)	216
-Geinsheim (K)	216
Trennfurt	25
Treverer	19
Trienz	179
Trier	33
Ubier	11
Untergermanien	19, 21
Unter-Widdersheim	144
Usa	26, 110, 119 f., 201
Usingen	95, 103, 108
Valentinian, Ks.	33, 216, 218
Valerian, Ks.	31
Varonius Lupulus	218
Varus	16 f.
Vechten	12
Vespasian	19 f., 103, 200, 202 f., 205 f., 209 f.
Vetera s. Xanten	
Vielbrunn	38, 188 ff.
Vindeliker	12, 72, 108, 169
Vitellius	19
Vogelsberg	22, 37, 110, 139, 141, 144, 149, 158, 161
Wagner, D. W.	38
Wagner, Ernst	39
Waldgirmes	15, 17, 203
Wallerstädten s. Groß-Gerau	
Wehen s. Taunusstein	
Wehrheim	110, 116
Weilburg	120
Weißestein	41 f., 102
Weschnitz	34, 219 f.
Wickerbach	32, 202
Wiebelsbach	183 f.
Wiesbaden (K)	17, 20, 28, 32, 35, 37 ff., 72, 84, 86, 123, 184 f., 210, 212, 216–220
-Delkenheim (K)	218
-Schierstein	35, 216
Wilhelm II., dt. Ks.	103, 106
Windisch/Brugg	21, 60
Windlücke (K)	186
Wingertsberg	144, 158, 160
Winkelmann, Johann-Just	36
Wolff, Georg	40
Wörth (K)	30, 176, 179, 182 f., 205
Würzberg (K)	38, 191 ff.
Xanten	12 f., 54
Zeilsheim	20
Zollmann, Friedrich	37
Zugmantel (K)	24, 26, 37, 66, 78, 81, 83, 85, 209
Zullestein	34 ff., 217, 219 ff.
Zürich	12
Zwing	182

Bildnachweis

Archimedix: 182
Atelier Heike Wolf von Goddenthow: 75 o., 105 o.
Baatz: 21, 24, 27, 28, 34 o., 39, 49 u., 51, 54, 56, 58, 60, 61, 65, 83 u., 88, 95, 100 o., 102, 105 u., 106, 107, 111 o., 112 o., 113, 136, 140, 143, 149, 155 u., 174, 191, 192, 195 u., 212
Bender: 75
GDKE, Direktion Landesarchäologie Mainz: 14 u.
Grafikbüro Preuß: 46, 166
http://commons.wikimedia.org: 156 (Foto: haselburg-müller), 48 r. (Foto: Frank Thielmann), 103 (Foto: Dominic Z.)
Klee: 42, 45, 70, 99 u., 101, 120 u., 160, 170
Museum Großkrotzenburg: 175
Richter LfD: 49 o.
Römerkastell Saalburg: 40
Römisch-Germanische Kommission, Frankfurt (O. Braasch): 15 u.
Rudolf: 38
Rupprecht: 14 o.
Seitz-Gray: 24